山西抗战纪事

三卷

杨茂林 主编

商务印书馆
The Commercial Press
2017年·北京

目录

第六篇
笔做武器投向侵略者
抗战文学奏响了时代最强音

一、榴花初开，晋人拓荒 ·················· 639

二、追悼鲁迅，春在何方 ·················· 644

三、西北战地服务团来了 ·················· 653

四、第二战区的抗战文学刊物 ·················· 660

五、作家们的随军战事记录 ·················· 665

六、来自重庆的作家战地访问团 ·················· 678

七、来到民族革命大学的作家们 ·················· 681

八、产生在日军大"扫荡"中的文学作品 ·················· 686

九、本土作家笔下的第二战区 ·················· 690

十、太行诗社集聚起的诗人群体 ·················· 694

十一、《在延安文艺座谈会上的讲话》传入山西 ·················· 701

十二、人民作家赵树理 ·················· 704

十三、《吕梁英雄传》的创作和问世 ·················· 714

十四、晋绥新文学作家群 ·················· 718

十五、抗日将领在山西的抗战诗篇 ·················· 726

十六、抗战文艺全面开花 ·· 733

十七、"七七七"文艺奖金征文 ·· 747

参考文献 ·· 750

第七篇
在战争风雨中克难办学
抗战教育铸就了民族自强的信念

一、民国教育模范省——山西 ·· 755

二、日本侵略者对教育资源的毁灭性破坏 ······················ 759

三、敌后根据地重建、巩固和发展初等教育 ·················· 762

四、如雨后春笋般出现的干部学校 ································ 782

五、轰轰烈烈的冬学运动 ·· 795

六、第二战区普及义务教育 ·· 800

七、晋西南抗战时期的中等教育 ···································· 805

八、山西大学南迁克难、坚持办学 ································ 819

九、民族革命大学的兴衰 ·· 826

十、紧切抗战主旋律的社会教育 ···································· 834

十一、伪教育行政机构实施的奴化教育 ························· 837

十二、披着"新民"外衣的奴化学校 ······························ 843

十三、日伪以奴化教育为核心推行的社会教育 ·············· 849

十四、培养高级亲日分子的留日教育 ···························· 854

十五、"里红外白"的汾南抗日学校 ······························ 857

十六、形式多样的反奴化教育斗争……………………………860

参考文献………………………………………………………866

第八篇
资源在疯狂掠夺中惨遭破坏
区域生态平衡遭遇了空前浩劫

一、"囚笼政策"与晋东北的"无人区"……………………873

二、"棉花增产运动"……………………………………………882

三、日本在山西强迫种植罂粟……………………………………891

四、日军"四三木厂"与森林资源掠夺…………………………898

五、日军华北开发公司的掠夺计划………………………………903

六、日军以"国防资源的有效获得"为借口的掠夺性开发……912

七、"以人换煤"的血腥政策……………………………………919

八、日军不择手段地抢夺盐业资源………………………………927

九、惨绝人寰的生物战……………………………………………930

十、令人发指的化学战……………………………………………941

参考文献………………………………………………………958

后　记……………………………………………………………962

第六篇

笔做武器投向侵略者
抗战文学奏响了时代最强音

全国抗战爆发前后，抗日救亡作为山西新文学的主题内容进一步突出。此后，随着敌后根据地的建立和发展，山西的革命文学团体和作家进一步走到了抗战文化的前沿，领导和组织了气势磅礴的抗日文化运动，成为抗战时期一道靓丽的文化风景线。

来自全国的文化组织和优秀作家以笔作为犀利武器，用报告文学、小说、诗词歌曲、街头诗剧等形式，直面对敌斗争的残酷现实，揭露日本侵略者的野蛮罪行，歌颂山西人民不畏强暴的牺牲精神，既有快速反应式的鼓动宣传，又有深入挖掘上的刻画描写。丁玲、周立波、萧红、萧军等一批抗战文艺工作者与一大批优秀抗战文学作品应运而生。

1942年，在《在延安文艺座谈会上的讲话》指导下，山西敌后根据地出现了赵树理的《小二黑结婚》《李有才板话》等一批优秀作品。以此为契机，一个以马烽、西戎、李束为、孙谦和胡正为代表的文学新人群体迅速成长，代表作就是《吕梁英雄传》。山西抗战文学由此进入了繁荣发展的新时期。在专业作家的推动和帮助下，山西群众性抗战文学也取得了丰硕成果。

来到山西的全国著名作家和文学团体，与山西本土作家一道用自己的创作精神和文学成果，推动山西抗战文学走上了一条为抗战服务、为工农兵服务的道路，这在山西文学史上具有里程碑的意义。

山西抗战文学是一幅中国共产党领导下进行抗日救亡、建立民主政权、推动社会变革的历史画卷，它以鲜明的民族化、大众化方向和道路，处处体现了浓郁的中国风格和中国气派，不仅是中国抗战文学的重要组成部分，而且为世界反法西斯文学做出了重大贡献。

一、榴花初开，晋人拓荒

  1931年9月18日，日本关东军突然袭击沈阳，制造了"柳条湖事件"，以武力攻击东北，东北地方当局和国民政府对日本的进攻采取不抵抗政策，很快，日军便占领了沈阳全城，东北军撤向锦州。此后，东北各地的中国军队继续奉行不抵抗主义，日军迅速占领辽宁、吉林、黑龙江，东北三省沦陷，白山黑水间的锦绣家园在日寇的铁骑下沉沦，大批东北人民悲怆地唱着"我的家在东北松花江上……"，背井离乡。

  国民政府的不抵抗政策引起了全国人民极大的愤怒和反抗。如果说这之前的山西，在阎锡山政府的统治下还属于黎明前的黑暗，那么，九一八事变之后的山西，则呈现出一派星星之火可以燎原的形势。9月21日，太原各校学生及各界人士开展集会，声讨日本侵略者的暴行，9月24日又召开了数万人参加的抗日救国大会。12月，太原学生在学生联合会组织下发起抗日请愿活动。然而，就在这次活动中，请愿学生遭到国民党省党部义勇队镇压，进山中学学生穆光政中弹身亡。惨案激起了全市人民的愤怒，一时间，太原市学生罢课、工人罢工、商人罢市，最终迫使当局查封了国民党山西省党部，抗日救亡运动掀起了高潮。

  抗日救亡运动催生了抗战文学的大量出现，新文学在山西突飞猛进地发展起来。太原是建立抗日救亡团体和出版抗日刊物最早的地区之一。九一八事变后不久，国民师范学校学生霍九荣、杜德（杜润生）等就成立了九一八读书会；1932年，共产党员张衡宇、李舜琴、杜心源等教师组织成立了太原教职员联合会，共产党员杜连秀负责成立了太原社会科学家联合会，李延年（共产党员）、赵石宾、高沐鸿等成立了太原左翼作家联盟；1933年，田际华、赵宗复等成立了榴花社，张柏枫（李雪峰）、高耀夫等秘密成立红军之友社；1934年，中共地下党员杜任之和周北峰利用阎锡山标榜"学术自由、真理战胜"的有利时机，联络邢西萍（徐冰）、张友渔、侯外庐、温健公等成立了中外语文学会。这些群众救亡团体和党的外围组织创办了《亚野风》《子夜》《秋天》《榴花》《中外论坛》《文艺舞台》等文学刊物，大量宣传抗日主张、传播进步思想、抨击社会黑暗。《中外论坛》翻译转载了《共产国际通讯》和苏英德法日等国共产党、工人党发表的理论专著，出版后不仅在山西发行，还派专人向北平、西安等地分发，仅上海一地每期发售五百余册。

在这些文学刊物中，榴花社及其主办的《山西日报》副刊《榴花》产生了比较大的社会影响。榴花社是20世纪30年代于山西成立的一个小型文学团体，由山西青年学生田际华（又名唐诃）、吴宪千、赵键、赵继昌等人发起。赵继昌后来出版有《赵继昌回忆录》，详细记录了榴花社成立的始末：1933年，赵继昌在北平四中高一年级读书，当时，日军为了胁迫国民政府签订妥协条约，由军方派几架战斗飞机俯冲中南海。书中写道："飞机由北向南飞，经过我校上空，当时我们正在上课，老师和学生都心惊胆战。飞机扰乱了好几天。""6月初，日军向崇文门开枪，日本浪人在广渠门、通县一带滋事捣乱。北平城危在旦夕。在此情况下，在北平各学校读书的外地学生纷纷离校返乡，以观变化。四中山西的同学多数已离校，我也决定回家，偕同高二同学田际华回到太原，又回到五台。"在五台，赵继昌联络在混乱局势之下同样回到县里、在京津上学的青年学生赵仲池、赵守封等人，在东冶地区展开了初期的革命宣传和组织活动。为了更广泛地接近群众，他们仿效巴黎公社原则，吸收进步青年徐八、霍满银、张尚智等组织了民众反帝大同盟和六月公社，并编写了组织大纲和宣传大纲。他们还与共产党员赵子云等

一
榴花初开，晋人拓荒

保持密切联系，开展革命活动，传阅党的刊物《北平青年》《红旗》等杂志。同时，他们在东冶、五级、槐荫村等地举办了暑期补习班，作为团结革命力量、进行宣传工作的基地。

在太原，赵继昌和田际华回到太原后，几人暂住在赵键家，在和赵键、田际华、吴宪千三位同学商议后，他们决定利用《山西日报》办一个宣传进步思想的副刊。1933年6月，几位年轻人凭着热血和勇气，利用赵键的关系，和《山西日报》交涉，取朱熹诗"五月榴花照眼明"一句之意，创办了副刊《榴花》，表达了让榴花红遍中华的愿望。

第一期出版之后，唐诃便将刊物寄给了鲁迅先生。6月20日当天，鲁迅去万国殡仪馆送别遭到暗杀的杨杏佛，结合杨杏佛先生的遭遇以及自己面临的恐怖环境，给榴花艺社诸君回复道："十一日信及《榴花》第一期，今天都已收到。征求木刻，恐怕很难，因为木版邮寄，麻烦得很。而且此地盛行白色恐怖，仅仅主张保障民权之杨杏佛先生，且于前日遭了暗杀，闻在计划杀害者尚有十余人。我也不能公然走路，所以和别人极难会面，商量一切。但如作有小品文，则当寄上。新文艺之在太原，还在开垦时代，作品似以浅显为宜，也不要激烈，这是必须查看环境和时候的。别处不明情形，或者要评为灰色也难说，但可以置之不理，万勿贪一种虚名，而反致不能出版。战斗当首先守住营垒，若专一冲锋，而反遭覆灭，乃无谋之勇，非真勇也。"鲁迅是在当天收到信就回复的，肯定了新文艺在太原的"开垦"工作，并告诫田际华"战斗当首先守住营垒"；信中的鲁迅凛然、冷静、讲求斗争艺术，谆谆告诫中涌动着对青年一代的关怀，以及对新文艺如何生存发展的关切。

在鲁迅先生的关心下，《榴花》共出了七期，赵继昌在五台老家举办革命活动时，曾去母校川至中学看望老师，当他看到新建的两个月衙门上一边刻着"新技术"，一边刻着"旧道德"时，对后者非常反感，于是写了《新技术与旧道德》一文，抨击这种新技术和旧道德同提的不合理现象。他认为：新技术固然应该提倡，但旧道德却不应提倡，特别是道德有其阶级性，地主阶级和资本家的道德，都是压迫和剥削人民的工具，这种旧道德尤其不应当提倡。这篇文章发表之后竟然引起轩然大波，川至中学的校长看到此文很生气，甚至拿着报纸去找住在老家的阎锡山的父亲告状，这件事之后，《榴花》很快就被太原反动当局禁止了。

在这之后，抗战局面虽然越来越复杂，但是，榴花社的成立和《榴花》杂志的创刊，就像一把火红的焰火点燃了山西人民的希望，从此，这朵盛开的石榴花，以其他各种形式姿态，在三晋大地上继续盛放。

1935年华北事变后，太原和山西实际上已处于抗战的第一线，土皇帝阎锡山最终也不得不选择守土抗战、联共抗日的道路。继北平学生在一二·九运动中，喊出"华北之大，已经安放不得一张平静的书桌"这句振聋发聩的口号之后，在红军东征、绥远抗战、牺盟会成立等重大事件的影响下，太原很快成为抗日文化传播最广泛的地区之一，抗战文学也大大向前推进了一步。在一二·九运动的推动下，太原青年为宣传抗日创办了《新文字报》《学生运动》《为民族解放》等报刊，宣传抗日主张，要求当局支持北平学生运动。在红军东征后，田景福组织了太原青年文学研究会，亚马、卢梦等成立了太原青年文学工作音乐会，关芷萍、史纪言等打出了太原拓荒社、最后生路社等文学社团的旗帜，《山西党讯》副刊和《太原日报》副刊都开始发表宣传抗日的文学作品。在绥远抗战期间，太原文化教育界组团赶赴前线演出独幕话剧《塞外的狂涛》劳军慰问，西北影业公司组织战地摄影队奔赴前线拍摄了山西早期的电影纪录片《绥远前线》。薄一波主持牺盟会工作后，出版了旗帜鲜明的抗日刊物《牺牲救国报》，编印了抗战大鼓词《亡国后的东北》和《村政协理》；山西军政训练委员会出版了《政治周刊》；牺盟会太原市委创办了《大众园地》；牺盟会领导的抗日救亡先锋队还创办了《抗战生活》。1937年元宵节，牺盟会组织了三天救亡歌咏大游行，继

一
榴花初开，晋人拓荒

而又开展了大规模的群众性"红五月"宣传活动，太原的舞台、公园、广场、大街小巷到处都在演唱《放下你的鞭子》《新莲花落》《五月的鲜花》等救亡戏剧和歌曲。著名记者范长江在《塞上行·太原印象》中曾记述道："我到太原的时候，正旧历正月十五前后，一切旧式的游艺组织，如秧歌、高跷、社火、梆子戏等，都一起搬了出来，热闹非常。但是这些旧东西，却完全换了新的内容。一种有组织的力量，支配这些东西，他们唱歌和演戏材料，或是已经成为抗日救亡题材，或者夹入许多抗战的唱歌和口号。"这样如火如荼的抗日热潮吸引着东北、河北、河南以及平、津、沪等全国各地成千上万的爱国进步青年奔向太原，参加抗日救亡运动。

就这样，山西的抗战文学在经历了榴花初开、积极拓荒阶段之后，已成星火燎原之势。

二、追悼鲁迅，春在何方

宋之的是我国著名戏剧家。1933年，由于白色恐怖加剧，为躲避国民党宪兵搜捕，宋之的被迫中断学业离京赴沪，参加上海左翼剧联，组织并领导新地剧社、大地剧社，同时参加了夏衍领导的左翼影评小组，在《民报》副刊《影谭》上撰写影评，从此开始了职业文学活动。1935年4月，宋之的应旧友张季纯之邀，北上山西太原，任西北影业公司和西北剧社编剧，创作了话剧《罪犯》、电影剧本《无限生涯》，并与著名电影导演王苹结为终身伴侣。过了一年，由于阎锡山开始在山西公开迫害进步人士，宋之的返回上海。就在这一年的9月，宋之的在茅盾主编的《中流》创刊号上发表了报告文学《一九三六年春在太原》，在文坛引起了极大反响，被誉为我国早期的报告文学佳作。

《一九三六年春在太原》从开端到结束都围绕着"春"意的叙写伸展开来，虽然春天已临，可是春意却被无情地关在城外，在太原城里仍然寒冬凛凛、草木皆兵。作者以辛辣的讽刺笔调，揭示了山西太原反动统治者残酷、愚昧的统治，以及老百姓们在恐怖气氛笼罩下，朝不保夕的凄惨生活；同时以厨子为描写对象，暴露了一部分群众的麻木和奴性。

作品以第一人称"我"的见闻为线索，采用新闻剪辑的手法，结合厨子的行踪，在城内各个角落做了巡视。作品选取的素材，都是一些零星琐事：灰墙、灰土、灰衣裳的兵，枪声和喊"口令"声，"好人证"的分类、佩戴要则，哼着淫调的厨子，为领"通行证"而去照相馆排长队的人们，还有"新闻剪辑"、杀人谣言、奖励告发的条例等等。从

二
追悼鲁迅，春在何方

"我"的言行中表现出对他们的爱憎，尤其在最后喊出"我是多么的怀念春啊"的呼声，更是发人深省。这篇报告文学发表后，便引起了极大的反响，震惊了阎锡山统治的太原市。

作者自谓这篇作品是"报告文学的尝试作"（见宋之的《控诉·后记》），实际上，"它同《包身工》一样，克服了过去报告文学只偏重报告事实而不注意艺术加工的缺点，标志着我国年轻的报告文学的显著进步"（见唐强主编《中国现代文学史》）。这篇作品在正式发表前，曾得到看过手稿的友人的高度评价并热心推荐给茅盾，茅盾读后大为称赞，又推荐给鲁迅先生。当时正在病中的鲁迅先生卧床读完了手稿，称赞它真实描绘了在阎锡山统治下太原这座"死城"的社会面貌，具有自己独特的风格。茅盾将这篇作品在《中流》上发表出来并亲自写了评论文章。文学巨匠们的首肯，广大读者的好评，几十年来的传诵，都充分表明《一九三六年春在太原》是一篇针砭时弊、抨击劣政、独树一帜、经久不衰的佳作。

宋之的在这篇文章中描绘的太原城，正是当时山西政治形势的真实写照。就在这种形势下，太原的文学青年们很快发起了一场轰轰烈烈的活动，这场活动，似惊雷，也似闪电，给阎锡山统治下黑暗的太原城，乃至山西省，撕开了一条大裂缝，在这条裂缝背后，新的革命曙光正在不断闪现，终成覆盖一切的光明！

在给出宋之的《一九三六年春在太原》意见后不久，1936年10月19日，一代文学巨匠鲁迅在上海逝世。当时冯雪峰和宋庆龄、蔡元培等商量，立即组织治丧委员会。治丧委员会由毛泽东、蔡元培、内山完造、宋庆龄、史沫特莱、沈钧儒、曹靖华、许季茀、茅盾、胡愈之、周建人等人组成。发表《鲁迅先生讣告》如下：

鲁迅（周树人）先生于一九三六年十月十九日上午五时二十五分病卒于上海寓所享年五十六岁即日移置万国殡仪馆由二十日上午十

时至下午五时为各界瞻仰遗容的时间依先生的遗言"不得因为丧事收受任何人的一文钱"除祭奠和表示哀悼的挽词花圈等以外谢绝一切金钱上的赠送谨此讣闻。

各界闻耗，唁电唁函纷纷不绝，中国共产党中央委员会和苏维埃中央政府发出了三份电报。一份发给鲁迅家属，另一份是《为追悼鲁迅先生告全国同胞和全世界人士书》，还有一份是《为追悼与纪念鲁迅先生致中国国民党中央委员会与南京国民党政府电》。

虽然此时阎锡山的白色恐怖还笼罩着太原，但是，为了唤起群众、团结群众，推进太原的民族解放运动和新文化运动，在中国共产党的领导支持下，太原的进步文艺青年田景福、卢梦、亚马、樊希骞、杨蕉圃、赵秋心和学者杜任之等，很快便发起了"太原市文学青年追悼鲁迅大会"。10月21日，他们在《山西党讯》上刊登了"追悼鲁迅先生逝世专刊征稿启事"，之后，《山西党讯》的副刊《最后一页》连续11天，出刊7期《追悼鲁迅先生逝世专刊》，发表了三十多篇文章，成为全国之冠。10月25日，太原举行了有七百余人参加的追悼鲁迅大会。

新中国成立后历任西北艺术学院副院长、西北行政委员会文教委员会秘书、中国作家协会长春分会主席的山西平定人亚马，曾特意撰稿，回忆这段辉煌的历史（以下亚马回忆部分改写自《山西文史资料》第36辑）：

1936年夏，亚马去找太原的《山西党讯》副刊《最后一页》的编辑杨蕉圃，他是该刊经常投稿人之一，和杨蕉圃也是朋友，由于这种关系，不时就到该报编辑部所在地东缉虎营的原省参议会（曾为国民党党部占用过）大厦去走动，或帮选稿，或为介绍稿件，有时间就画大样，也或做最后校样的事。去得多了，出入都方便，编辑部的人也不在意。10月19日晚上，他路经东缉虎营的时候，又进编辑部了，结果，正好遇到收抄电讯的人从另一间房子过来讲：鲁迅逝世！

二
追悼鲁迅，春在何方

亚马在编辑部就想：消息是真的吗？前些时说病重，后来发表《论现在我们的文学运动》《答徐懋庸关于抗日民族统一战线问题》等大文章，这正是民族解放斗争高潮到来的时候啊！真的这一代文豪要陨落，该是如何的痛心啊！

待杨蕉圃完结他手头工作后，两个人又说起自己的心情。亚马和杨蕉圃交换了意见，两人一致认为国民政府是不会对这位伟大人物的逝世有任何表示的，更不会给予荣誉和尊号，可是革命的劳苦大众肯定会有各种各样的表示追悼情谊的行动，也认为，各地不可能有统一规格。所以，他们应该从具体情况来想问题、做事情，做对鲁迅逝世后在政治、思想、感情上能做的事。

两人讨论后，一致认为最好能发动组织一次有相当规模的群众追悼活动。如能和上海的殡仪活动密切配合就更好，并且围绕着追悼集会，以《最后一页》为中心发动征集追悼稿件，连续出刊专页，争取尽量配合上海的葬仪进程，以表示对鲁迅先生的尊敬。

杨蕉圃一再强调说明，他的倾向性意见是争取组织公开的追悼活动，以表示劳苦大众对当代伟人的怀念心意，并表示《最后一页》是他主持编辑的，他完全愿意承担发起征集稿件的工作，并逐期刊出人们关于鲁迅逝世后的复杂心情的各种文章，如抒发自己的哀悼情绪的，对鲁迅的推崇和评价的，以及表示愿继承教诲的，学好、做好新的文学革命事业的各种形式与体裁的文章。亚马则认为，如能两者做到很好，如不能争取到公开追悼的机会，那么追悼专刊亦按计划照常进行。这是必须估计到的。因为，就报纸说，还有个主办人的态度问题，还须得到他的同意才行。开追悼会的事，还须做许多具体工作，特别是必须得到中共山西省委的指示才能进行。两人商量完成后，约定各人去找些朋友们商量一下。此时已经是深夜，两人便没有再去找党组织请示。在20日早饭前，亚马便到太原师范去找张进林（太原地下党负责人之一）汇报此事。

为了不引人注意，亚马同时找到赵春明，他们都是同乡，又是国民师范时同学。亚马把鲁迅逝世的消息告诉他们，并讲了他的一些打算，重点是和他们分析能不能得到公开组织追悼会的主客观条件。亚马说，因为党的抗日民族统一战线的战略方针得到贯彻与发展，以及日寇侵华脚步的加剧，阎锡山为了自己的生存，成立了牺牲救国同盟会，这种形势的变化，非常有利于党把国内战争转变为民族战争，把群众工作从非法转到合法的，从秘密的转到公开半公开的。这要求他们要善于和广泛的同盟者合作共事，团结更多的进步群众，他强调必须利用各种机会实现转变，在追悼鲁迅先生中做实际的教育与团结群众的工作，争取把太原的文化、青年、工人等运动搞得生动活泼，促进民族团结，使广大知识青年在党的领导下前进。亚马说，我们应该利用一切可以利用的机会，自己写，发动群众写，把进步文化阵地占领和扩展起来。所以追悼鲁迅是必须做的，而且要使追悼会做到影响不断扩大，争取团结更多的知识青年。现在已经有了《最后一页》这样的阵地，刊发追悼鲁迅先生的文章，尽量多出几期，取得社会效果。这些说明主客观条件是有的。

　　亚马还邀请赵春明，如果定了发动开追悼会，请他做发起人，因为他是世界语者，和国内外世界语者有通讯关系，又是太原新文字研究会的主事人。最后，赵春明答应当发起人，同时党组织也明确给了指示，制定了行动原则：

　　一、使追悼鲁迅先生逝世的活动，成为争取、团结、教育广大群众的活动，最好能公开举行追悼会，纪念这一伟大人物。

　　二、发动群众的面要广泛些，无论参加追悼活动、发表文章，尽量多团结些人，从新文化运动上、民族解放斗争上扩大社会影响，推进太原的民族解放运动和新文化运动。

　　三、讲究方式、方法。注意当局的态度。

二 追悼鲁迅，春在何方

行动原则制定以后，因为20日当天，太原各大报刊并未刊登鲁迅先生去世的消息，有收音机的人家也不多，所以亚马就陆续找了些同志、朋友，告诉他们这个消息，并征求他们的意见，商量追悼会应该如何开。

先找到的是行者（樊希骞），亚马告诉他鲁迅先生逝世的消息，并约他赶紧写文章。继则找到了代表性人物李淡红、田景福、智良瓒、张文昂等不同社会身份的人，亚马讲了自己的看法，并听了听他们的反应。

晚上，亚马再到《最后一页》编辑部和杨蕉圃见面，告诉他已经和许多朋友商议，大家都觉得可以发动开追悼会，对出刊追悼专页亦多愿写文章。就在这一晚，亚马知道了上海的鲁迅先生治丧委员会成立，讣告新闻稿也播发了。知道了在上海已开始瞻仰遗容，但何时入殓、安葬尚不知晓。亚马就考虑如何能和上海的治丧活动结合得紧密些。几人通过对治丧委员会名单反复研究，觉得对他们当前的活动很有启发，也将本此精神来做。

在分手前，杨蕉圃拿出追悼鲁迅先生专刊征稿启事稿，文尾是："将血和泪倾泻到这里吧！"但是，亚马想到从春天到现在，白色恐怖的阴影还压在广大劳苦群众的头脑中，死气沉沉的局面还需要更大的勇气和行动来突破，所以需要有点鼓动的味道。因此，在启事的结尾上，杨蕉圃就自己拿起笔来加了一句"这是值得我们洒血泪的"。全文如下：

在此民族革命激化之过程中，这个伟大的文化领导者遽然离我们事先长逝了。为了纪念这个不朽的人格，为了使大家了解他给我们留下的任务，我们筹备着出个专刊，来尽些传播的责任。这里我们恳切地希望站在同一战线上的朋友们，对这个伟人——我们的领导者逝世的纪念，写些稿件。朋友们！将血和泪倾泻在这里吧！这是值得我们洒血泪的。

当晚，卢梦、行者也在场，亚马通知他们明天到青年会楼上参加发起人会议。21日下午，为鲁迅先生逝世举行追悼会的发起人会议召开了，地点是基督教青年会楼上文娱室。大家推举太原文学研究会的负责人田景福来主持这次会议，提出讨论的问题，大家都是愿意举行鲁迅先生逝世追悼会的，那么能发起哪些人来参加，用什么名义来号召，召开多大规模的追悼会，这些都是紧密联系在一起的。会议一开始，发起人讲了鲁迅逝世消息传来后自己沉痛的心情，还说了自己周围朋友们的思想、感情状态，希望能以追悼会的形式表示对一代文豪的尊崇。也有人反映了在目前形势下召集各界群众参加的追悼大会，客观条件不具备，隐晦地讲要考虑1936年春天的恐怖余焰和一个月前的前车之鉴（九一八纪念会上群众情绪不够热烈）、政治上的不自由问题尚未解决。经过大家讨论，最终确定，排除召开那种混乱嘈杂的群众会和各界代表人士参加的大会，以文学青年集会的名义来追悼鲁迅先生的逝世，经过公开宣传，不排斥一切愿意参加追悼活动的各界人士。会上决定发布追悼会筹备会成立消息，并趁着沪、平、津大报纸的新闻报道到达太原的时候，在社会上造成追悼鲁迅先生的气氛。会议还要求发起人分别联络和动员新闻、教育界的人和青年写文章、讲演、组织参加追悼会的活动。关于在什么地方举行追悼会，大家认为须从可能发动与组织参加追悼会的人数多寡来考虑。统一的意见是，如果只能动员二三百人到会，即在基督教青年会堂举行，如果超过500人就到山西党讯社礼堂举行，那里有800个以上的座位。

至于追悼会的时间，多数人的意见是只要筹备工作做妥了，就举行追悼仪式，安葬前后均可，特别是10月25日，这一天是星期天。最后议定由筹备会去定。会议当即推定田景福、杨蕉圃、鲁木、卢梦和亚马负责具体筹备事宜。

二

追悼鲁迅，春在何方

会后，为了及时地报道以推动追悼会的筹备工作，亚马和杨蕉圃一起发布了一条新闻。新闻大意是：

> 太原消息，鲁迅先生逝世消息传来后，本市文艺界即举行集会，以沉痛的心情悼念这位时代的巨人，并以崇敬的心情发起召开"太原市文学青年追悼鲁迅大会"。

22 日，几人再次开会，确定了追悼会各项事宜，决定星期日（10月25日）在党讯大礼堂举行追悼会，确定以行者正在撰写的文章作为主题讲演的基础，卢梦做自由讲演的记录，亚马负责会场的布置，围绕追悼会重要活动之一的专刊编辑，仍旧由杨蕉圃负责。

10月25日上午9时多，参加"太原市文学青年追悼鲁迅大会"的人陆续前来，大多数是青年学生，在礼堂门外签到时就发给单页"悼思"，人手一张，计发出七百多张。签了名，取了"悼思"未进会场的人也有，开会时，参加筹备的各单位成员——太原青年文学研究会、山西党讯社、最后生路社，都来了，意外的是，侯外庐（著名历史学家、思想家、教育家，时为山大教授）、裴丽生（新中国第一任太原市市长，时为成成中学教师）也到了。

10点，亚马宣布追悼鲁迅先生逝世大会开始，接着讲：鲁迅逝世了，中华民族失掉了一个伟人，世界文学失掉了一个著名的文豪，我们失掉了一个著名的文豪。这几天来，我们都沉浸在哀痛中。鲁迅说，"忘了他"，我们怎能忘了他呢？鲁迅说，"不要做什么纪念"，我们怎忍不来纪念他呢！今天我们聚到一块来，为推进中华民族的独立、富强而奋斗，为发展进步文化艺术事业而努力、前进。

讲完后，大家起立，向鲁迅先生遗像默哀5分钟。

杨蕉圃做了主题演讲，侧重于鲁迅在新文学事业上的贡献和青年文学工作者当前的任务。

裴丽生走上台做了自由讲话，认为目前中华民族处境的现实、民族解放统一战线形成中的问题说明阿Q精神的存在与危害，愤然提出要继续和阿Q精神做斗争。亚马他们召开追悼会时，本来担心没人讲话，有了裴丽生的讲话，使得这个追悼会充实而有生气。

追悼会最后一项，以大会名义，向上海鲁迅治丧委员会及家属发出唁电，并交给田景福办。

追悼会还收到二十多件挽联、挽幛、挽词，并突破了文学青年的狭小圈子，充分说明即使当局对鲁迅先生逝世不表态，但广大人民群众和有觉悟的知识分子，还是要借着这些年轻人发起对鲁迅先生的追悼，及时适当地表示自己对这位伟大人物的怀念。甚至连一向被他们视为保守的商务印书馆，也都送来挽词"哲人其萎"。

追悼鲁迅先生的专刊，一共出了7期，刊载木刻、诗、文章共三十多篇，比较有名的是樊希骞的长篇《追悼我们民族的巨人》（专刊1、2期连载）。

追悼会后，亚马向张进林汇报了情况，张进林的意见是"恰到好处，事情需慢慢来，不宜操之过急"，下一步应该继续推进宣传学习鲁迅遗志，争取团结更多进步青年参加革命，靠近革命组织，有领导地发展抗日民族统一战线，在抗日旗帜下积极筹备成立太原文化界抗敌救亡协会。实际上，这次追悼鲁迅逝世大会，为后来在太原成立文化界救国联合会做了思想上、舆论上、组织上的准备。

旧的制度正在撕裂，新的希望正在升起，山西省的春天，就在不远的前方。[①]

[①] 本篇亚马回忆部分改写自《山西文史资料全编》，内部图书，2001年。

三、西北战地服务团来了

首入山西

1937年8月12日,西北战地服务团在延安正式成立。成立目的,在其成立宣言里开宗明义,讲得十分清楚:

> 现在大规模的抗战已经开始了,我们愿赴疆场,实行战地服务。
> 我们愿意以我们的一切贡献于抗战前线,与前线战士共甘苦,同生死,来提高前线战士的民族自信心和民族牺牲性,唤醒、动员和组织战地的民众来配合前线的作战。……我们将随时报道战地的状况,使全国远赴后方的民众,都随时与前线紧紧地联络着,使世界同情中国的人士,得慰他们的关怀,同胞们,青年们到前线去,到前线服务去,为中华民族的解放、独立自由,把我们的一切贡献到前线去![1]

这是一个以抗日军政大学和文艺青年为骨干的文艺宣传团体。成立之初,约23人,可到出发时,就增加至30人。丁玲任主任,吴奚如任副主任,陈克寒、陈明、周魏峙、王玉清、戈矛、天虚、高敏夫等,都是主要成员。

1937年9月22日,西北战地服务团从延安徒步出发,这支军事化、战斗化的文艺轻骑兵,东渡黄河,来到山西,过临汾,穿洪洞,直达抗日前线,在山西活跃半年之久,行程数千里,辗转二十多个城市

---

[1] 《西北战地服务团成立宣言》,《新中华报》1937年8月19日,第5版"战地"创刊号。

和乡村,宣传共产党的抗日主张。

这个在中共中央军委领导下的战地服务团体,受到中共中央和毛泽东的高度重视。毛泽东提出,"要宣传大众化","应该短小精悍,适合战争环境,为老百姓所喜欢。要向群众,向友军宣传我党抗日主张,宣传抗日救国十大纲领,扩大我们党和军队的政治影响"[1]。

出发前,延安各界举行了欢送晚会,毛泽东亲临送行并致辞,说:"你们要用你们的笔、你们的口与日本打仗,军队用枪与日本打仗,我们要从文的方面、武的方面,夹攻日本帝国主义,使日寇在我们面前长此覆灭下去。"

身为西北战地服务团主任的丁玲,在一则日记里透露出自己的决心和信心:

> 当一个伟大任务站在你面前的时候,应该忘掉自己的渺小。……明天我就要同一群年轻人在一道了,大部分的人我都认识,生活年龄都使我们有一段距离,但我一定要打破它,我不愿以我的名字领导他们,我要以我的态度去亲近他们,以我的工作去说服他们。我以我最大的热情去迎接着新生活。[2]

丁玲是用笔来战斗的,她创作了《临汾》《关于自卫队感言》《孩子们》《马辉》等散文与速写,真实记录了抗战初期山西各阶层高涨的抗日激情。

《临汾》记录的是西北战地访问团初到临汾的所见所闻:老百姓深受《保卫卢沟桥》抗日短剧的感染,在沉寂的黑夜里,眼含热泪振臂高呼"打倒日本帝国主义!武装保卫山西"。西北战地访问团的到来,

---

[1] 丁玲:《工作的准备》,《丁玲全集》(第5卷),河北人民出版社2001年版,第46~48页。
[2] 屈毓秀、石绍勋、尤敏、郑波光、郭文瑞:《山西抗战文学史》,北岳文艺出版社1988年版,第34页。

三 西北战地服务团来了

也使得临汾城有了生气,全城都在议论:"战地服务团来了!战地服务团来了!"

战地服务团的影响是巨大的,不仅普通民众深受鼓舞,就连孩子也坐不住了。《孩子们》里,三个年龄不满14岁的孩子,坚决要求加入战地服务团,到前线杀敌。多次从家里逃出来,谁劝告也没用,死也不肯回家去。西北战地服务团在沁源认识了一位牺盟会青年巡视员,他待人热情,工作积极,后来被内奸出卖牺牲了。丁玲特别写了《马辉》以悼念。作品里写道:"现在是我们,无数的马辉,以血、肉、骨、灰去抵抗强权,埋葬丑恶的时候……马辉,你虽死了……我们永远和你在一起,未来的幸福社会的产生,是少不了你,也少不了我们的。"

丁玲还写有独幕剧《重逢》和三幕剧《河内一郎》,表达了抗战反战的主题。《重逢》写一名女青年在敌占区开展工作的故事。《河内一郎》中,主人公河内一郎原是侵华日军中的一名战士,被俘虏后,曾想自杀殉国,可在我优待俘虏政策感召下觉悟过来,成为一名反战战士。剧本出版后,茅盾曾在他主编的《文艺阵地》重点推介。

三幕话剧《突击》,由塞克执笔,集体创作。写的是太原附近农民在日本侵略军铁蹄践踏下奋起反抗的故事,表现了抗战中不分年龄、不分性别、不分社会阶层全民抗战的坚强意志。上演后轰动不已,丁玲有难忘的记忆:"大家忙了两个星期……三天演出七场(其中有一场是专门为老伤兵的),场场客满,掌声雷动,轰动了战时的古都。"[①]周恩来还特别接见了剧本创作者。

吴奚如的长篇小说《汾河上》,以西北战地服务团奔赴前线、深入农村、动员民众为主要线索,显示出了全民总动员的强大力量。作品着力表现的是:人民战争伟大的雄厚之根在民众中间,人民一旦行动起来,那将是不可战胜的。

---

① 丁玲:《易俗社与西北战地服务团》,《陕西戏剧》1982年第10期。

山西抗战纪事

小说第六章《夜戏》，就写了西北战地服务团抗日宣传的威力。一出《雁门关外》的夜戏，深深打动了观众：

突然，从幕后冲出了洪亮的声音：
"同胞们，这是在雁北发生的事情呀！你们看见了没有？"
"看见了！"这是观众们雷鸣似的一声回答。
"这凶恶的日本鬼子该不该打呀！"
"该打呀！"
"好，咱们大家伙不要再等待了，起来干呀！"幕布后面的人，把声音提高到快要破裂的程度。
"是的！……干呀！"
群众的情绪像野火，燃烧起来了。
……

包括西北战地服务团在内的许多作家都燃烧进去了，于是，就有了这样的历史记忆："烽火飞过黄河后，我和二三十个伙伴在匆忙中出走，那正是黄沙和雪花交替占有北国天空的时候。带着伤心的眼泪，带着无限的惆怅，带着一颗被抛别父母的悲哀窒息了的心，我们出走了！黄土路上，风沙道中，小身体背着大行囊，徒步奔波着。旅途中，有歌，有笑，也有衷心的惆怅和对父母故乡无限依恋的情怀。"[①] 知识分子的情感总是细腻的，即便处在颠沛流离中，也能敏锐地感受到物候的变化。

另一位曾经深入山西战区采访的作家周立波也有难忘的记忆："一个月的战地生活，使我变成了一个不同的人。我们从五台出发南下，步行了三分之一的山西，经过了十几个县的地域，每天走五六十

---

① 公兰谷：《月夜投笺——寄到遥远的黄沙边》，《时与潮文艺》1943年第1卷第2期。

三 西北战地服务团来了

里、八九十里不等……这种行军在当时有点苦,现在想起来,真正有味。作家要参加到部队中去,烽火连天的华北,正待我们去创造新世界。我将抛弃了纸笔,去做一名游击队员。"[1]

跟民众一样,作家们也经受着血与火、生与死的考验。

再入山西

1938年11月20日,在周巍峙带领下,西北战地服务团第二次离开延安,奔赴晋察冀边区,活动时间长达五年半。在抗战文艺尤其是诗歌方面,取得很大成就。

作为主要宣传阵地的《诗建设》,创办于1939年2月,刊物大量登载街头诗,其主题多种多样,有动员群众打击日寇的,有鼓励农民多打粮食的,有赞扬妇女做军鞋、送郎上前线参军打敌人的,等等。伟大的抗日战争激发了作家激昂的诗情,他们走出狭小的自我生活小天地,走向前线,走向广大民众,写出了极富时代气息的诗篇。田间、高敏夫、邵子南等都是代表诗人。

高敏夫第一个把街头诗带到晋察冀、晋冀豫边区,对此,《抗战总动员》曾有生动记述:由于高敏夫同志的介绍、战文社的提倡,一部分爱好文艺的人们,对街头诗有了初步的了解,这是街头诗运动的第一个时期。1938年9月敌机第一次轰炸岢岚后,随着市民心里的恐怖与愤怒,街头诗便排着庄严的队伍,站到街头的两旁,两天之内就产生了二十多首。……9月20日举行了街头诗运动,无论大街小巷都张贴着花花绿绿的街头诗,这是街头诗运动的第二个时期。……战动总会宣传部为了加大宣传,不久和战文社成了合作关系,对于街头诗的扶植尽了力,所以在战动总会产生了大批作品。这可以说是街头诗运

---

[1] 屈毓秀、石绍勋、尤敏、郑波光、郭文瑞:《山西抗战文学史》,北岳文艺出版社1988年版,第34页。

动的第三个时期。[①]

西北战地服务团里，田间、史轮、曼晴等都颇为活跃。田间努力追求诗歌的民族化、群众化，诗作朴素明快，通俗易懂，影响较大。著名街头诗《假使我们不去打仗》，发表于沁县出版的《新华日报》（华北版，1939年3月29日）。其中一节里，短短20字，就把环境渲染得有声有色，又饱含深情，诗意盎然：

> 五月的夜啊！
> 风吹着大地，
> 月亮照着大路，
> 开到前面去，
> 这是袭击的时候。

史轮的《儿歌》，形象活泼，朗朗上口，又饶有兴味，是另一番景致：

> 我拿不动二哥的枪，
> 妈妈叫我快快长。
> 妈妈说，
> 等我长大了给我买杆枪，
> 那红缨子，比二哥的还要长。

还有一首《少年先锋队》的街头诗，采用比兴手法，纯粹以孩童口吻出之，却也生动贴切，颇为精练可读：

[①] 山西党史办：《山西战地总动员史实》（下），山西人民出版社1986年版，第220页。

三 西北战地服务团来了

月季花,月季花,
你要插来我也插,
叫爹妈,叫爹妈,
莫说我们是娃娃,
拿着枪,骑着马,
我们也要救国家。

四、第二战区的抗战文学刊物

第二战区的抗战文艺刊物主要有《西线文艺》《西线》《政治周刊》《黄河战旗》等，这些刊物都创办于全国抗战爆发以后。

抗战初期，中国共产党和阎锡山合作抗日的统一战线组织牺盟会、战动总会，不仅发动群众武装抗日，组织抗日自卫队、游击队，还进行着抗日文化宣传工作。这里，不能不提到黄河出版社。黄河出版社于1938年12月筹办于山西吉县，是牺盟会和山西新军的宣传机关。出版社尚未正式成立时，当地就遭遇到日寇的疯狂"扫荡"，于是，全体编务人员西渡黄河。1939年2月，在陕西宜川县的秋林镇，黄河出版社方正式诞生。《政治周刊》《黄河战旗》《黄河文艺》就是黄河出版社主办的抗战文艺刊物。而《西线文艺》《西线》则是由第二战区文化抗战协会主办，也出版于秋林镇。战动总会主办的刊物是《战地周刊》和《战地动员》半月刊。

这几种抗战文艺刊物中，影响较大的当数《西线文艺》了。在《西线文艺的诞生》的发刊词里，有如下描述：

……早先，我们抓住时机，发起了一个刊物……这就是曾经有了短短五个月历史的《西线》。一些朋友认为……《西线》应该更活泼一些，多载属于文艺方面的文字，如诗歌、戏剧、翻译等，以提高战地文艺的水准，并把描写战地的文艺作品介绍到后方去。

这样《西线文艺》便诞生了。

为了这，我们号召一些愿为抗战文艺努力的朋友，以及我们的领导部门——二战区文化抗战协会所属各单位的爱好文艺的同志们，

四 第二战区的抗战文学刊物

来共同开拓这一个新的工作,自然,我们更希望居处战地各方的文艺工作者,赶快来耕耘这一块新的园地,我们对于你们的热望,是超过于我们自己的。同时,我们也希望后方的文艺工作者能和我们合作,相互配合,为抗战文艺而努力。

正因为有办刊经验,又集合了一批优秀的编辑,如胡采、力群、魏伯(王经川)等,所以,一经面世,就受到外界的关注。而且,刊物编辑们的期盼没有落空,作者队伍很快就遍及很多地方。这其中,有来自山西本土各根据地的作者,有来自延安的作者,也有其他战区及其大后方的作者。

《西线文艺》的编辑们自己就有随军采访的经历,力群就以自己的生活为题材,写了一篇文学散记《行军在吕梁山中》,描写了一群包括妇女儿童在内的非战斗人员,行走在吕梁山上,白雪皑皑,路无尽头,但因为内心饱含着对日寇的满腔愤恨,所有的艰难困苦全不在话下了。

魏伯的作品多是小说,《何二扁担》《战斗线外》《抗争》等都发表在《西线文艺》上,反映的又多是国民党军队抗击日寇的事情。《何二扁担》中,抗日英雄何连长原本是一个弃婴,"刚五岁,天天就到外边拾柴火,寒冬立夏,他浑身上下没有一张囫囵皮,有时候病了,水米不打牙,吃一口,吐一口,脸黄拍拍的。……可是,人贱骨头硬,受得起折磨。七岁便雇给人家,给人家放牛"。正是从小饱受了苦难与挫折,铸造出一副铁打的身板,人送他绰号"何二扁担"。他的身躯果真引人注目:

像是突然有一堵墙把路给挡住了。这个人比我和旅长都高一头……两只眼睛像牛铃一样,嵌在眼窝里,瞪得令人不舒服,厚厚的嘴唇吃力地绷起,手伸得像铁片一样硬,放在帽檐边敬礼。浑身上下尽头十足,像是你摸他一把,他就要把你吃掉的样子……

何二扁担作战勇敢,对下属却粗暴无比,也正因为粗暴,使他的职务时升时降。这个形象是丰富而复杂的,作者借此提出了旧军人改造教育提高的问题,这个问题在国民党军队里也是普遍存在的。

《战斗线外》写了国民党普通军士曹国标的故事。他有高贵的民族气节,虽然身负重伤,却不忘规劝为日本人支差的同乡宋根。他说:"我是应该像人一样死去的,我不能跟宋根一样,一条狗似的在鬼子面前爬。"他带着受伤的身躯,以鲜血在祖国的大地上开拓着自己的路。

《西线文艺》里还有反映八路军游击队生活与作战的故事,比如,沙汀的《一个游击队的故事》,李庄的《袭击》《山庄》等。这些作品在渲染战事紧张激烈时,不忘表现生活悠闲的一面。《一个游击队的故事》里,游击队员们在打仗间隙,还逗孩子玩耍,跟老乡闲聊。《袭击》里,游击战士们埋伏在路边,等候敌人,还不忘闻闻花草香乃至泥土的香味,空中日头懒懒洋洋地照着,大家都感觉到了温暖。

《西线文艺》里也有普通民众奋起抗敌的故事。林野的《鄂尔多斯草原》写的是内蒙古草原上,人民的不屈不挠;吕光的《牧羊女》写了一个瘦弱的牧羊女的觉悟,她原来的生活平平静静,但日本人的到来改变了一切,丈夫的惨死激起了她强烈的复仇欲望。类似的主题也反映在散文小品里,如方阔的《孩子》,以深沉的笔调写了农村儿童失去平静生活的痛苦;方然的《寄母》是出征战士写给母亲的一篇书信,思念的殷切、离别的痛苦交织在一起,有回忆,有期盼,也有对敌人的愤恨,感情闪烁回环,最后,升华到对祖国的巨大爱意中去了。

《西线文艺》上还发表过《鸡毛店》《良民》《伪皇军》《这一代》等独幕话剧。其中《鸡毛店》和《这一代》反映了山西沦陷区人民的苦难和抗争,前者写的是最底层人民的悲惨境遇,乞讨的叫花子、卖

四 第二战区的抗战文学刊物

身的娼妓,生计艰难,却有气节,面对强敌压迫,有的毅然走上反抗道路。这群卑微甚至被小瞧的人们时时不忘自己是中国人,正如乞丐陈昌所言:"别瞧我是个要饭的,我穷了我的身子,穷不了我的心。"后者写了陕西北部一个村镇里,在日寇铁蹄践踏之下,母女两代人的悲惨遭遇。家园尽毁,人民惨遭屠戮,血的事实使年轻的一代深深懂得:"在日本鬼子手底下,是没有活路的。我们这一代只有打,打走日本鬼子,才有太平日子。"

《西线文艺》还发表过一些有特色的诗歌,显示出题材的多样性。洪流的《新生之歌》写了一个牺牲了的朋友的故事。死亡反而更激发了生者们生存下去的信念,就连15岁的抗日中学生也激动了,牺牲前,他放声大喊:"和祖国一起活着,和祖国一起新生!"

林野的《遥寄卢沟桥》是一首抒情长诗。诗中写到了卢沟晓月、卢沟桥传说,也写到了晚霞、驼铃。可"七月七日"后,一切都变了,炮火、硝烟,焚烧的庄稼、房屋,意象对比强烈,感情也由平和转向沉痛:

在今天
我们遥向你
致沉痛的祭奠,
用强盗的血洒,
用热恋的心,
用英勇的战斗。
在战场上
凄凉的村前。
……

《西线文艺》从创刊到停刊,共出版6期,短促的生命留下了深深的印迹，它对山西抗战的贡献是有目共睹的。

《政治周刊》《黄河战旗》《战动周刊》也发表过有影响力、有特色的作品。萧英的《井疙瘩的血》是一篇报告文学，写的是1938年2月，日寇在吉县制造的大惨案。短短两个月，日寇两次"扫荡"井疙瘩村，用机枪刺刀对付手无寸铁的百姓，可他们并没有屈服，他们用土块、破碗、水缸和敌人做殊死搏斗，最后，28人都倒在血泊中了。作品发表后，引起不小反响，重庆的《新华日报》特别予以转载。

战地总动员会于1938年在晋西北岢岚举行了抗战一周年纪念。《战动周刊》刊出了《抗战建国专号》，其中，《抗战解放纪念日速写》《伟大的日子》《打回老家去——难民收容所宣传速写》等都是有代表性的文章。《战地宣传千里记》写了由知识分子组成的动员宣传团，从太原出发，到晋西北千里宣传的艰苦生活。大家演出宣传剧，教唱救亡歌曲，人民觉醒了，抗战的火焰，在晋西北的原野猛烈地燃烧起来了。

五、作家们的随军战事记录

抗日战争激发出作家们空前的热情，为着伟大的民族救亡图存事业，他们走出狭小的书斋、校园、亭子，拿笔杆代枪杆，争取民族之独立；寓文韬于武略，发扬人道的光辉，以自己的身体乃至生命，英勇抗战，谱写出激昂亢奋的诗章，深入战区成为一时风气。

作为抗战前沿的山西，吸引了一大批作家的目光，从晋东北到晋东南，从晋西北到太行山区，大凡有战事发生，就能看到他们活跃的身影，周立波、舒群、卞之琳、吴伯箫、何其芳、沙汀、范长江、刘白羽等都是杰出代表。

可亲可敬的八路军指战员

周立波与舒群是最早到山西随军生活的作家。1937年10月，他们陪同美国女作家史沫特莱到晋东北采访考察，在五台山八路军总部驻地，第一次见到了朱德总司令。随后，便随总部南下，到了洪洞，在战地跋涉一个月之久。

在《战场三记》里，周立波细致地记述了八路军指战员的日常生活，朱德、贺龙、徐向前、聂荣臻、陈赓、王震、徐海东等，形象不同，性格各异，却都显得可亲可敬。比如贺龙，看到落在脚边的炸弹没有爆炸，便对炸弹说："你炸不炸，不炸，我就少陪了！"短短几句话，风趣诙谐的性格便跃然纸上了。比如徐向前，外头大炮怒吼，子弹横飞，他在屋子里却连连挥手："讨厌得很，讨厌得很哪！"字里行间，透露出这位八路军指战员的镇定与勇敢。

舒群的《西线随征记》里，也有对八路军指战员的细致刻画。其中"中国的'爱人'"一节里,有关朱德的描绘尤其成功,感人至深:他会打篮球,作者初次看到时,朱德正在篮球场跟年轻人抢篮球,"像青年一样,跑着,跳着"。到了正式场合,谈战争,谈战局变化,也是那么平易近人、从容不迫,"他的手总是相交地深入袖口"——这或许正是一个生活细节,一个习惯动作。在行军打仗途中,朱德又总是顾全大局,到泥泞的路上,他把好走的地方让给别人,自己却全然不顾泥水飞溅。朱德还会红烧牛肉,当有人问到时,他便笑笑,说:"你等着吧,烧得还蛮好吃呢!"看来这位将军,既能运筹帷幄,又懂如何生活,真是个多面手呀!舒群形象地称呼朱德为中国的"爱人"。

1938年11月,在延安鲁迅艺术学院工作的沙汀,跟随第120师贺龙师长,辗转作战五个月,留下了著名的传记性报告文学《随军散记》(最初发表时题名为《我所认识之H将军》,后又改名为《记贺龙》)。值得注意的是,这篇传记不局限于1938年至1939年间的战场生活,还重点记取了贺龙青年时代传奇般的人生经历,有点有面,颇富立体感。周扬认为,在已有的描写八路军士兵将领的大部分作品中,《随军散记》是应该特别提及的。《随军散记》结构松散自由,但这些看似松散的细节片段组合起来,却使贺龙的个人形象栩栩如生。我们不妨撷取几例:

一回,在青化砭一个小山村,贺龙见到一个农民,正在编织羊毛带,当即就靠近过去,攀谈起来。贺龙讨问编织的具体技巧,还把没织就的羊毛带子要过来,学着织起来。这情形把旁边围观的老人小孩逗乐了。而这无形中,就跟当地农民的情感贴近了。还有一回,在岚县城外,贺龙看到两个牧羊人,一老一小。二人手里拿着长长的小锹,贺龙问清那是放羊的家伙后,就要过来,比画着,学起放羊来了。这不是作秀,而是内心情感的自然流露。可就在这自自然然的交往里,就跟普通群众水乳交融般地打成一片了。贺龙熟悉不少当地风俗掌故,部队行军途中,他便娓娓道来,话语间透出风趣与幽默。不知

五 作家们的随军战事记录

不觉间，鞍马劳顿带来的劳累乏味就抛到脑后了。

身为将领，贺龙又有临危不惧的一面。他爱打篮球，一回，日寇进行"扫荡"，部队驻地十里开外，战事紧张而激烈。贺龙却坚持要举行一场篮球比赛。他还饶有兴味地说："看哪一个打得好，咱们就把他拖过来。"于是，两个地方，两样世界，那边的战事丝毫也不影响这边的比赛。还有一次，部队正举行联欢晚会，贺龙突然收到报告，说敌人已经到了附近地区，距离不足20里。看完电报，贺龙神色泰然，继续观看晚会，似乎敌人的逼近与自己无关。"黑云压城城欲摧"，可我们的贺龙司令员总是临危不惧，最后又总能化险为夷。

贺龙是宽厚的，在长时间的交往里，沙汀深深体会到了这点。1949年，成都解放时，沙汀向率部解放成都的贺老总说："贺老总，我来归队了。"贺老总说："欢迎你归队。"接着又打趣地说："你这个沙汀啊！人家都是老婆跟着老公走，你倒好，跟着老婆走。"此话叫沙汀禁不住潸然泪下。在抗战那个最艰苦的岁月，沙汀曾带着老婆孩子离开第120师回到后方，这是迫不得已而为之的，可当时，得到了贺龙的深切关怀与体恤。"伫马太行侧，十月雪飞白。战士仍单衣，夜夜杀倭贼。"简短的诗句里，蕴含着沙汀对将军，对战士，乃至对艰苦岁月的难忘情怀。

刘白羽是以"随军记者"的身份步入文坛而逐渐闻名的。1939年春，他从延安来到太行山八路军总部，亲眼见识了八路军指战员的战斗生活。写出了《八路军七将领》特写集，这七位将领是：朱德、彭德怀、贺龙、萧克、任弼时、彭雪枫、林彪。其中对贺龙与萧克二人的容貌刻画，令人印象深刻。说萧克瘦瘦的，像一只铁鹰，却有一双闪亮的大眼睛、两道浓浓的眉。说贺龙是圆圆的脸，总是笑嘻嘻的，声音洪亮，说话时，常顺口带出些好笑的词儿。

陈荒煤也是1939年从延安进入山西的，他率领鲁艺文艺工作团到八路军总部、第129师第368旅陈赓部进行采访，写出了《刘伯承将军会见记》《陈赓将军印象记》等，作品用恶劣的环境、惨烈的战斗、辉煌的战果，突出将军们的神奇、英勇与伟大。面对强敌，总是乐观又充满必胜信念。这单从外貌就能领略出来，比如，作品里写刘伯承的脸："脸上就像闪耀着刚晴天的太阳般的光辉。……他那种笑，就有排开一切阻挡的力量。"

战事的生动展现

国民党将士的抵抗与妥协 忻口战役是发生在山西的重大抗战事件，一些记者深入战地，对战斗的惨烈做了生动展现。秋娘的《吊忻口战场》就是一篇战地报道，作品反映出国民党将士顽强的抗战精神。行军的路途是艰难的，"五台山已经降雪了，冰山颠弯着鸟道，为冰雪凝聚着，人就在这上头迎着寒风前进。……战士们一身棉衣是难抵雪山寒气的，但他们不曾因为寒冰而忽略了他们的任务，反而活动更积极了。"

战场的生活更为艰苦，战士们吃的是带泥的生萝卜，三天三夜喝不上水，厚厚的火药与泥土积在一起，粘在嘴上头。作者亲临战地，便能把战场的惨烈写得绘声绘色：敌人的十余架飞机在忻县附近轰炸，烟云弥漫着山头，战士们却屹立山头，向敌人猛掷手榴弹。

肉搏的场面更为惨烈：一班的士兵大都牺牲在坦克之下了，唯一的幸存者爬起来，怒视着敌人，他的眼睛都杀红了，在无工事可凭借的开阔地带，与敌人肉搏……

秋娘的《娘子关前线》、溪映的《晋北战场》、伊休的《夜攻旧关》等，也都是反映国民党前线将士们奋勇杀敌的报告文学作品。值得注意的是，作品不仅仅写出了战事的惨烈，同时，也对周遭的环境乃至景色加以渲染，这些闲来之笔并不多余。比如《娘子关前线》中，当战火尚未烧来时，一切是静寂平和的，"十月十八日，正是废历的九月望日的晚上，圆润一明月，由娘子关上照过来，清切的月光，透过疏

五 作家们的随军战事记录

黄的树头,洒落到地面上"。但当战事发生时,一切全变了,飞机、炮弹、枪声中,子弹掠过山顶,在空气里吱吱地响,像稻田里被逐飞起来的一群黄雀。一动一静,一冷一热,对比强烈,战斗的惨烈无情,被表现得淋漓尽致。

著名记者范长江深入山西抗战前线,写下了《吊大同》。作品看似在抒发凭吊之情,其实,用意是透过大同失陷,做进一步的拷问。日寇固然强大,但政权的腐败懦弱,官僚豪绅的自私盘剥,各级政府的相互推诿,才是大同很快失陷的重要原因。一切都是无组织的乱哄哄的一团,防空洞尚未开挖,敌机已经盘桓在城市上空了;空中炮弹横飞,地上逃难的人们四下里乱窜。战事开始后,大批伤员运下来,却无人接管,医院和政府机关,非常冷漠地对待受伤受寒的广大士兵。

范长江早在抗战前夕就以《中国西北角》《塞上行》两部写实作品名噪一时,全国抗战爆发后,又跟他的同事们一起写了《西线风云》。与《吊大同》一样,都意在"以批判的暗示,反映出成败得失的教训,显示出战事和战事有关的问题之前途"[1]。

范长江的《吊大同》从面上展现,而罗烽的报告文学《莫云与韩尔谟》则从点上透视,写了一对恋人在太原失守前后由热恋到分手的过程。韩尔谟是大同作战的青年军官,危急时刻,他没有奋勇杀敌,而是耽于蜜月与远游巴黎的迷梦中。他为了保住一己性命,甚至从大同逃回太原。莫云对这位贪生怕死的恋人生出厌恶之情,当即就断绝了爱情关系,还参加了妇女战地救护队,成为一名深明大义的刚烈女子。作品透过两人的感情纠葛,揭示出高尚与卑鄙、高大与渺小两种内心世界,而这两种人在抗战的前方与后方,都是普遍存在的。正如茅盾所言:"抗战的现实是光明与黑暗的交错——一方面有血淋淋的斗争,同时另一方面又有荒淫无耻,自私卑劣。"[2]

---

[1] 范长江:《怎样发战事电讯与写战事通讯》,《通讯与论文》,新华出版社1981年版。
[2] 茅盾:《论加强批评工作》,《茅盾文集》,人民文学出版社1958年版。

八路军英勇无畏 1937年9月，八路军取得平型关战役的胜利，极大挫伤了日军的锐气，鼓舞了全国人民抗战必胜的信念。1938年，肖向荣在《群众周刊》上发表《平型关战斗的前夜》《平型关战斗的前后》（分别载第1卷第6、7期）两篇文艺通讯，向后方人民报告了战事的情形。之后，刘白羽也写了《八个壮士》的报告文学，这是一个悲壮的故事：在平型关的一次战斗中，八路军一个连的战士，在一条夹沟里与日军交火了，战事激烈而残酷，坚持到晚上拼杀结束、取得胜利时，全连只剩下八个人。

山西抗日战事吸引了许多作家的目光。1938年，卞之琳也从延安赶赴太行山区，随军采访与生活，写出了报告文学《第七二二团在太行山一带》，作品真实地记录了第722团的生活，对战斗惨烈和战士英勇的描述尤其成功。战事是频繁的，战斗一个接着一个，整整一年，也得不到短暂休整。可战士们又是极其亢奋的，一声炮响，马就竖起鬃毛，人就攥紧拳头，投入战斗了。战场上，战士们神勇无畏，神头歼敌战斗，干部伤亡殆尽，只剩下一名指导员。一次战斗中，一个牺牲的战士，横卧在地上，手里还紧握一根绳子——就是这根绳子勒死了一个日本兵。全团战士风餐露宿，出生入死，苦战一年后，病倒的就达九百多人。这可以说是八路军战士的一个缩影，他们经受了生与死、血与火的考验。

卞之琳在太行山随军生活期间，还写有报告文学《晋东南麦色青青》《垣曲风光》《向上路上》《沁县来的消息》等，在对惨烈战事的描述里，不时有景色描写的神来之笔。从前方战事的神勇无畏里，作者看到了抗战胜利的曙光在前方闪动，恰如苍黄冬夜里的青青麦色，寒冷一过，就蓬勃兴起了。

卞之琳还有一些反映八路军和抗日根据地战斗生活的诗歌。作者别出心裁，把诗集命名为《慰劳信集》。写普通战士、将领、群众、工人、农民乃至儿童，不仅仅是表现他们坚强的抗敌意志，同时也是在

五 作家们的随军战事记录

慰劳,在致敬。1938年秋后,延安文艺界发起了写慰劳信的活动,卞之琳积极响应,动身入太行山前,就写有《给随便哪一位神枪手》和《给修筑飞机场的工人》,此后,更写有《前方的神枪手》《地方武装的新战士》《一位"集团军"总司令》《抬钢轨的群众》《实行空室清野的农民》等。诗歌处处洋溢着乐观情调,如《前方的神枪手》:

> 在你放射出一颗子弹以后,
> 你看得见的,如果你回过头来,
> 胡子动起来,老人们笑了,
> 酒窝深起来,孩子们笑了,
> 牙齿亮起来,妇女们笑了。

作者的情感与神枪手乃至老人、小孩、妇女紧紧联结在一处了。诗歌短小,诗镜阔大,一个士兵后头站着一个民族,全民在为神圣的抗战鼓劲、加油。

作者写真人真事,一律不点名,只提他们的职务、岗位、行当、业绩,希望在有限中蕴含无限的意义,引发绵延不绝的感情,鼓舞人心。作者对他们是充满无限敬意的。《慰劳信集》所写人物包括神枪手、机场工人、地方战士、放哨的儿童、抬钢轨的群众、煤窑工人,乃至毛泽东、集团军司令、空军战士等等。"以这样的规模集中描写原本没有什么诗意的工农兵,在中国新诗史上,卞之琳恐怕还是第一人。"[1]

报告文学《第七七二团》和诗集《慰劳信集》都出版于1940年,昆明明日社出版部出版时,还特意打出广告,以示重视。许多年后,卞之琳提及过去,依旧难忘太行山生活的那段岁月:1938年,受沙汀

---

[1] 钱理群:《中国现代文学编年史——以文学广告为中心(1937—1949)》,北京大学出版社2013年版,第156页。

山西抗战纪事

赴延安计划的刺激，与何其芳一起同行，8月到延安，在延安及其周边总共待了一年，"其间还去过前方太行山内外随军半年"，在延安"只是短短的过客"[①]。

何其芳奉献出的一组抒情诗《北中国在燃烧》，写的是八路军奔赴前线，奋勇杀敌，激发出了广大民众高昂的斗志。古老的岚县城里，古城在颤抖，河流在怒吼，民众奋起了！整个北中国的土地在燃烧，而最可敬的则是危难中英勇杀敌的八路军将士们：

> 在前面，我们的司令员来了，
> 让我向他致敬，
> 当炸弹落在古楼旁边的教堂内，
> 当他和死亡那样临近，
> 他没有离开他的岗位。

激扬的诗情是发自内心的，一个民族在同仇敌忾时，种田汉子成了游击战士，就连调皮的小孩也变成了抗日的"小鬼"：

> 你们小眉小眼，
> 凸突突的红脸蛋，
> 年纪都不过十二三；
> 却也肩刀背枪，
> 腰间横插手榴弹，
> 一蹦一跳地，
> 过岭翻山。

[①] 卞之琳：《客请——文艺整风前延安生活琐忆》，《光明日报》1991年7月16日。

五 作家们的随军战事记录

这是诗人商展思《游击队的小鬼》里的一个片段，这些平素只懂贪玩的孩子们，到了游击队里，站岗、放哨、捉汉奸，所起的作用无可替代。

活跃在敌后的游击队，神出鬼没，英勇无畏，涌现出许多可歌可泣的感人事例。刘荒的《五台游击区的射击手》、公木的《我看见你们了》、方然的《邓正死了——献给一个诚朴的灵魂》等，或着力塑造优秀射击手的神勇，或缅怀英雄女烈士的伟绩，或歌颂普通战士的淳朴，语短情长，力透纸背。

国际人士关注山西抗战 伟大的抗日战争吸引了国际社会的目光，大批外国记者和作家奔赴中国战场，做第一线的考察与报道，山西作为抗日前线，也得到了特别关注。1937年10月，美国女作家史沫特莱奔赴晋东北，在五台县南茹村再次见到了（头一回见面是1937年1月在延安）朱德总司令。她跟随部队行军转移，同时对朱德紧紧追访、交谈，数月里不辞辛劳地努力，为写作《伟大的道路：朱德的生平和时代》一书积累了大量素材。该书真实记录了朱德的生平和他经历的年代，1955年在日本出版后，先后有过八九个语种的译文本，在全世界产生了极大反响。西方进步人士认为，它是具有高度价值的文献，可与特立齐可夫的《中国证言》和斯诺的《西行漫记》中毛泽东的"自述"并列，充分享有社会学经典著作地位。[1]

艰苦的战争生活令外国记者、作家们印象深刻，在大后方，在抗日根据地，大凡有他们的地方，就有作品出现，或散文，或报告文学，或演讲，或书信，形象而深入地向外界及时传达出中国抗战激动人心的事件，这其中，就反映了第二战区和山西抗日根据地的战斗生活和所见所感。代表性的作品有：爱泼斯坦（波兰）的《军民合作抗日记》，哈里森·福尔曼（美国）的《聂荣臻将军与派克笔"勋章"》《北行漫

---

[1] 张书省：《论〈伟大的道路〉》，《西北大学学报》（哲学社会科学版）1986年第1期。

记》,比·库·巴苏(印度)的《参加八路军百团大战》,诺尔曼·白求恩(加拿大)的《在我们生命的重要日子里》《致聂司令员的信》,汉斯·米勒(德国)的《国际和平医院》,马海(美国)的《纪念诺尔曼·白求恩博士》,埃文斯·福代斯·卡尔松(美国)的《快乐的旅程》《佛教圣地观光记》,王安娜(美国)的《我的第二故乡》,英国《泰晤士报》记者佚名的《战斗目击记》,等等。

民间潜藏的抗日力量 周立波是抗战时期,在山西战地访问最深入、行程最多的作家之一。他曾三次跨太行,出雁门,过汾河,几乎走遍了大半个山西。日寇铁蹄践踏下满目疮痍的三晋土地,都真实展现在他的笔下了。《劫后的东冶头》记录了昔阳县一个村子在1938年遭日寇"扫荡"后的惨象,暮云蔽日,寒风凄凄,被轮奸的妇女横死马路,凄惨无比。而这样的情形不是个例,在《从离石到沁水》中,周立波对日寇的滔天罪行做了粗线条的概述:"从晋西离石的鸦儿崖到晋东南沁水的马邑,走了八百里。在这一段路程中,除了汾河平原的少数小镇外,没有一个完好的村庄,没有一家人家没有被敌人杀死了男子,糟蹋了妇女的。"

血的屠戮激发起了更加顽强的抵抗。《白塔村的刘福娃》里写了儿子被杀后,母亲的奋起抵抗。临县白塔村的刘福娃面对敌人的拷问,大义凛然。刺刀指在了心窝上,敌人问道:"有没有民兵?"得到的却是微弱而坚决的否定。刘福娃死了,他的母亲觉醒了,她和村里的男女拿起武器和敌人开始了战斗……

康濯的报告文学《风暴代县城》写的也是民众自发反抗的英雄义举。作品是根据抗敌义士金方昌的事迹写成的。金方昌是一个二十多岁的回族青年,全国抗战爆发后,他在雁门关的农村,组织青年抗日救国会,自任主任。不幸落入敌手后,受尽酷刑,仍然坚贞不屈。伪县长引诱他自首,得到的却是一顿痛骂。作品写金方昌英勇就义时的场面,十分悲壮:狂风怒号,飞沙走石,两辆囚车过来了。囚车上的金方昌,

五　作家们的随军战事记录

昂首挺胸，狠狠地摇摆着手上的镣铐，高喊："抗日的人们你们永远也杀不尽！"犯人们都呼应起来了，"密密的人海也哄哄起来了，狂风呜呜地卷过来又卷过去，多么激烈的大风暴呀！""狂风吹不断金方昌的话，却把他的话吹到老远老远……人们流着泪，哇哇叫着，风暴更强烈了。"这是群众怒吼的风暴，是抗敌的风暴，是令敌人心惊胆寒的风暴。

吴伯箫在全国抗战爆发后，也从延安奔赴晋东南。他以散文见长，在抒写群众自发反抗的文章里，注重意境的同时，也能渲染出博大的气势——这显然是来自底层群众潜在的抗日力量。《八万只臂膀》写的是一场声势浩大的群众大会。来自晋东南24县的群众，聚在沁县，其场景本身就激动人心。"四万个人的人海，带了四万个响亮的喉咙，八万只坚韧的手臂。喉咙的吼声像惊涛，像暴风雨，手臂的挥动也仿佛翻得转山岳，挽得住江河的奔流。"这惊涛骇浪的场景彰显出的是对战胜强敌的巨大意志、力量和信心。

当强大的抗日意志上升为国家意识和民族意识时，就意味着真正的觉醒。穗青《脱缰的马》取材于晋西偏僻的吕梁山区，透露出的主题思想却有典型意义。放羊娃庆根曲折的心理过程，昭示出一个普通农民缓慢的觉醒。从小私有者狭隘的天地里走出来，对民族、国家有了责任感，便恍如一匹脱缰的马，有了抗日的巨大冲动。千百万像庆根这样的农民都觉醒了，汇成一股强大的抗日力量，将是不可战胜的。

全国抗战爆发后，穗青在侯马参加过同蒲铁路工人抗敌自卫队，后考入二战区民族革命大学，毕业后还在《西线文艺》做过编辑，丰富的人生阅历使他的创作也有了深度。《脱缰的马》是一部成功的文学作品，茅盾称赞说："他在这一篇里所表现出的故事的严谨，人物心理描写的细致，都足以证明他不是一个没有才气的人。"[①] 姚雪垠也称

[①] 茅盾：《关于〈脱缰的马〉》，转引自屈毓秀、石绍勋、尤敏、郑波光、郭文瑞：《山西抗战文学史》，北岳文艺出版社1988年版，第174页。

赞:"这部中篇小说,是我近年来读过的许多抗战小说里,相当优秀的一部。"[1]1948年,香港永华电影制片厂把这部小说改编为电影《山河泪》。

值得注意的是,土匪的抗战也反映在文学作品里了。青苗的短篇小说《绿林》,写武汉失守后,一个士兵和同伴流落大别山,遇上了土匪。这一支土匪生活在深山老林,却不是要逃避日寇,而是有坚强的抗日意志。在一次与日军的战斗里,寨主金老大不幸壮烈牺牲,余下的队伍加入了抗日游击队,继续战斗。青苗是山西本土作家,1939年曾在二战区的黄河出版社任编辑,他的文学活动贯穿了八年抗战。

日本兵士厌战反战　抗日战争爆发后,陆定一任八路军总政治部宣传部部长、八路军前方总部野战政治部副主任。1938年他深入晋东南抗日根据地,写出了战地通讯《晋东南军中杂记》。杂记包括13个章节,八路军的英勇、军民的鱼水情、敌人的凶残恶毒,都写得栩栩如生。更为值得注意的是,通讯中还写到一个肩负国际主义精神的日本人。《加入中国军队的第一个日本人——广濑君》记述了一个令中国乃至世界震动的消息———一个日本人宣言加入八路军了。他抛弃家庭,远赴中国,以自己的生命为打倒日本军阀财阀而战斗到底。这是全国抗战爆发以来,第一个加入八路军的日本人。

广濑君的高度觉悟代表了日本无产阶级对战争的正确认识,但日本军人由厌战走向反战,却有一个认识过程。以群的《记松井英男君》记述了一个日本俘虏缓慢的觉悟过程,他有过激烈的思想矛盾和斗争。因为曾经做过许多坏事,又有许多恶习,便觉得与八路军军队格格不入,但当看到自己的几个同伴都先后加入八路军后,也跟着有了自我革新的冲动。这样的思想描写是真实的,日本俘虏加入中国军

---

[1] 姚雪垠:《〈脱缰的马〉读后》,转引自屈毓秀、石绍勋、尤敏、郑波光、郭文瑞:《山西抗战文学史》,北岳文艺出版社1988年版,第175页。

五 作家们的随军战事记录

队,并进行改造提高,是一个不容回避的事实。这篇作品是以群加入战地访问团之时,随团深入晋东南抗日根据地的新发现。

天虚的报告文学《两个俘虏》写了两个日军俘虏受到八路军热情感化后,把枪口调过来,对准了自己的同类,这是他在西北战地服务团的工作实录,颇具真实感。1937年初稿写成,第二年便由上海杂志公司出版。作品一经发表,茅盾很快就在《文艺阵地》做出评述:"《两个俘虏》是第一次把一个值得我们用力钻研的问题提出来了!抗战已经一年,但是,我们的'对敌研究工作',做得实在太少。一般的文艺作品写到敌人的士兵时,不是写成怕死的弱虫,就是喝血的猛兽。这于宣传上或可收一时煽动刺激之效,然而,宣传应该是教育,把敌人估计得过高或过低,都不是教育民众的正轨。"《两个俘虏》出现于《记松井英男君》之前,看来茅盾的期盼没有落空,他应该感到欣慰。

雷加的报告文学《前线的故事》,写的也是日本俘虏的反战故事。一次战斗中,三个日本兵做了俘虏,但各自的经历又是不同的。两个被俘后,受到优待,又目睹八路军战士的勇敢沉着,当即便同意留下来,跟随八路军生活。而另一个叫大冢的,就不同了。他先是在一个雨夜设法逃走,可老百姓很快就发觉了。他受了风寒,八路军医生精心照顾,和他住一起的佐藤还热心地开导,晓之以理,动之以情,可他依然冥顽不化,反破口大骂,说佐藤背叛了天皇。大冢最后可悲地死去了。三个人不同的结局,昭示出一个意味深长的道理,负隅顽抗是没有出路的,悬崖勒马,回头是岸——这也是对所有侵华日军的警告。

六、来自重庆的作家战地访问团

作家战地访问团于1938年5月在重庆组团成立，是由中华全国文艺界抗敌协会酝酿组织的。这个团体是受到作家自发战地采访的启发而自然形成的，任务是要更有组织、有计划地推动战地文化，以真正落实"文章入伍"。访问团体现了抗战初期国共两党合作的特点，这从成员组成情况就可以看出来。团长王礼锡是国民政府"立法委员"、战地党政委员会指导委员，团员中有中共地下党员和左翼作家，如宋之的（副团长）、叶以群、白朗、罗烽等，也有与国民党关系密切的成员，如孙陵、李辉英等。周恩来尤其重视这次参访活动，特别嘱托访问团的党员，"一定要尊重礼锡先生"[1]。作家战地访问团的《告别词》里写道：

> 自抗战以来，多少作家在南北各地前线使用他们的武器——笔去抗战，也有多少作家，在放下笔，拿起枪，在战场上和他们的伙伴用血肉去保卫祖国；还有许多士兵、农民、工人等在壕沟里，在田庄上，在工厂里，用他们的笔去写他们亲身经历或目见耳闻的惨痛的或悲壮的经验，枪在今天不是士兵专用的。在这无数的笔中，加上十三支，更不新奇，更不值得夸张。不过我们十三人是中华全国文艺抗敌协会第一次派出的笔部队——因为目的在敌后方，而叫作笔游击队——所以我们感到自己的责任重大，希望不辜负文协的重托。[2]

---

[1] 《罗烽给王士志信摘要》（1980年12月22日），转引自《王礼锡文集》，新华出版社1989年版，第297页。
[2] 作家战地访问团：《作家战地访问团告别词》，《抗战文艺》1939年第4卷第3、4期合刊。

六 来自重庆的作家战地访问团

战争的确使作家的生活方式发生了很大的改变，组团从军，参加战争，使作家的文艺活动范围更广，更贴近中国的现实生活了。战火纷飞中，团长王礼锡在中条山积劳成疾而病逝了，老舍为之还撰文纪念，礼赞他死得光荣，是一个抗战文艺最有力的指导人。

但战火纷飞的生活也锻炼了作家，开阔了视野，他们把"军队和战地变成了新文学发展的社会空间，中国新文学也由此拓展出了一个新的文艺传统——军队文艺"。[①]

"作家战地访问团"1938年6月18日从重庆出发，经过一个多月的长途跋涉，于7月末进入中条山；而后，部分成员又到了长治、长子前线。所以，这次访问团重点采访的是中条山、太行山两个战场。

访问团的采访可谓硕果累累，不仅有集体执笔的《笔游击（访问团团体日记）》，还出版了一套《作家战地访问团丛书》（包括王礼锡的日记《笔征》，白朗的日记《我们十四个》，罗烽的短篇小说集《粮食》，宋之的的报告文学、小说、戏剧集《凯歌》，方殷系列散文《策马中条山》，葛一虹的戏剧《红缨枪》等）。

宋之的对山西有特殊的情感，1935年就应邀来过太原，在西北电影公司和西北编剧社任编剧，1936年更发表有著名报告文学《一九三六年春在太原》。这回随团采访，深入到晋东南抗日根据地，又写下了许多报告文学，根据地的群众生活和军民高涨的抗日斗志都凝聚于笔端了。《长子风景线》《秋天里的春天》《登黄龙山》等文章，看似抒写风光，着力点却在现实生活，比如，作者写太行山秋色风光，先提到了山的险峻、高大，但笔锋一转，又写开了战事："炮响着，是敌人的，还是自己的，都难以分辨。……由于山的辽阔广大，我蔑视那十里以外的仇人。"写景完全是为了衬托。在黄龙山上，作者又看

[①] 段从学：《中华全国文艺界抗敌协会与40年代文艺运动》，转引自钱理群：《中国现代文学编年史——以广告为中心（1937—1949）》，北京大学出版社2013年版，第150页。

到了另一个景象：山那边时时有炮声，山这边，羊羔却安然地吃着草，牧童欢快地唱着歌。山村的禾场上，谷穗遍地，孩子们嘻嘻欢笑，压根儿就像没有战事。战争没有摧倒人民，反倒使得他们更加顽强，更加乐观了。

　　沦陷区人民的痛苦挣扎与不屈反抗也进入了作家的视野。以群的《女宣抚员》写的就是沦陷区生活的一角。一个中国女青年被迫为日军做宣抚员，但经过八路军耐心劝服，她觉醒了，转而替游击队做起了事。白朗的《中条山上的小战士》写了一群失去父母的小战士，历经艰难，从沦陷区逃出，长途跋涉，最后组织起了儿童剧团，为抗战奉献一丝绵薄之力。这一百七十多个孩子受到锻炼，最后还参加了旧关战斗，其中的七十多人不幸牺牲了。作者是以回忆的笔法写的，感情真挚，语言朴素，读来令人难忘。

　　根据地人民对抗战的热切支持也令人肃然起敬。以群的《未成年者的进展》写了一个叫高世昌的16岁的孩子，如何脱掉稚气，成为游击队的坚强战士。刚到部队时，还想念家乡，想念无忧无虑的玩乐生活，但经过锤炼，他成了一个有文化的小战士。《渡漳河》写了一群普通农民爱憎分明的立场，敌人进攻晋东南时，他们冒着极大的风险，一批批地把敌人背到河中心，投入水中。自己的子弟兵有了危险，他们冒死相救。他们身上蕴含着不可摧垮的信念和韧性，这些并非个例，访问团在风陵渡也亲眼见识到了："当风陵渡敌人用密集炮火轰击潼关时，华阴附近的农民，依然不动声色地在大地上耕耘。"[①] 这股来自底层的坚强力量表明中华民族是不可征服的。

[①] 作家战地访问团：《陕西行记（笔游击）》，《抗战文艺》1939年第5卷第2、3期合刊。

七、来到民族革命大学的作家们

民族革命大学是阎锡山接受中国共产党和进步人士的倡议而成立的。1938年1月20日正式开学,总部设在临汾的铁佛寺。校长由阎锡山兼任。从民族革命大学成立到临汾失守,是其黄金阶段。1938年2月底,日军大举进攻临汾,民族革命大学进入大分化阶段。黄金阶段虽然仅仅两个多月,却荟萃了各方著名爱国文化人士,其中,几位重要作家的先后到来,就值得关注。

1938年2月6日,萧红、萧军、端木蕻良来到临汾民族革命大学。不久,临汾迎来了另一批人:丁玲率领的西北战地服务团。艾青、田间、塞克、聂绀弩等也都来了,现代文学史上几个重要作家在这个小城短暂地汇合了。

民族革命大学校舍简单,只挂一块牌子。但学员们士气高涨,每天清晨,全体师生跑步、操练,唱《救国军歌》。早春天气,春寒料峭,学校里却是热气蒸腾、生机勃勃。

萧红的自然率真令丁玲印象深刻,并因此而写下了《风雨中忆萧红》,文章说:

> 那时,山西还很冷,很久生活在军旅之中,习惯于粗犷的我,骤睹着她苍白的脸,紧紧闭着的嘴唇,敏捷的动作和神经质的笑声,使我觉得很特别,而唤起很多回忆,但她的说话是很自然而率真的,我很奇怪作为一个作家的她,为什么会那么少于世故,大概女人都容易保有纯洁和幻想,或者同时显得有些稚嫩和软弱的缘故吧。

柔弱的萧红却留下了两个略带粗犷的抗战小说《黄河》《孩子的演讲》。这个才分颇高的女作家对风物与战事那么敏感,她写人写事,却把身边那条黄河也连带进去了。船主、八路军战士、普通民众,众志成城,个人命运与民族命运休戚相关。尤其是对黄河的描写,不仅有个人情感的融入,还有对民族、历史、文化的深切感怀:

 黄河的唯一的特征,就是它是黄土的流,而不是水的流。
 站在长城上会使人感到一种恐惧,那恐惧使人类历史的血流又鼓荡起来了!而站在黄河岸边上所起的并不是恐惧,而是对人类的一种默泣,对于病痛和荒凉永远的诅咒。

但岸边民众的抗战信念是饱满的,萧红随意捕捉到了两个人临别的对话:

 "我问你,是不是中国这回打胜仗,老百姓就得日子过啦!"
 "是的,我们这回必胜……老百姓一定有好日子过的。"

紧张的渡河场面背后,是浓重的感时伤世、忧国忧民。

就连9岁的孩子也懂得抗战,也沾带上了民族忧患意识。《孩子的演讲》里,小孩王根才的演讲,道出了人们共同的心声:

 我离开家的时候,我家还剩三个人,父亲、母亲和妹妹,现在赵城被敌人占了,家里还有几个人,我就不知道了。我跑到服务团来,父亲还到服务团找我回家,他说母亲让我回去,母亲想我,我不回去,我说日本鬼子来把我杀了,还想不想?我就在服务团里当了勤务。我太小,打日本鬼子不分男女老幼。我当勤务,在宣传的时候,我也上台唱莲花落。

七 来到民族革命大学的作家们

这演讲,在普通听众中激起了巨大波澜,大家同时都有了一种身世之感,懂得了团结抗日的伟大意义。

端木蕻良注意到了黄河上的帆船,那和别处的船不一样,大都是长方形,可以适应水流的速度,可以抵挡湍急的旋涡。桅杆上都写着"大将军八面威风"的字样,这叫人不由想到了船夫,他们是掌舵者,习惯在船上打口哨,那声响在风中别有一番情趣。端木蕻良还听到过一个真实的事儿:一个老船夫利用掌船的便利,把一群鬼子都掀翻到河里了。短篇小说《风陵渡》即是以此为素材的。他把老人的形象融进波涛汹涌的黄河中,激荡出一种壮烈的民族精神和不屈的英雄气概。

在民族革命大学短暂执教的艾青,目睹北方人民在战争中遭受的灾难,写下了著名诗篇《北方》。由风沙弥漫的天空、冻结不流的河水、荒漠冷寂的原野,想到了在苦难中挣扎的北方人民:

> ……
> 孤单的行人,
> 上身俯前
> 用手遮住了脸颊,
> 在风沙里
> 困苦了呼吸,
> 一步一步地
> 挣扎着前进……
> 几只驴子
> ——那有悲哀的眼
> 和疲乏的耳朵的畜生,
> 载负了土地的
> 痛苦的重压,

> 它们厌倦的脚步,
> 徐缓地踏过
> 北国的
> 修长而又寂寞的道路……

但艾青对苦难中挣扎的人民是充满敬意的:

> ……几千年了
> 他们曾在这里
> 和带给他们以打击的自然相搏斗,
> 他们为保卫土地
> 从不曾屈辱过一次,
> 他们死了
> 把土地遗留给我们,
> ……
> 我爱这悲哀的土地
> 古老的国土呀,
> 这国土养育了
> 那为我所爱的
> 世界上最艰苦
> 与最古老的种族。
> ……

另一个名篇《风陵渡》,调子高亢,黄河汹涌的波涛,鼓荡出诗人激越的诗情,就连对岸的土地也成了阻挡敌人的铜墙铁壁:

> 潼关在黄河的彼岸,

七 来到民族革命大学的作家们

　　它庄严地

　　守卫着祖国的平安。

　　除了艾青,诗人方殷、天蓝等,也都在民族革命大学短暂执教过。方殷只在临汾待了两个月,而后步行回到延安。1939年6月,又随战地访问团,到了山西中条山抗日前线。《给保卫中条山的英勇战士们》《给哨兵》《破坏队》等诗,都写到了火热的战地生活,诗人是把人民当作抗日主体来歌颂的,山头、蓝天、深谷,乃至谷穗、高粱叶子和小树,都成了阻挡敌人、掩护战士的臂膀和棘篱。另一篇《黄河上的老舵手》中,老舵手坚毅顽强的形象透出的是英勇不屈,与艾青的《风陵渡》、端木蕻良的《风陵渡》,乃至萧红的《黄河》,都是一样的基调。抗日战争是艰苦的,但中华民族的精神更为顽强,就如同黄河的波涛,汹涌向前,永远不可征服。

八、产生在日军大"扫荡"中的文学作品

1940年,日寇以数十万的兵力对山西敌后抗日根据地进行疯狂"扫荡"。作家们深入敌后,以笔为旗,为八路军和人民群众的浴血奋战助威呐喊。"敌人在敌后更疯狂更残酷的扫荡中的暴行;我们英勇的战士怎样在战斗、人民怎样站起来,组织起来,用那些可怜的武器——用石头,用棍子,用旧的刀枪去打击敌人。"[①] 前方战士是英勇无畏的,普通群众包括男人、女人、老人,乃至少年儿童,一样是英勇无畏的。

康濯的《农历五月的故事》,讲述了一个贫苦老太婆的悲惨遭遇和奋起反抗的故事。她的三个儿子在煤矿做工,因为组织工人反抗被开除,进而又被日本人抓去做苦工。老大老二被虐待致死,老三也不成人样了。老太婆为此发疯了。但八路军的到来挽救了她,她清醒了,她也加入到反抗日本人的行列里,为八路军做军鞋,还动员村子里青壮年男子参军打仗。

知寒问暖,送衣送饭,老太婆对抗战所尽的绵薄之力,令人感动。而年轻人更敢于行动起来,章煜的小说《孙秀英》就写了一个勇敢的小姑娘,冒险为八路军送信的故事。敌人的大"扫荡"铺天盖地席卷过来,村庄被包围了。不远处的一支八路军部队尚不知情。村长吴祖先着急了,青救会主席孙荣棠也着急了。一筹莫展之际,小姑娘孙秀英主动站出来,要为八路军送信。她是大胆的,她又很机智,戒备森严的岗哨被甩在后头,信终于送达八路军手中了。

---

① 《中华文艺界抗敌协会晋东南分会成立宣言》,《新华日报》(华北版)1939年12月7日。

八　产生在日军大"扫荡"中的文学作品

　　同孙秀英一样勇敢机智的还有男孩子们，他们加入了八路军、游击队，被人们亲切地称为"小鬼"，可别小看这些"小鬼"，紧要关头，他们所起的作用无可替代，日本鬼子也头疼。李满天的小说《安元和小保》写了两个小八路的故事。安元早熟而机智，他被敌人抓住后，能设法隐瞒住身份。在敌人队伍行进途中，他又能清楚判断出行军方向，并逃出魔掌，重新归队。相比较起来，小保却有些不成熟，他爱睡觉，敌人进了村子，他睡得还像死猪，醒来后，又找不见鞋子。敌人在后面追，他一边跑一边还想扔出个手榴弹，却又拉不出弦来。但经过锤炼，经过安元的引导，他也走向成熟了。这是正常的，孩子们加入队伍，都有一个摸爬滚打的过程。

　　另一篇小说《待不下》写的是一个叫栓子的孩子，他生活在敌占区。父亲投奔了八路军，爷爷惨死在敌人皮鞭下。家里的光景从此就黯淡无光了。八路军宣传队一来，他便眼睛发亮，他不顾母亲劝阻，加入了队伍。他说："在这里，我说啥也待不下去了！"他是目睹人们的极端贫困和悲惨遭遇而清醒过来的。他懂得了：娘为啥一天到晚哭丧着脸，眼泪混着饭一块儿吃，娘又是叫啥给弄得喘不过气来。这个贫苦孩子的成熟和走向反抗，颇具代表性。这也从一个侧面昭示出：只有起而反抗，赶走日本人，才有安宁幸福的日子。

　　自古英雄出少年，大"扫荡"中涌现出了许许多多的少年儿童，他们从农村走出来，加入战斗行列后，都慢慢成了坚强勇敢的一员了。邵挺军的《小洪的故事》，写的是少年小洪在爱国人士张先生的教育下，懂得了抗日道理，并加入了抗日队伍。作品还重点展现了1940年前后山西抗战的形势：百团大战胜利了，八路军在人民群众中的威信日益提高，有这样大背景的衬托，少年小洪的故事便活灵活现了。类似的作品还有白嘉的《屯兰川之夜》、效农的《孩子们》、李克林的《小战士刘里》等。

　　伍陵的《书店老板》，写了秘密从事抗日书刊发行的少年小吴的故事。他15岁参加革命就被派到沦陷区当了地下书店的老板。他手下的四个孩子俨然是四员大将，许多进步的报纸书籍，由他们散发出去，在烟雾弥漫的大地上，宛如一道道亮光，温暖了人们的心。大"扫荡"中，抗日的工作涉及方方面面，但哪方面都离不开这些看似不甚起眼的"小鬼"们。

正面反映抗日军民浴血奋战的作品，以行者的《我们的尖刀班》最具代表性。作品开头就说："这故事是1941年9月8日，敌人向晋西北扫荡时，一个在敌区游击的骑兵连奉命归营的途中，其尖刀班与敌人在巡镇附近战斗的素描。"战事是真实的，战士们的惊人毅力和英勇无畏更令人感动不已。且看：

突然，一个黑点，一团拖着尾巴的低而浓密的风涛——穿过弥漫的黄昏的风沙，迎面而来的是一匹战马，马背上驮着一个人，枪，斜横地竖在马鞍上，人的胸前。

"站住！"班长高玉明吆喝着。

"郝福海吧！"一个临时从五班配备到四班的战士首先这样说了——郝福海也是五班的。

马停在了我们面前了，咻咻地喘着气，垂着头。枪柄上是血，人的裤子上是血，胸前的旧棉衣上印着被沙尘涂黑的一片湿；血是从胸前流出来的，郝福海负伤了。

"报告班长！敌人已经占领巡镇，我们冲进去侦察，副班长牺牲了——敌人不多！"说着，滚鞍下马，把紧紧握在手中的枪，交给站在马边的高玉明同志。"班长，我负伤了！"——腿一软，郝福海倒在地上。

八路军战士的英勇顽强，被表现得淋漓尽致。

一些通讯报道，也真实地表现出战事的激烈和战士的英勇，其中

八 产生在日军大"扫荡"中的文学作品

反映百团大战的有华山的《太行山的英雄们》，吴宏毅的《狮脑山之战》《攻克芦家庄车站》，林火的《火车站》等。

林火的另一篇作品《火烧长治机场》，写的是1942年5月31日夜间，八路军火烧长治机场的战斗。敌人15辆汽车和一架轰炸机瞬间淹没在火海里。老百姓看了，幽默而风趣地说："吃了一顿稀饭，用了十石小米。"可见八路军的作战威力之强大。类似的作品还有耿西的《猛攻榆社城》和《向敌人心脏挺进》。

这些作品描写战斗场景，勾勒环境、人、事，都真实可信，都是作者们深入前线留下的第一手抗日资料，具有珍贵的保存价值。

九、本土作家笔下的第二战区

随着抗战救亡运动的深入，一批山西本土作家也成长起来并日趋成熟了。力群、青苗、贾植芳等是二战区成长起来的代表作家。

力群自幼就爱文艺美术，还受过鲁迅的悉心指导。全国抗战爆发后，他先是来到上海，参加救亡宣传工作。1939年，又暂住陕西的宜川县第二战区，任民族革命艺术学院美术系主任。

抗战期间，力群写过不少散文和报告文学，也有小说创作，其中《野姑娘的故事》篇幅短小，意味深长。野姑娘名叫贵莲，生活在一个闭塞的小山村里。因为她的生辰八字犯忌，便受到世人的极端冷落，恰如小说所言："在我们山西，有这样一种迷信，说属羊的女人没造化，是克婆家的；生在初一、十五的命硬，是克父母的。"世人忌讳的这些，偏偏叫可怜的贵莲全摊上了。她属羊，恰恰又是生于正月初一。四岁时，母亲意外亡故，这样的巧合，叫父亲疑虑重重，总觉得女儿是个多余的东西，像养猪一般养活着她。贵莲无人管教，还长着一双大脚，爱东奔西跑，全然不像一个女孩儿，世人管她叫野姑娘。她嫁不出去了，拿当地话说就是"始终卖不掉"。但抗日军队的到来，使她的命运也随之改变了。

小说揭示出一个道理：旧的封建制度压迫下，中国妇女的命运极其凄惨。把她们动员起来，进而把千千万万的普通民众动员起来，是抗战时期另一项伟大的艰巨的任务。

在《我是怎样写起小说来的》一文中，力群透露出野姑娘的原型，一个是他自己的亲妹妹，另外，也有他家乡的童养媳和穷人家孩子的身影。看来，野姑娘具有普遍的代表性。把妇女命运与抗战事业集合一处，显示出作者的高屋建瓴。

力群引以为傲的还有他的版画创作。《鲁迅像》是他著名的木刻版画，流传甚广。

青苗原名姚玉祥，1937年在《中流》上发表短篇小说《开顶》时，始用青苗的笔名。他自幼酷爱文学，全国抗战爆发后，先是在延安鲁迅艺术学院学习。1939年在黄河出版社任编辑，期间还到过中条山。中篇小说《中条山的杜鹃花》就是青苗深入战区的重要收获。中条山沿着黄河东西延伸，数不清的山峰，数不清的土岗，遍布四方，可谓一道天然屏障。这里又是一个特殊地带，日军三面围困，山里头的抗日军队成分复杂，有国民党中央军，有西北军，还有游击队，同时，山西牺盟会进步力量的影响也很大。1938年前后，日军曾6次动员大军，进攻中条山，妄图扑灭中条山20万抗日力量，并以此作为进窥黄河的跳板。1941年的一次"扫荡"最为猛烈，国民党军队的错误估计，使抗日军民受到巨大损失。小说即是以这次"扫荡"为背景展开的。

主人公碧生追求进步，他在抗日军队里从事文化工作。他与杜鉴是在一次逃亡中相遇、相识并相爱的。两人与另外十几个年轻人，在一个风景如画的小山村安定下来，这里俨然成了"柏拉图理想中的共和国"。但动荡的环境里，幸福安稳的梦是缥缈虚无的。没过几天，他们就被日军包围了。突围中，杜鉴的同事不幸身亡，杜鉴自己也中弹了。她是热爱生活、热爱美的，弥留之际，还要求碧生摘一朵杜鹃花，放到身边。杜鉴走了，碧生身负满腔悲愤，爬上一只羊皮包，渡过黄河。之后，又辗转漂流，来到太行山抗日根据地，成了一名坚强的战士。

日军的侵略造成了深重的灾难：成群的百姓冒着大雨，背井离乡，筐里挑着婴儿，背上是年迈的双亲；渡口逃难的情形，也是惊心动魄："空的羊皮包一返回来的时候，人群便一起向前涌去，那样子简直比饥民暴动还厉害，有几只羊皮包因为载人太多，刚刚离岸便在河里翻覆了。连水手也被波涛卷跑,那一片恐怖的呼喊声,简直像撕裂人的心肺一般。"还有那焚毁的山庄更是触目惊心:五月赤阳遍照,满目疮痍,满目凄凉,一群群乌鸦飞来飞去,难闻的臭味令人窒息……

但小说开头,对民情风俗的描写又是另一番样子:浓密的胡桃树,茫茫的丛林,像幕帐一样罩在山谷里,满山遍野是白百合、马兰花。女人们头发高高挽在头顶,耳朵上挂着粗大的耳环,小脚的鞋上还钉着木头后跟……两相对比,反差强烈,可见战争之残酷、日军罪恶之深重。

短篇小说《猎》和《马泊头》写的是民间的自发抵抗。前者塑造了一个绿林出身的好汉镇河东,他足智多谋,屡屡化险为夷,最后成为有名的抗日将领。后者则以马泊头一个村为整体,从开始的隐忍、祈神,到最后起来抵抗,"男人们除过老朽的跑不动的以外,大都钻入中条山的游击队里去了。"作品说明一个道理:生逢动荡时日,消极逃避没有一丝的出路。

阎锡山发动"晋西事变"带来的恶果也反映在青苗的作品里。《心谏》写的就是一个抗日青年遭受迫害的故事。他和他的同事们拼命地工作和学习,把千万的民众动员上了战场,屡屡粉碎了日寇的包围和进攻;然而,当胜利正在开展、民众正在抬头的时候,一阵风暴和冷雨打了下来。

青苗的作品题材多取自中条山一带,塑造出的人物形形色色,或青年知识分子,或士兵,或抗日将领,或绿林好汉,人物角色不同,最后的结局都相近——为抗日而战,即便战死,也死得其所。写作风格上明显受了创造社作家的影响,情节曲折离奇,抒情意味浓厚,场景烘托强烈。

青苗也重视文艺理论,晚年有《青苗五十年文论》行世,其中《赵树理论》一文,特别强调作品反映现实生活的重要性,这也是他为文一生的经验之谈。

九 本土作家笔下的第二战区

身为"七月派"重要作家的贾植芳,早年就积极参加学生救亡运动,为之还进过监狱。全国抗战爆发后,他又积极从事救亡宣传工作。他在中条山战区的军队里任过日文干事,也在重庆《扫荡报》任过编辑,还在陕西宜川县秋林镇新闻检查局山西新闻检查处工作过。他的作品多是以抗战为题材,主观色彩浓厚,夹叙夹议,习惯用第一人称,仔细分辨,明显有个人生活的影子。《嘉寄尘先生和他的周围——中条山插话》是一篇纪实性作品。嘉寄尘(康杰)是中条山一带的抗日英雄,颇具传奇色彩。他原本是一个大地主兼商人,留学日本时,接受了革命思想。返乡后,就面目一新。全国抗战爆发后,他拉起一支军队,活跃在中条山一带,成了有名的抗日游击队长。

《我乡》是一篇自传性作品,以"我"为见证者的身份展开抒写,四年前的故乡战乱不已,混合着黑色恐惧的悲哀。四年后的故乡,因为组织起了抗日自卫队,一切都变了,村里人"穿了宽大的手缝的各色军衣","红红的脸孔上没了畏惧的笑,嘴里说着一些生硬的名词,人与人之间'同志'普遍称呼起来"。作者是有意把"我乡"当成了中条山所有农村的缩影,具有较强的艺术概括力。

在《贾植芳小说选·编后记》里,贾植芳具体谈到了他的创作:"这些小说性作品,都是我在人生旅途中的一些真实的认识、感受和思考,都是我眼中的生活现实的不大高明的文字记录,只是作为历史生活中的一些素材,或者说,一些思想和情感浪花,它们或许可以取得生存的意义或权利。"

贾植芳为文生涯漫长,战地通讯和散文也有特色。新中国成立后,主要从事现代文学教研工作,有《贾植芳文集》(四卷本)行世。

十、太行诗社集聚起的诗人群体

太行诗社成立于 1941 年 6 月。其时，抗战已经进入战略相持阶段。抗战初期倡导的街头诗有了深入发展，题材进一步扩大，诗作质量也有了显著提高。

太行诗社是一个群众性诗歌团体，社刊有《太行诗歌》《诗风》（仅出一期）。诗社的主要活动是组织诗歌创作，督促社员们阅读研讨诗歌新作，选择优秀篇目发表。诗社的吸引力是不小的，不到半年的时间，社员就发展到一百多人。

进行群众性朗诵活动也是诗社一项重要工作。对此，高鲁就有难忘的记忆："朗诵也是一种发表形式，我们平时多在集镇文化俱乐部举行。比如，左权县（当时叫辽县）桐峪镇，距离野政和鲁艺（晋东南鲁迅艺术学校，简称"前方鲁艺"）都非常近，而且是一个繁华的集镇，我们在那儿几乎每个星期六的晚上，都在文化俱乐部举行朗诵晚会，参加的军民非常拥挤，深夜不散。"[1]

朗诵活动令人振奋，诗作本身也满溢着激情——那是被抗战和民族解放所激发出来的火一般的情愫，这情愫属于中华民族的主旋律，却被诗人敏锐地觉察出来了。当时，成立诗社也是一股热潮。比如，1942 年 9 月在延安成立的怀安诗社；1943 年 1 月，晋察冀边区成立的燕赵诗社，一度非常活跃。

发起人多是文化界的名人，怀安诗社就是由时任陕甘宁边区政府主席林伯渠所组织倡导的，燕赵诗社则由邓拓、聂荣臻、吕正操等人

---

[1] 高鲁：《战斗的太行诗社》，《中国现代文学史资料汇编》，知识产权出版社2012年版。

十　太行诗社集聚起的诗人群体

共同组织倡导。太行诗社的负责人有高鲁、叶枫（路工）、陈艾、刘大有等。冈夫、袁勃、高沐鸿、洪荒等则是太行诗社的重要诗人。

抗战一爆发，冈夫就回到晋东南老家，从事抗战动员和文化救亡工作。早期诗作多歌颂自由、反对暴政，表现个性解放，到这时，一变而为民族解放事业呐喊助威。其中，《我喊叫》就是冈夫抗战初期的一首颇有影响的力作，诗歌以悲愤和呐喊开始：

祖国！让我喊出
你的愤怒吧！
喊出你的苦！
深重的苦难！
你的
风信旗似的飘扬的
战斗的光辉！
喊出啊，
向全世界！
……
在全世界面前，
你高高地昂着
不屈的头颅！

基调激愤，意境阔大，激情澎湃，但对侵略者则是报以无情的鞭笞：

无情地
给侵略者以打击！
虽受着巨创，
毫不顾惜——

> 鲜血,
> 滚滚的头颅!
> 悲恸吧?
> 但屠夫
> 不会自动地放弃屠刀!那退让者、纵容者,
> 正在吞下他们悔恨的苦果。

歌颂晋东南山水风物,抒发军民团结的诗作,则轻快而活泼。《晋东南备战小曲》通篇流溢着乐观,读来明快而舒展:

> 山绕山呀水绕水,
> 山山水水围绕着晋东南,
> 锦绣繁华潞安府,
> 武乡沁县是米粮川。
> 我们在这里扎下抗日根据地,
> 党政军民干得欢。
> 敌人要来来正好,
> 放开口袋让他钻。

另一首小叙事诗《河边草》采用民间歌谣风格,质朴明快,又是另一番风味儿:

> 河边草,青又青,
> 婆媳两个来逃生,
> 孤苦伶仃无依靠,
> 一匹瘦马是亲人。

十 太行诗社集聚起的诗人群体

李伯钊曾把冈夫与田间相提并论,称二人是敌后两员大将,一个在晋察冀,一个在晋冀豫。小诗《河边草》也同时得到了李伯钊的赞誉:"冈夫富有中国文学修养,且从事于诗歌的写作年代也久,同农村的生活接触也长,对民间词汇颇肯下功夫,因此,他的作品,别具一种中国诗的风格,最著名的一篇诗作叫《河边草》。"[1]

袁勃在1939年曾随重庆作家战地访问团,奔赴华北前线采访。这年的11月,他又和以群、杨朔等,由中条山到达晋东南抗日根据地。他也是太行诗社的重要诗人,无论抒情还是叙事,都紧贴现实,紧贴火热的军民战斗生活。

《小号兵》是抗战时期一首很成功的叙事诗。13岁的小号兵从参军到成长,最后牺牲,是一个较为漫长的过程,诗人选取了三个片段,娓娓道来。感情宣泄恍如平稳的水流,却能深深打动人心,比如诗歌结尾写道:

> 敌人肃清了。
> 连长和全连的兄弟,
> 都围绕在他的周围,
> 这时——
> 太阳懒洋洋地隐在西山,
> 向幼小的殉难者
> 除了淌下滴滴的泪,
> 大家都默默无语,
> 葱绿绿玉米在摇头,
> 沙砾好像也在哭泣。
> ……

---

[1] 刘增杰:《抗日战争时期延安及各抗日民主根据地文学运动史料》(中),知识产权出版社2010年版,第250页。

王亚平激赏《小号兵》，称赞诗作以沉默的祭奠之情，来压抑并刺痛读者的心，使他们带着更深更大的民族仇恨去保卫国土，报仇雪恨。还说，诗作有激情，也有含蓄，写愤恨之情，能恰到好处。这也是袁勃诗作的一个突出特点。《小号兵》和另外两首叙事诗《不死的枪》《一支笔的故事》，被王亚平誉为不可磨灭的抗日战争中的史诗之一。

袁勃的抒情诗，或赞颂爱自由、爱光明的鹰，或赞美八路军战将，或称誉十月革命，处处跳荡着一颗火热的心。写于1942年的《给太阳》，借赞美太阳，表达出对自由、光明和幸福的强烈向往：

太阳的金翼

沐浴着群山，

我的心跳跃起来了！

我知道——

大地

有了太阳

才不寂寞，

战斗的人

有了太阳

才不在险峻的山道上摸索，

苦难的人

有了太阳

才会感到温暖。

这里，不禁叫人想到了艾青的名作《向太阳》，这首诗写于1938年的武汉，但诗情却是由战火纷飞的北方所鼓荡激发出来的。诗人们如此向往光明，歌颂太阳，足以见出对法西斯黑暗势力的极端仇视。

十 太行诗社集聚起的诗人群体

高咏、路工、柯岗也是太行诗社的重要成员。路工的《麦子》、高咏的《麦收季》借麦子的强盛生命力和麦收时节的火热场景,歌颂抗日军民的伟大斗争精神。《麦子》里的一个片段尤为生动感人:

——你
冬天的模范战士啊
晋冀鲁豫边区
像好妈妈一样爱你
盼望你
结成辉煌的果实……
冰雪
皑皑地
压住
你
每一秒
都在生长……
碧油油地
含蓄着
战胜敌人的力量。

麦苗俨然成了一垄垄士兵,守卫着大地。而《麦收季》则又是另外一番景色:

吹绿了山岗,
吹熟了农民的希望,
风,
吹着麦浪,

　　　　　麦浪像夏天的漳河呀，
　　　　　　在悄悄地长。

明快、清新、格调优美，歌颂的却是根据地的生活。

十一、《在延安文艺座谈会上的讲话》传入山西

1942年,抗日战争仍处在战略相持阶段。晋冀鲁豫、晋绥等抗日根据地进行了生产自救和减租减息运动,经济得到恢复和发展。战争局势的好转,经济的恢复,极大地鼓舞了活跃在抗日前线的文艺工作者的创作。这一时期的文艺界出现了空前活跃的局面,先后就文艺的民族形式、文艺的大众化、文艺工作者的思想改造、歌颂与暴露、文艺的对敌宣传等问题展开了激烈的批评和讨论。

上述背景下,1942年5月,毛泽东在延安杨家岭亲自主持召开了文艺座谈会,分别于5月2日和5月23日做了两次重要讲话,这两次讲话集中体现了毛泽东的文艺思想。《在延安文艺座谈会上的讲话》指出:文艺工作应该站在无产阶级和人民大众的立场上,并对文艺的歌颂和暴露进行了界定:"对于敌人,对于日本帝国主义和一切人民的敌人,革命文艺工作者的任务是暴露他们的残暴和欺骗,并指出他们必然失败的趋势,鼓励抗日军民同心同德,坚决打倒他们。对于统一战线中各种不同的同盟者,我们的态度应该是有联合,有批评。他们的抗战,我们是赞成的;如果有成绩,我们也是赞扬的。但是如果抗战不积极,我们就应该批评。如果有人要反共反人民,要一天一天走上反动的道路,那我们就要坚决反对。至于对人民群众,对人民的劳动和斗争,对人民的军队,人民的政党,我们当然应当赞扬。人民也有缺点的。……我们应该长期地耐心地进行教育改造。"[①]《讲话》指出文艺是为人民大众,首先是为工农兵服务的,并且更进一步

[①] 毛泽东:《在延安文艺座谈会上的讲话》,《毛泽东选集》(第3卷),人民出版社1991年版,第848~849页。

回答了如何去服务大众的问题。毛泽东向全国各地投奔到延安来的知识分子发出号召：必须进行脱胎换骨的改造，把立足点移到工农兵这边来，使知识分子及其文学都成为"整个革命机器中的'齿轮和螺丝钉'"。

《讲话》科学地总结了中国新民主革命以来特别是五四新文化运动、中央苏区和抗日根据地文化运动的经验教训，并联系近代中国文化运动的实际和延安及各抗日根据地革命文艺运动实践中存在的问题，提出党对这些问题的理论和政策，为新民主主义革命文艺指出了明确的前进方向——为工农兵服务、为人民大众服务。《讲话》要求文艺工作者在学习马克思主义的同时，必须"深入工农兵群众，深入实际斗争"，从而为作家世界观的转变和创作源泉的获得，指明了根本途径。文艺源于生活，"却可以而且应该比实际生活更高、更强烈、更有集中性、更典型、更理想，就更带普遍性"；文艺工作者要借鉴吸收中外文化遗产中的精华，说明这是"流"而非"源"。所有这些，都极大地丰富了马克思主义理论，对解放区文学和新中国文学产生了巨大的影响，在现代文学史上具有划时代的意义。

1942年六七月间，《讲话》传到山西各抗日根据地，引起了很大反响，各地相继开展了文艺整风运动。

在太行山根据地，《讲话》之前，曾围绕文艺的发展方向开展过争论。1941年7月7日，辽县桐峪镇召开晋冀鲁豫边区临时参议会成立大会，晚上演出了《日出》《巡按》等大型话剧。有人认为这些剧目不符合时代要求和根据地群众的欣赏需要，又不能起到直接宣传抗日、发动群众的作用，只有等群众文化水平提高以后，演出这些大戏才会为群众接受。有人则认为这是典型的"等待主义"。赵树理、王春等人专门成立"通俗化研究会"，对文艺大众化问题进行研究。1941年黎城县发生"离卦道"暴乱后，根据地领导为了加强对群众的宣传教育工作，中共晋冀鲁豫区委和八路军第129师政治部联合召开500名

十一 《在延安文艺座谈会上的讲话》传入山西

文化人座谈会。会上赵树理以许多实际例子,证实文艺大众化的迫切需要。虽然《新华日报》华北版对这次座谈会进行了报道,但仍有些人持不同意见。因此,毛泽东同志的《讲话》传到太行根据地,无疑统一了太行文艺界的思想。太行山根据地文艺界掀起了大众化文艺创作的热潮。

1942年夏天,晋绥根据地曾围绕莫耶的小说《丽萍的烦恼》,展开过一场"文艺究竟应该怎样反映现实"的文艺思想论战。但是这次讨论由批评作品进而批评作者,由艺术描写的缺点上升到批评作者的政治立场,对根据地文艺的发展和繁荣产生了消极的影响。毛泽东的《讲话》为革命根据地的文艺发展指明了正确的方向和道路。

1943年3月,中共中央进一步贯彻《在延安文艺座谈会上的讲话》,召开党的文艺工作者会议,号召作家、艺术家和广大文艺工作者深入实际,深入群众,深入工农兵。各根据地相继开展整风运动,针对学风、党风、文风进行整顿。经过整风,中国共产党在政治上、思想上、组织上达到空前的统一。在这种精神指导下,广大文艺工作者纷纷下到基层,掀起了群众性的文艺创作高潮。山西抗战文学进入全面繁荣的新时期。

十二、人民作家赵树理

1942年,毛泽东《在延安文艺座谈会上的讲话》中,向延安来自四面八方的知识分子发出号召,要求文艺工作者"站在无产阶级的立场上",为人民大众服务,首先"为工农兵"服务,文艺工作者必须进行脱胎换骨的转变。

中国现代文学史上,赵树理是真正体现这种转变的第一个伟大的人民作家。他的文学与创作之路,特别是在抗战时期他对通俗化文艺创作的追求,对后世产生了重要的影响。

改造封建文化阵地

赵树理出生于山西沁水县尉迟村一个贫苦的农民家庭。祖父和父亲是农村的文化人,"三圣教道会"的信徒。受祖父和父亲的影响,幼年时对四书五经、三圣教道经都有涉猎,同时也跟着父亲学种田、行医之术;他从小还酷爱当地戏曲——上党梆子,可以表演不少剧目,民间音乐"八音会"的演奏乐器几乎样样精通。早年的这些经历为他以后走上通俗化、大众化文学创作的道路打下了坚实的基础。

然而赵树理并非从一开始就是提倡通俗化创作的。他最早发表的两篇小说《悔》《白马的故事》,有着明显的"五四"时期的欧化痕迹。1932年,上海文艺界关于"文艺大众化"的热烈讨论,对他产生了深刻的影响,"中国当时的文坛太高了,群众攀不上去,拆下来铺成小摊子。他立志要把自己的作品先挤进《笑林广记》《七侠五义》里边去"[1]。他要

---

[1] 陈荒煤:《向赵树理方向迈进》,《人民日报》(晋冀鲁豫版)1947年8月10日。

写文字通俗、识字不多的农民能看懂、不识字的农民能听懂的作品。董大中在研究赵树理生平创作的过程中，找到了赵树理散佚的一部长篇小说《盘龙峪》的第一章，纯用口语，明白如话，描写了12个农村青年歃血结盟的情景，生活气息很浓，是一幅富有浓郁晋东南农村色彩的风俗画。这篇小说始作于1933年，1935年2月15日开始在《中国文化建设协会山西分会月刊》上连载，署名"野小"。这是赵树理向通俗化文艺创作转变的开始。

赵树理一生经历颇丰。1925年考入长治省立第四师范学校，在朋友常文郁、王春革命思想的影响下，秘密加入中国共产党，积极参加党领导的学生运动。1928年因逃避国民党的搜捕，中途辍学，一度流浪于太原、沁水、开封等地，干过小学教员、录事、店员、差役等工作。这一时期他创作有小说《打倒汉奸》，这篇小说于1936年12月12日作完，发表在"狂飚社"主要成员高沐鸿主编的《太原日报》《开展》文学专刊上。这是应高沐鸿提倡为民众多写通俗说唱文学而创作的。这篇小说后来改成"有韵小剧"，在晋东南农村演出，纯用农民的语言和腔调，每句话不论长短，大体上都押韵。这是赵树理"为民众工作"的实绩。

七七事变爆发后，赵树理从太原回到长治。在阳城参加了牺盟会，并重新加入中国共产党。此后一直在太行山根据地做宣传工作和进行文艺创作，积极地做着"夺取封建文化阵地"的工作。

担任民宣科长，负责戏剧运动 1938年4月底，长治收复，同年冬天，赵树理被调往长治的第五行政专员公署出任民宣科长，负责戏剧运动，积极发动艺人演新戏。他曾编过几个剧本，其中最为重要的是《韩玉娘》和《邺宫图》。《韩玉娘》的影响更大一些。它描写的是南宋青年女子韩玉娘反抗金兵侵略的故事。在抗战初期，赵树理形象地塑造出这样一个爱国主义的英雄形象，显然是有一定意义的。除此之外，赵树理还对群众戏剧活动进行辅导。他曾经写过一篇短文，叙述一个农村业余剧团的成长过程。他说，剧团是由一位"顶热情的老同志"组织的，每天晚上或午饭之后，村里的青年们"便都集拢到民革室，你说一句他说一句凑成一个剧本，然后便你一扭他一扭演成了"①。先在本村演，然后到外村演，给当地驻军演。戏剧是最大众化的文艺形式，也是普通老百姓最热爱的文艺形式。赵树理的热情和才智，对根据地早期的戏剧运动产生了很大的影响。

主编报纸副刊 抗战时期赵树理负责编辑过三个报纸副刊：《黄河日报》（路东版）的《山地》、《人民报》的《大家干》、《新华日报》（华东版）的《中国人》。

抗战初期，牺盟会在长治中心区办了《黄河日报》，第五行政专员公署办有《战斗日报》。1939年初夏，长治形势紧张，决定疏散行政机关。《黄河日报》一分为二，一部分人由第五专员公署戎伍胜带领，赴阳城、沁水，继续出版《黄河日报》太行版；另一部分人由第五专员公署秘书主任杨献珍带领向东到壶关，出版《黄河日报》路东版，王春担任总编辑。王春是赵树理接受"五四"及其革命新思想的启蒙人，1939年10月，赵树理来到壶关县，王、杨安排赵树理主编《黄河日报》路东版的副刊。赵树理用快板形式写创刊词，并给副刊起名为《山地》。由于稿件少，大部分作品都由赵树理亲自写，有快板、鼓词、小说、杂文，人送雅号"庙会作家""快板诗人"。当时，阎锡山以"同志会""突击队"等名义制造摩擦，破坏抗战。赵树理就用杂文、小说揭露那些虾兵蟹将的劣迹。赵树理在《回忆历史，认识自己》中提到他颇懂一点鲁迅笔法，再加上群众熟悉的民间艺术形式，攻击颇有威力。而且报纸专往群众集中的地方张贴，贴到哪里，人们挤到哪里，先睹为快。赵树理回忆说，他当初心向往之的到"庙会"里去"摆地

---

① 赵树理：《一群快乐的人们》，董大中《赵树理文集续编》，工人出版社1984年版。转引自董大中《赵树理评传》，百花文艺出版社1986年版，第88页。

摊"的情景,第一次实现了。

1940年2月,牺盟会长治中心区来了一批人,因没有带组织介绍信,王春拒不接受。双方发生冲突,王春被扣,赵树理愤而辞职,离开《山地》。辞职后的赵树理到伙房当了司务长。同年4月,《黄河日报》路东版停刊。赵树理被派往平顺县石城、回源一带,筹办《人民报》。5月1日,《人民报》创刊,赵树理开始主编副刊《大家干》,延续了《山地》的风格。半月后,华北《新华日报》的社长何云发现赵树理是个人才,将赵调到《新华日报》社通联部编辑科工作,主要编辑一份名叫《抗战生活》的综合性杂志。12月下旬,赵树理接到一个紧迫任务,编辑一份面向敌占区发行的铅印小报,名称叫《中国人》。报纸八开四版,每周一期,主要是把华北《新华日报》的内容,缩编改写,有社论,有新闻,还有故事、鼓词、快板。第二年,《中国人》又开辟副刊《大家看》,赵树理担任主编,仍延续《山地》之风,针对读者的实际需要和心理,运用鼓词、快板、寓言、故事、小小说、民间歌谣等群众喜闻乐见的形式,表达反对日本帝国主义侵略的强烈呼声。这些活泼多样的作品深受广大普通百姓的欢迎,起到了很好的抗日宣传作用。

创办"通俗化研究会"　赵树理除了在自己主编的《中国人》《抗战生活》等杂志上大量发表通俗作品外,还利用一切机会进行理论的宣传和动员。其中最为突出的一个事例,就是"通俗化研究会"的创立。

1941年,赵树理分别参加了太行区文联、文协、美协等单位联合举办的"五四"纪念会和"七七"晋冀鲁豫边区临时参议会,聆听了彭德怀的讲话,明确了共产党对抗日根据地的大众化文艺政策。这两次会后,赵树理更加坚定了通俗化、大众化文艺创作的信念。同年8月,赵树理与王春、林火等人酝酿并发起成立"通俗化研究会",参加的同志以《抗战生活》编辑部人员为主。研究会成立后,针对边区文艺界关于大众化文艺的讨论，就文艺通俗化问题进行了扎扎实实的研究，关于什么是"通俗化"、哪些做法"拖住"了通俗化的进程、如何正确对待群众语言等问题，进行了讨论。赵树理根据这些讨论内容写成三篇文章，发表在《抗战生活》终刊号上。分别是《通俗化"引论"》《通俗化与"拖住"》《说八股》，三篇文章用笔名"吉提""陶伦惠""贾铭"，谐音分别为"集体""讨论会""假名"。"贾铭"初步确定为王春执笔，其余两篇显然综合了赵树理等人的意见，执笔人可能也是赵树理。

创作现代戏《万象楼》 1941年秋天，太行区腹地黎城县发生一起"离卦道"暴乱，敌人公然攻打八路军的抗日县政府。黎城县为太行山根据地中心，是中国共产党在晋东南开展工作较早的一个地方，全县没有日伪军。这次暴乱发生在中共各项政策业已施行，并且获得各阶层人民热烈拥护的1941年，不能不引起共产党领导的反思。因此，事件平复后，八路军总部和晋冀鲁豫边区政府认为，该事件的出现说明中国共产党对广大群众的文化宣传不力，才让敌人有了可乘之机。

1942年1月16日至19日，八路军第129师政治部与中共晋冀豫区委联合召开近五百人的文化人座谈会。会议的中心议题是通俗化。时任第129师政委的邓小平亲自出席大会，希望文化工作者接近群众，为群众服务。18日，赵树理在会上发言，运用实例证明文艺大众化的迫切性。参加这次座谈会的吕班于20世纪50年代初给香港《周末报》写的赵树理小传中这样描述："正当大家争论不休的时候，有一位同志起立发言了，他不慌不忙，从怀里掏出一本黄连纸封面木刻的小册子来，说他介绍给大家一本'真正的''华北文化'，于是他高声朗诵起来：'观音老母坐莲台，一朵祥云降下来，杨柳枝儿洒甘露，搭救世人免祸灾……'念了不多几句，引得哄堂大笑起来，但这位同志却非常严肃地说：'我们今后的写作，应当向这本小书学习，因为老百

十二 人民作家赵树理

姓对它是熟悉的,只要我们有强烈的内容,这种形式最适合工农的要求了,我们应当成立一个"通俗文艺社",更多写些给老百姓看的东西。'他着重指出:'这种小册子数量很多,像敌人的"挺身队"一样沿着太行山爬了上来,毒害着我们的人民,我们应当起而应战,打垮它,消灭它,夺取它的阵地。'这位同志,就是赵树理,当时他正编着一个小型油印的'老百姓'的报纸。"[①]然而,当时许多来自大城市的文艺工作者并不认可,高咏认为"群众语言写不出伟大作品",因为"群众是落后的",会上展开了激烈的讨论。赵树理认为群众是大多数,"离了大多数就没有伟大的抗战,也就没有伟大的文艺!"

这次会后,赵树理倡导文艺大众化的呼声受到各方面的重视,有人提议赵树理写一部反迷信的戏,现代戏《万象楼》就是在这种情况下写出来的。剧本共两幕三场,篇幅不长,情节也不复杂,反映的是黎城县"离卦道"暴乱事件。从汉奸吴二同会门组织头头何有德、何有功兄弟相勾结写起,到那伙汉奸、暴乱分子被中国共产党公安机关抓捕为止,一个晚上,展现了一场激烈的反叛斗争。这个戏曾在晋东南各地上演,对反对迷信起了很大的宣传作用,是赵树理"夺取封建文化阵地"的一次实际演练。

1942年5月,毛泽东《在延安文艺座谈会上的讲话》中提出"文艺为人民大众,为工农兵服务"的文艺理论方针,这无疑是对赵树理通俗化文艺主张的极大肯定。赵树理说,他之所以不遗余力地从事当时一般作家不屑一顾的通俗文艺创作,写了许多普通百姓喜闻乐见的通俗文艺作品,目的只有一个,"那就是为现实斗争,为了宣传抗日,为了反对封建文化"。他说也正是毛泽东在延安文艺座谈会上发表了文艺创作的新方针,才使他的"地摊文学"的主张得到顺畅发展。

[①] 《新中国人物志》(下集),香港《周末报》社刊印,第80~90页,转引自董大中《赵树理评传》,百花文艺出版社1986年版,第114页。

传世之作《小二黑结婚》

1943年年初,赵树理被调到中共北方局党校,集中精力写通俗故事,教育群众。在中共北方局党校移驻到辽县后,他经常下去搞调查,注意搜集当地的民情风俗和各色人等的思想动态和生动语言。随身带一个笔记本,将村里的阶级状况、生产状况和村干部的情况一一记下。

董大中在《赵树理评传》中记述了《小二黑结婚》的写作背景:一天,赵树理刚从外边回来,房东的一个亲戚来告状,说他的侄儿、村里的民兵队长岳冬至被人杀害了,尸体被吊在他家牛院梁上,伪装成自杀的样子。经过询问,赵树理得知事情缘由,原来村里有个俊俏闺女智英祥,与岳冬至互相爱慕,正在谈恋爱。这村的村长常去智英祥那里去调戏挑逗,遭到智英祥的拒绝。村长就迁怒于岳冬至,常找岔子。伙同村里的其他干部,他们是村长亲戚,联合起来反对岳、智两人自由恋爱。赵树理对案情详细了解后,认为这不是一般的情杀,而是反映了新旧两种势力的斗争。于是做了进一步调查,通过政府出面,对杀人犯做了严厉惩处。《小二黑结婚》就以这件事情为素材,以岳冬至和智英祥为原型而创作。小说描写了根据地的一对青年男女小二黑和小芹,为冲破封建传统、争取婚姻自主而斗争的故事。

《小二黑结婚》于1943年5月完成,得到彭德怀夫妇和杨献珍的赞赏。赵树理遂把稿子送给华北新华书店出版,稿子送去几月,如石沉大海。因为当时太行区某些文化人并不认同赵树理的通俗文艺。彭德怀了解到这种情况后,亲自题了一句话:"像这种从群众调查研究中写出来的通俗故事还不多见。"并亲署大名"彭德怀",交给中共北方局宣传部部长李大章,小说才得以顺利出版。小说于当年9月出版发行,极受欢迎。次年2月再版,仍供不应求,仅在太行区就行销三四万册。一时间,小二黑、小芹成了家喻户晓的人物,成了年轻人追求自由爱情、反对封建包办婚姻的榜样。不仅如此,小说还塑造了三仙姑和老二黑这两个封建包办家长形象,一个装神弄鬼、放浪轻浮，一个胆小怕事、十分迂腐，赵树理通过幽默风趣的民众语言，使这两个人物成为现代文学艺术长廊中十分鲜明突出的艺术典型。

《小二黑结婚》是延安文艺座谈会后我国文艺园地开出的第一朵鲜花，也是"五四"以来，继鲁迅《伤逝》描写子君、涓生这一对城市知识青年为自由结合进行斗争，最终却以失败结束之后，第一部描写农村男女争取个性解放获得胜利的文学作品，意义非同凡响，从此奠定了赵树理在中国现代文坛上的独特地位。

登上创作高峰的《李有才板话》

《小二黑结婚》出版以后，赵树理很快就写出了另一部小说《李有才板话》。如果说《小二黑结婚》只是反映了抗日战争时期民主政权下进步势力与封建恶霸势力斗争的一个侧影，那么，《李有才板话》就是这一斗争的直接描述。

1943年夏秋之际，赵树理和一些同志到麻田镇附近的阎家山上搞调查，曾住在阎家山一个名叫李家园的小山村里，房东小名乃顺，大名李有才，此人是1937年入党的老党员，二十五六岁的样子，尚未成家。他先后担任村里的民兵排长、农会干部等职，有勇有谋，精明强干，斗争意志坚强，又是一个极为乐观之人，爱讲笑话，还会编"快板"，出口成章，一说一大串。闲时就给赵树理来一段他编的快板或讲一段故事。赵树理在李有才家住了一个月左右，收集了不少素材。同时在其他村子，还了解到许多坏人钻进新政权的事例。此时，赵树理所在华北新华书店编辑部要求每人写一个通俗故事，他就把现实生活中看到的农民跟豪绅地主做斗争的事迹做了提炼，以"板人"的活动为线索，一气呵成，写成了著名的《李有才板话》。

抗战后阎家山虽然成了抗日根据地，但实际上仍然是阎恒元的天下，阎恒元倚仗其固有的影响和势力，表面退居幕后，实际上仍操控着村里的政权，党的政策贯彻不下去，却还骗取了一个"模范村"的名号。尽管村里具有反抗精神的李有才不断地以快板为武器,揭露、抨击阎恒元的花招,许多"小字辈"的农民在李有才的影响下也自发进行了斗争,但由于上级派来的章工作员严重脱离群众,而依靠地主阎恒元的势力,使得李有才们的斗争未能动摇阎恒元的地位。直到长工出身的农会主席老杨来到这里,发现问题,支持贫苦农民,依靠阎家山的人民,打击了地主邪恶势力,才使农民真正得以翻身解放。《李有才板话》就讲述了这样的故事。小说通过阎家山改选村领导和实行减租减息的曲折过程,深刻反映了抗战时期山西农村尖锐复杂的阶级斗争。小说的主人公——李有才,既是斗争的积极参与者,又是一个观察者。作家用李有才的眼睛观察阎家山社会"细胞",又用李有才的观察所得,即他编出的一段段快板,引出故事,编织故事。

小说1943年10月写成,12月出版,立刻引起轰动,好评如潮。最早对这部小说进行评论的是李大章。1943年冬,即小说刚出版不久,李大章写了《介绍〈李有才板话〉》一文,刊登在《华北文化》上,说《李有才板话》是比《小二黑结婚》"更有收获的作品",更有向读者介绍的价值。"它以短短三万字的篇幅,简约地写出了根据地一个乡村生活——主要是政治生活的横断面",指出章工作员的形象"值得当作整风的借鉴"。1946年6月26日至7月25日,《解放日报》连载《李有才板话》[①],连载首日,同时刊登了作家冯牧的文章《人民文学的杰出成果——推荐〈李有才板话〉》,认为它是最早成功反映解放区农民翻身斗争的作品,虽然发表于三年前,但仍是当时这类作品中最优秀的代表作之一。之后,郭沫若和茅盾分别写了《"板话"及其他》和《关于〈李有才板话〉》,对作品大加赞赏,"被那新颖、健康、素朴的内容与手法""陶醉了"[②]。《李有才板话》"标志了向大

---

① 山西省史志研究院编:《赵树理传》,当代中国出版社2006年版,第82页。
② 郭沫若:《"板话"及其他》,《北方杂志》1946年第1卷第5期。

十二 人民作家赵树理

众化的前进的一步,这也是标志了朝向民族形式的一步……"① "赵树理用他在旧'诗话'、'词话'的基础上创造的'板话'形式,介绍民间文学家李有才做快板的故事,是他在文学民族化上的一个创举。"②

之后,赵树理又创作了另一部力作《李家庄的变迁》。这部小说描写了太行山区一个村庄从大革命失败后到抗战胜利近二十年所发生的变化,在更加广阔的背景上描写阎锡山统治下山西政局的动荡,以及对农民生活和命运造成的影响。这部小说写了山西二十年的历史,重点在抗战八年。它是晋东南农民的抗战史,是受苦人民的一部觉醒史和翻身史。作品中的许多历史内容,相当真实地概括了晋东南地区农民斗争的历程,特别是抗战时期的斗争状况。如阎锡山残杀共产党时,人们身上被搜出一个铜钱,就被当作共产党的暗号而加以杀害等等,并非艺术虚构,完全是生活的实写,从这个意义上说,这部小说具有一定的史料价值。小说时间跨度长,空间幅度大,城乡结合,上下勾连,人物众多,虽欠精雕细刻,却显出社会的层次和立体。其背景之广阔,是赵树理抗战期间乃至毕生创作中首屈一指的。

除此之外,赵树理还写了三幕话剧《两个世界》、拥军故事《来来往往》、短篇小说《地板》,以及根据太行区群英大会的采访所得写成的"现实故事"(即报告文学)《孟祥英翻身》等,这些作品不仅在抗日根据地广受欢迎,在当时的国统区也引起强烈反响,奠定了赵树理在抗日战争时期文艺界的突出地位,作品中体现的独特的民族化、大众化、民间化的风格,为中国现代文学创作开辟了一个新的方向,促成了中国文学史上一个全新流派"山药蛋派"的诞生。

---

① 茅盾:《关于〈李有才板话〉》,《解放日报》1946年11月2日。
② 董大中:《赵树理评传》,百花文艺出版社1986年版,第142页。

十三、《吕梁英雄传》的创作和问世

马烽、西戎合著的《吕梁英雄传》是现代文学史上最早表现中国全民抗战的一部长篇小说。这部小说以吕梁山区一个叫康家寨的村庄为背景，生动地再现了晋绥抗日根据地广大民众英勇抗击日寇以及和汉奸做斗争的故事。

晋绥边区民众的抗日斗争

全国抗战爆发不久，阎锡山的晋绥军从吕梁山仓皇溃逃。1937年9月，贺龙率领的第120师挺进晋西北，建立晋绥抗日根据地，收复大片国土，后来建立边区政府。1940年后，日军对晋绥根据地投入重兵，进行疯狂"扫荡"，企图一步步蚕食掉抗日根据地。面对严峻的局势，中共中央及时为晋绥边区制定战略方针：将敌人挤出去。于是一场如火如荼的战斗在吕梁山区展开。晋绥边区人民热烈拥护中国共产党和抗日民主政府的领导，许许多多热血男儿踊跃参加八路军。在家的组织成为民兵，"劳武结合"，平时在家生产，抽空练兵习武；战时拿起步枪、火枪、地雷、手榴弹，参加战斗，配合主力部队作战。军民创造了"明的、暗的、软的、硬的"各种战法，组织了"变工爆炸"，粉碎了敌人的"蚕食政策""怀柔政策""三光政策"，挤得敌人统治区日益缩小：由面变成线，由线变成孤立的据点。晋绥解放区保卫得如铜墙铁壁一般。这就是《吕梁英雄传》的时代背景。

《吕梁英雄传》的写作缘起

就在这机动灵活的民兵游击战中，民兵如雨后春笋般不断涌现，

十三 《吕梁英雄传》的创作和问世

惊天地、泣鬼神的感人事迹不断上演。晋绥边区连续召开了几届群英大会。马烽自己就参加了第三届群英会的筹备工作。

1944年12月,晋绥边区召开第四届群英大会。这次群英会开了整整一个月,大会表彰了抗日战争期间涌现出来的143位民兵英雄。其中有神枪能手、战斗英雄、锄奸模范、支前拥军模范、生产自救、劳武结合的民兵[①]。这次群英大会,马烽、西戎有幸以记者的身份参加。表彰会后,《晋绥大众报》交给马烽、西戎一个任务,介绍、刊登这些抗日英模的事迹。当时,马烽是《晋绥大众报》的主编,西戎为《晋绥大众报》编辑。他俩已经扎根吕梁山,和山区人民群众共同奋斗了几年,耳闻目睹了许多抗日英雄人物的先进事迹,深有感触。

但是怎样在报纸有限的版面,介绍这些民兵英雄的英勇事迹,马烽、西戎颇动了一番脑筋。若对这些民兵英雄的生平、战绩一一介绍,单独来看可能会写得很生动,但是,一来是耗时长,二来英雄的出身经历、成长过程,甚至斗争方式可能会大同小异,一位英雄一篇,读者难免会觉得雷同。于是马烽、西戎决定把这些民兵英雄的典型材料糅合在一起,写成连续故事,在报上连载,既可以避免雷同,又有利于完整反映民兵对敌斗争的全过程。他们的想法得到编委会的肯定,并建议写成章回体,每期登一回,每回有一个比较完整的故事,这样更适合农村读者的欣赏习惯。于是,从1945年春天始,马烽、西戎开始多方搜集材料,采访表彰的英雄模范,决定先从武工队组织暗民兵,发动群众反维持开始写起,拟定写作大纲,然后分头写作,标题名为《民兵英雄传》,于6月5日开始在《晋绥大众报》上登载,边写边登,一周一回。这部长篇连载刚一冒头,就受到读者的热情欢迎,同时引起了文教部门领导的重视。时任晋绥分局宣传部部长的张稼夫在鼓励之余,建议将标题改为《吕梁英雄传》,《吕梁英雄传》题

---

① 樊润德编:《晋绥根据地人物》,中共光县委员会党史办内部刊物1986年版,第350页。

名就这样定了下来。这样，一直到抗战结束，马烽、西戎除编辑报纸外，还挤时间写。马烽在他的回忆录中提到："日本投降了，可打日本的《吕梁英雄传》还没有写完，我和西戎除编报外，仍然是挤时间写这部连载小说。我们还像以前那样，我外出采访时，他在家写；他外出采访时，我在家写。"[1] 这样一直到1946年8月20日，才全部在报纸刊登完毕，共95回。当年，马烽、西戎修改整理出前37回，由吕梁文化教育出版社出版了《吕梁英雄传》单行本（上册），延安的《解放日报》摘录转载，反响良好。

全民抗战的不朽史诗

《吕梁英雄传》小说，以吕梁山脉桦林山的一个百十来户人家的村子——康家寨为背景。全国抗战爆发不久，康家寨被日寇占领。1940年春，八路军开进康家寨，建立了抗日民主政权。1942年，日军出兵疯狂"扫荡"晋绥根据地，康家寨再次沦陷于日寇铁蹄之下。村里的土财主和汉奸成立了维持会，逼粮、抓人、勒捐，老百姓生活在水深火热之中。这时，八路军武工队工作人员武得民秘密来到康家寨，向群众传达了中共中央"把敌人挤出去"的战略方针，老百姓心里顿时亮堂了，战胜敌人的信心有了。康家寨的民兵组织起来，和敌人展开了各种斗争。但是，由于经验不足，民兵们犯过不少错误。由于没有认清桦林霸、康顺风等人的反动本质，任由这些汉奸在康家寨兴风作浪，陷民兵组织于危难，对敌斗争遭到严重破坏。然而康家寨的民兵组织在和汉奸特务的斗争中一天天壮大起来，对特务的警觉心有了，斗争的技巧不断提高。后来，康家寨的民兵领导群众实行"劳武结合"：一方面保护群众生产，武装抢种抢收；另一方面用地道战、地雷战、切电线、破坏公路等办法把敌人一步步挤出了康家寨。之后，康

---

[1] 马烽：《马烽文集》（第7卷），大众文艺出版社2000年版，第126页。

十三 《吕梁英雄传》的创作和问世

家寨的民兵又和周围的村庄搞联防作战，到汉家山日寇据点周围活动，发展汉家山的暗民兵，用"大家搬"、断水、断粮的办法把敌人死死围困在据点里，最后"挤走了"汉家山的敌人，从而彻底粉碎了日军"蚕食"抗日根据地的阴谋。

《吕梁英雄传》在报上刊登后，颇受广大干部和群众的欢迎。当时反映晋西北抗日根据地现实生活的文学作品很少，这部有着吕梁地区的语言生活特色的抗日传奇故事，引起了极大的轰动。许多识字的人把阅读这部连载小说当作重要的事情，不识字的围坐在一起请识字的人朗读。一时间，民兵英雄雷石柱、孟二楞和武得民等，成为晋绥边区家喻户晓、老少皆知的人物。《晋绥大众报》的发行量也以四五千份的速度逐月上升，很快翻了一倍。马烽、西戎因此成为晋绥边区众所周知的人物。马烽后来回忆说，在《晋绥大众报》连载《吕梁英雄传》期间，有一次他到兴县界河口采访，村公所文书看了介绍信知道他就是《吕梁英雄传》的作者之一时，对他特别热情，立即将此消息告诉了村民。当晚，男女老少，许多百姓涌到村公所，再三要求马烽讲报纸上还没有登出来的故事。他被群众的热切愿望所感动，只好现编现讲，讲一段不行，再讲一段还不行，一直讲到鸡叫天亮，故事里的敌人被"挤"走，大家才满意地散去。[①]

1946年，周恩来、董必武率中共代表团赴重庆与国民党政府谈判时，将该小说单行本带到重庆，在重庆《新华日报》上连载，在国民党统治区的广大读者中引起强烈反响。这是解放区流传到国统区的第一部长篇小说。郭沫若等人热情地写了评论文章。此后小说单行本被东北书店、苏中韬奋书店、大连大众书店重印。《吕梁英雄传》是各根据地学习《在延安文艺座谈会上的讲话》之后发表的、富有吕梁地方特色的全面反映抗日战争的长篇小说，它的大众化的语言、鲜明的民族风格，标志着山西抗战文学进入一个成熟的阶段。

[①] 熊坤静：《长篇小说〈吕梁英雄传〉创作的前前后后》，《党史博采》2012年10月。

十四、晋绥新文学作家群

延安文艺座谈会后,在晋绥抗日根据地,诞生了一个文学新人群体——晋绥作家群,他们创作风格相近,对山西新文学的发展,产生了深远的影响。

从战士到人民作家

马烽、西戎、李束为、孙谦、胡正这五位作家,出身农民,在军旅生涯中成长为作家,抗日战争中先后来到晋绥根据地工作。因此,被人们亲切地称为"晋绥五作家"。

马烽5岁丧父,家境贫困,随母亲寄住舅父家上学。抗日战争爆发后,学校被迫停办,马烽辍学。1938年春,16岁的马烽参加了抗日游击队——山西新军政卫队,编入民营四中队当战士,这时孙谦是他的班长,也是他"当兵后遇到的第一个顶头上司"[1]。半年后政卫队要成立宣传队,马烽因为平时在连队出墙报会画一些简单的报头,被当作美术人才选进宣传队当宣传员,领导他的分队长又是孙谦。不过,这时孙谦不叫孙谦,而叫孙怀谦,孙谦是他1940年去延安鲁艺学院学习时改的笔名。

孙谦年长马烽两岁,是山西文水南安村人。父亲是个木匠,因此不希望他走自己的路,而是希望他能靠文化知识谋生。但由于家境贫寒、生活拮据,孙谦只念了四年初小就辍学务农。农闲时他找来《西游记》《聊斋志异》《七侠五义》之类的书籍阅读,渐渐对文学产生

---

[1] 马烽:《悼孙谦》,《马烽文集》(第7卷),大众文艺出版社2000年版,第278页。

了浓厚的兴趣。1937年5月,山西抗日组织牺盟会领导下的国民军官教导团扩充力量,孙谦应征入伍。抗日战争爆发后,他离开国民军官教导团,参加山西青年抗敌决死队,在二纵队和政卫队当战士、班长、排长、副政治指导员,转战太行山、吕梁山一带。1938年春,前锋剧社成立。孙谦因为念过几年书,被选为分队长,负责领导队员刷标语、出宣传栏。马烽除了刷标语外,还画一些抗日漫画。就在这一年冬天,孙谦和马烽加入了中国共产党。第二年,宣传队人员增加,命名为前锋剧社。那时候,全剧社没有一个从事过文艺工作的专业人才,最多是学校时爱好文艺而已。马烽在一篇回忆文章里说:他们只能边学边干。他不会唱歌不会演戏,做得最多的就是写标语、画漫画,演出时做一些后台工作,诸如画简单的布景片、配配效果。分队长孙谦当导演,有时还当当演员。李束为是当时前锋剧社的主要演员,因为演出出现差错,误伤扮演日本鬼子的唐贵龄,后来再不上台当演员而做后台工作了。

李束为原名束学礼,出生于山东省东平县朱管村一个农民家庭。由于家境贫寒、生活拮据,勉强读完小学后,就到一家酱油作坊当学徒,饱尝人生艰辛。偷闲时即寻找古典文学作品阅读,迷恋上了文学。1935年,阎锡山部队在山东招兵,李束为入伍,离开老家到了山西。[①]抗日战争爆发后,李束为满怀救国热情,从阎锡山队伍投奔到山西抗日少年先锋队,不久加入抗日决死二纵队,转战在太行山、吕梁山一带,做过战士、班长、排长。1939年9月加入中国共产党。

1939年初夏,为了提高整个剧社的文艺水平,剧社全体人员开赴晋东南,进入李伯钊开办的专门为部队培养艺术人才的"民族革命艺术学校"学习了大半年时间。这一时期,孙谦、马烽、李束为初步接

[①] 马烽:《悼束为》,《马烽文集》(第7卷),大众文艺出版社2000年版。参见杨品《马烽谈关于李束为的几件史实》,《新文学史料》1999年第3期。

触五四运动以来的新文学和文艺理论知识，为以后走上文学道路打下了基础。同年12月，阎锡山发动"晋西事变"，与共产党决裂，山西的抗日战争面临严峻考验。前锋剧社抽调一部分骨干，临时组成了一个部队司令部警卫排，孙谦被任命为排长，李束为、马烽一同被挑选编入决死二纵队警卫排，李束为任班长，马烽为副班长。孙谦带领战士们冲锋陷阵，保卫司令部冲出包围，进入晋西北根据地。在这次枪林弹雨中，他们得到了锻炼。马烽在回忆孙谦的文章中谈到过这段经历：

> 在前方，我和孙谦朝夕相处，同甘共苦整三年，他一直是我的顶头上司。我一直把他当作老大哥。他的样子也像个老大哥。不到20岁已经是满脸皱纹了，嘴里经常叼着个小烟袋。要不是穿军装，很像个三四十岁的农民。他不论当分队长还是当排长，从来没有摆过干部架子。对他领导下的小青年们，一视同仁。行军时候看到谁走不动了，他就不声不响地把背包夺过来，加在自己背包上。发现谁脚上打起泡，晚上就找根马尾，抱着你的臭脚给你穿刺，任你哭喊他也不松手。①

后来，警卫排解散，在警卫排基础上，重新成立剧社，命名为黄河剧社。几个月后，黄河剧社与山西抗日组织牺盟会领导下的吕梁剧社合并，仍然延用吕梁剧社名称。西戎、胡正是原吕梁剧社的成员。这次合并，成为马烽、西戎、李束为、胡正、孙谦的首次汇合。

西戎原名席诚正，出生于山西省蒲县一个仅有20户人家的山区小村。从小喜欢听书场说书人说书、看戏。上小学时受堂兄影响，阅读了《西游记》《水浒传》等古典小说和鲁迅等现代作家的作品。1935

---

① 马烽：《怀念孙谦》，《文艺报》1997年4月3日。

十四 晋绥新文学作家群

年考上临汾的省立六中,但因家境窘困,没法上学,成了一个放羊娃。抗日战争爆发后,作家丁玲率领的西北战地服务团到蒲县宣传抗日,西戎跟随战地服务团听演讲,看节目,学唱歌。战地服务团开走不久,16 岁的西戎参加了抗日救亡团体牺盟会,被分配做文艺宣传工作,半年后转入吕梁剧社。在吕梁剧社,西戎和剧社人员积极演出,广泛发动群众参加抗日,得到了很好的锻炼。当时,同在吕梁剧社的还有比他小两岁的胡正。

胡正,原名胡振邦,出生于山西省灵石县一个并不富裕的家庭。1939 年在吕梁剧社抗日宣传时,扮演话剧《胜利》中一个名叫胡正的角色,剧社人都叫他胡正,索性改名为胡正。1938 年胡正高小即将毕业时,阎锡山在晋南成立民族革命中学。出于抗日救亡的热情,胡正与同学去灵石县城的考点报考。在考场遇到牺盟会的一位负责人,给他们介绍了全国的抗日形势,希望他们参加真正抗日的组织牺盟会。于是他们怀着满腔热情,离开家乡参加汾西"吕梁抗战剧团",不久剧团改称"吕梁剧社",在晋西南一带从事抗日宣传活动。

1939 年 1 月,国民党五届五中全会秘密通过了一个关于"溶共、防共、限共"方针的议案,决定严密限制共产党和一切进步知识分子的思想、言论和行动。同年 3 月至 6 月,阎锡山在陕西宜川县秋林镇召开有一百多人参加的"军政民高级干部会议",即著名的"秋林会议"。同时,阎锡山采取了一系列反共措施,加剧了国共两党的摩擦。12 月,国民党向共产党控制地区进攻,捣毁机关,杀害干部群众,抢走武器装备,数百名干部和抗日积极分子被杀。这就是历史上的"十二月事变"。作为牺盟会洪赵中区领导的吕梁剧社在"十二月事变"前,已成为反共派的眼中钉,此时形势更加严峻。加之,日寇对抗日根据地大"扫荡",吕梁剧社经费中断,与上级失去联系,在此情况下,剧社领导决定西渡黄河,到陕西去。在当地抗日群众的帮助下,吕梁剧社冲破了阎锡山的严密封锁,顺利渡过黄河,到达陕北。

之后，剧社就在延川、绥德等地演出抗日剧目，受到了广大群众的欢迎。在绥德演出时，他们受到了时任绥德警备区司令部司令员王震将军和第359旅将士的热情款待。王震将军介绍吕梁剧社转移到延安鲁艺附近休整、学习。西戎和胡正这些小青年即随团到达延安。剧社驻扎在鲁艺学院所在地桥儿沟，因此他们可以旁听鲁艺的课，接受鲁艺老师的辅导，也能够观看鲁艺等文艺单位的演出，大大开阔了他们的视野。半年后，西戎、胡正回到晋西北，继续从事文艺活动。不久，吕梁剧社奉命和黄河剧社合并，西戎、胡正见到了后来与他们并称的"晋绥五作家"之马烽、孙谦和李束为。

1940年秋天，新合并后的吕梁剧社再次到延安集中学习，起初被编入鲁艺附设的部队艺术干部训练班学习。不久，转入新成立的部队艺术学校。马烽进了美术班，孙谦在文学班，西戎、束为、胡正考入戏剧班学习。整整两年的时间，他们接受了系统的文艺理论学习，阅读了大量中外文学名著，对文学创作产生了深厚的兴趣。马烽虽在美术班，但他除了完成规定的学习任务，还经常去鲁艺文学系旁听，对文学非常着迷。在延安学习期间，文艺青年兴起一股改名风，以示与旧我决裂，开始新的生活，席诚正由吕梁剧社文化教员高羽取名为西戎，谓"投笔从戎"之意，束学礼改为束为，孙怀谦正式改名孙谦。

也正是进行了两年的延安鲁艺系统理论学习，晋绥五作家将他们火热的战争生活中的经历诉诸文学，走上了文学创作的道路。马烽的处女作《第一次侦察》，写于延安学习期间，是给墙报写的稿件，被1942年9月16日的《解放日报》刊用，使他大受鼓舞。孙谦也是在延安学习期间写就了他的第一部小说《兄弟》，发表在1942年绥德梅行主编的《青苗》杂志上。西戎在延安杜甫兵站窑洞的山坡上，以他自己亲身经历过的一次遭遇战为素材，写出了他的第一篇小说《我掉了队后》，投稿到延安的《解放日报》文艺副刊，10月底，稿子被刊用，极大地鼓舞了西戎继续创作的信心。胡正在随战斗剧社去绥德宣传演出期间写出了他第一篇小说《碑》，抄在墙报上，受到剧社和绥德地区文艺界抗敌协会作家的高度评价，1943年5月26日被延安《解放日报》文艺副刊刊发。李束为在河曲黄河之畔，根据他深入基层农村减租减息的工作生活体验，完成了他的第一篇小说《租佃之间》的创作，不久在1943年8月3日和4日的延安《解放日报》文艺副刊上连载发表。

大众化、通俗化的创作风格

1942年夏天，马烽、西戎结束在鲁艺的学习，同剧社其他人一起编入八路军第120师所属的战斗剧社。这一年冬天，部队开始精兵简政，一些不会演戏、不会唱歌、不擅长器乐演奏的人员，就被"精减"了下来，这其中就有马烽、西戎、李束为、孙谦、胡正等，他们转业到晋绥边区做地方工作。不久，毛泽东的《在延安文艺座谈会上的讲话》传到各解放区，为了响应毛泽东文艺工作者要"深入工农兵群众，深入实际斗争"的号召，晋绥文联根据《讲话》精神，组织起一个文艺工作团，到基层工作。马烽作为工作团团员，被派去工厂做工会工作，跟工人一起下车间干活，组织工人开展文艺宣传活动：出墙报、学唱歌、读报纸等等。西戎被分配到保德县四区抗联当文化部部长；孙谦被派到保德县三区任文化部部长；李束为被派往河曲县第三区农会，先后在鹿固村、黄河畔的曲峪村搞减租减息工作；胡正被安排到静乐县，担任二区（今属娄烦县）抗联文化部部长，领导群众进行游击战和农业生产。自此，西、李、马、胡、孙开始进入第一次创作高峰期。

在"晋绥五作家"的创作道路上，晋绥边区"七七七"文艺奖金征文活动值得一提。1944年，在七七事变的七周年之际，为了配合根据地的减租减息斗争，为了鼓励根据地文艺工作者创作的热情，边区政府发起了"七七七"文艺奖金征文活动。要求写"对敌斗争、减租生产、防奸自卫"方面的通俗文章。

这时马烽、孙谦刚刚奉命回到晋绥边区文联，一边参加整风运动，一边搞创作。同年秋天，马烽调到《晋绥大众报》当编辑、记者，不久升任主编。这时，西戎、李束为也相继调回《晋绥大众报》当编辑，胡正则调到《晋绥日报》副刊当编辑。在这次征文活动中，同在军营成长起来的"晋绥五作家"，创作的作品都获了奖。西戎、孙谦的眉户剧《王德锁减租》获戏剧类甲等奖，胡正、孙谦的道情《大家办合作》获丙等奖，马烽的《张初元的故事》获散文类乙等奖，李束为的《租佃之间》和胡正的短篇小说《碑》也分别获了奖。

《张初元的故事》是马烽根据晋绥边区劳动模范张初元的事迹写成的一篇通俗故事。作品真实地描述了边区一个普通农民，在中国共产党培养下成长的过程。冯牧在《敌后运动的新收获——读晋绥边区"七七七"文艺奖金征文获奖作品》一文中说"这些作品的另一共同特点，那就是：语言的生动、自然，有些地方色彩而不过于雕琢。这是一个很难得的优点"。胡正的《碑》以其在吕梁剧社期间听说的一个妇女抗日干部做群众工作时被敌人包围，宁死不屈，跳河牺牲的故事为素材；李束为的《租佃之间》以抗日根据地的减租减息运动为背景，通过叙述地主金卯为了多吃租子利用抽地诡计，挑动贫雇农之间斗殴的事实，揭露了地主破坏减租减息运动的丑行，表现了农民和土地之间血肉般的关系，以及对土地的渴望。新中国成立后曾被原苏联翻译出版的《中国短篇小说集》选入，被称为解放区文艺的代表作之一。西戎、孙谦等集体创作的《王德锁减租》是当时吕梁地区最受群众欢迎的剧目之一。1944年10月，七月剧社在边区各地演出了100多场，观众达20万人。

之后，马烽和西戎又合作创作了长篇小说《吕梁英雄传》，这成为晋绥作家群中最突出的成果，在现代文学史上也占有一席之地。马烽还创作了《追队》《一个雷雨的夜里》《毛主席的像片》等作品，选取抗日战争中民族斗争和阶级斗争的重大题材。西戎创作了《头一次参加奋勇队》、反映解放区新人新事的《过节》、反映解放区农民思想转变的《二爹》以及反映兄弟参军故事的《兄弟俩》。孙谦完成《我们是怎样回到队伍里的》和《村东十亩地》，还创作了秧歌剧本《闹嘴舌》《闹对了》，先后在吕梁文化教育出版社出版了单行本，并由七月剧社公演，因为贴近农民生活，反响不错。胡正于1943年在延安《解放日报》上发表的《民兵抢收》，李束为发表的《谈判》，内容与《租佃之间》大致相同。

纵观"晋绥五作家"这一时期的创作，他们反映的是抗日战争背景下农民的生活，通过普通农民的日常生活、生产斗争去把握农民在前所未有的民族斗争和阶级斗争中的觉醒与斗争，以及在大的历史变化过程中心理发展的轨迹，重点歌颂了边区人民的新生活、新斗争、新面貌。他们极少借助抽象的政治口号来说明主题的中心，而是通过人物形象来表现当时的现实，写得生动、新颖、朴实、自然、动人、真实，体现出革命化、民族化、大众化的特征。

十五、抗日将领在山西的抗战诗篇

八年的抗战中,许许多多的抗日将领在山西领导并参加了抗战,为中华民族的解放事业立下了赫赫战功。他们中的一些人,才华横溢,在山西这片燃烧的土地上,留下了壮美的诗篇,为山西抗战文学留下了浓墨重彩的一笔。

朱 德

1937年8月至9月间,朱德总司令指挥八路军三个师由陕西东渡黄河,开赴山西抗日前线。他亲自率领八路军总部转战于五台、洪洞等地,并长期驻扎在太行山区武乡一带,领导山西军民抗击日本侵略者。在指挥作战间隙,亦文亦武的朱德同志,常常挥毫赋诗,抒发革命情怀。1939年春所作的七律《太行春感》,是朱德在山西抗战期间最早的一首诗:

> 远望春光镇日阴,太行高耸气森森。
> 忠肝不洒中原泪,壮志坚持北伐心。
> 百战新师惊贼胆,三年苦斗献吾身。
> 从来燕赵多豪杰,驱逐倭儿共一樽。

表达了诗人坚持将日本侵略者逐出中国的"忠肝"与"壮志",在回顾三年艰苦抗战的战绩中,看到中国人民抗日武装力量的日益壮大,总司令对胜利充满了信心。同年所作《寄语蜀中父老》,曾在1940年12月重庆《新华日报》发表,是作者写给四川家乡人民的,也是写

十五 抗日将领在山西的抗战诗篇

给国民党统治下的大后方人民的：

> 仵马太行侧，十月雪飞白。
> 战士仍衣单，夜夜杀倭贼。

诗歌直抒胸臆，明白易懂，却又蕴含十分丰富的内容。体现了八路军战士在极端恶劣的条件下英勇杀敌，同时也饱含了总司令对前线战士的关爱体恤之情。

1939年12月到1940年3月间，国民党顽固派不顾大敌当前，在山西发动"十二月事变"，石友三、朱怀冰等部进攻太行根据地。值此"抗战紧急、内战又起、国人皆忧"的紧要关头，朱德受中国共产党的委托经洛阳赴重庆谈判，中途返回延安，有感而发，写下《出太行》一诗：

> 群峰壁立太行头，天险黄河一望收。
> 两岸烽烟红似火，此行当可慰同仇。

《诗经·国风·无衣》中有"修我戈矛，与子同仇"，诗人运用这个典故，表达自己不负重托，希望通过谈判平息内战，完成抗日大业的美好心愿，表达共产党人团结一致、共同抗战的一贯立场和态度。1941年写的《赠友人》：

> 华北收复赖群雄，猛士如云唱《大风》。
> 自信挥戈能退日，河山依旧战旗红。

收复华北需要国共团结，全民一心，借用刘邦的《大风歌》，借以歌颂保家卫国的健儿非常之多；"挥戈退日"出自《淮南子·览冥训》，一语双关，既指中国人民有扭转乾坤的力量，又指中国共产党领导的全民抗战一定能够取得彻底胜利，将日本帝国主义赶出中国。诗中连用两个典故不仅丰富了诗歌的内容，也深化了诗歌的意境。

1942年，八路军副参谋长左权在山西辽县指挥"反扫荡"作战中，壮烈牺牲。远在延安的朱德总司令长歌当哭，痛悼战友，写下《悼左权同志》：

名将以身殉国家，愿拼热血卫吾华。
太行浩气传千古，留得清漳吐血花。

写出左权将军"以身殉国"的赤胆忠心，歌颂了烈士流传千古的浩然正气。朱德擅用五言、七言、古体、绝句反映波澜壮阔的政治思想内容。他的诗，不事雕琢，气韵自成，凝重、浑厚，诗如其人，有极高的艺术功力。

陈　毅

陈毅曾有"横槊将军"之称，现存正式发表的诗歌有370首之多。其中直接反映山西根据地抗战斗争生活的诗有9首。这些诗大多数是陈毅由淮南地区西行赴延安途中路过山西时所作。

1943年冬，陈毅由淮南赴延安参加党的第七次全国代表大会。1944年一二月间，路过山西，沿途写下《过太行山书怀》《由太行山西行阻雪》《元夜抵胡家坪》《过汾河平原》《过吕梁山》等诗。

《过太行山书怀》是陈毅到达太行山清漳河边的麻田镇——当时八路军前线指挥部所在地，在此停留了十几天时所作。全诗分六小节，第一节浓墨重彩地概括描绘太行山一带的地理形势：太行山似海，波澜壮天地。山峡十九转，奇峰当面立。仰望天一线，俯窥千仞壁。外线雾飘浮，内线云层积，山阳薄雾散，山阴白雪密。溪流走山谷，千里赴无极。清漳映垂柳，灌溉稻黍稷。园田村舍景，无与江南异。

十五 抗日将领在山西的抗战诗篇

第二节则从不同角度描绘了20年来自己在五岭、黄山、武夷山、茅山等8处的经历，通过对这8处山势的描绘——"风驰万壑开，云卷千峰集。殊多雄姿态，林泉更幽僻"，更进一步衬托出太行山的雄姿——"此日见太行，险峻称第一"，寥寥十字，风姿尽显。

第三节侧重抒发诗人来到麻田的感受。"转来启户牖，山光照四壁。近面仙人峰，侧观似飞骑。……又似故友逢，抵掌谈昔昔。"以情寓景，情景交融，写出与久别的战友邓小平等同志重逢时的愉快心情。也为下面对抗战的回顾与总叙做了铺垫。

诗的第四、第五小节，作者将抒情与政论结合在一起，从各个方面概述中国共产党领导下敌后战场的发展，以及抗日根据地在政治、经济、文化等方面所取得的显著成绩。"因念抗战中，华北阻寇骑。平型雁门捷，阳堡显奇迹。"写抗日战争的卓著战绩，有"敌后三战场，驰骋羽书疾。决策赖延安，太行天下脊……"，"请看解放区，人足家自给。……大同尚有期，小康已中的。华夏五千年，治隆谁能匹"。说明中国共产党是抗日战争的中流砥柱，热情地歌颂了解放区天翻地覆的变化，为读者描绘出一幅现实中人民当家做主后治理国家的宏图。

诗的最后一小节，作者改换句式："吁嗟乎！黄河东走汇百川，自来表里太行山。万年民族发祥地，抗战精华又此间。更有人和胜天时，地利攻守相攸关。创业不拔赖基地，我过太行梦魂安。"颇有大诗人李白的豪迈气势，痛快淋漓地抒发了作者的感情。

这首古体长诗，是陈毅的代表作之一，也是少见的咏写抗战史实的杰作。

《由太行山西行阻雪》写于同年2月，"我过太行山，瑞雪自天堕"。太行险阻，"策马不能行，山村徒枯坐。冰雪何时融，征程从此错"，内心的焦急溢于言表；"夜深对暗壁，摇摇影自和。残灯不成红，雪打窗纸破。衾寒难入梦，险韵诗自课"，有情有景，诗趣盎然；"浩歌赋太行，壮志不可夺。歌罢祝天晓，一鞭汾河过"，写出了诗人不避险阻、勇往直前的大无畏精神。

《过汾河平原》则将咏史与写实相结合，通过回顾三晋大地的历代兴亡，揭露了投降派将汾河平原拱手让给日本侵略者的可耻行径。在前来接应的吕梁军区部队的护送下，陈毅一行继续前行。《过吕梁山》即是陈毅此行所写的最后一首诗。"峥嵘突兀吕梁雄，我来冰雪未消融。花信迟迟春有脚，夕阳满眼是桃红。"此时吕梁已是初春，虽然冰雪未融，但分明已有春意，以此寓意中国抗日战争胜利的美好前景。

续范亭

续范亭，山西省崞县西社村人。早年加入孙中山领导的同盟会，参加了辛亥革命和反对北洋军阀的斗争。九一八事变后，曾亲赴南京呼吁抗战，目击国民党政府腼颜卖国，悲愤至极，在中山陵剖腹明志，冀以一死唤起民众爱国抗日，幸得遇救，一时震惊全国。全国抗战爆发后，在山西担任第二战区民族革命战争战地总动员委员会主任委员，兼山西第二战区保安司令、暂1师（山西新军陆军暂编第1师，简称"暂1师"）师长，密切配合贺龙、关向应率领的八路军第120师发展和巩固晋绥抗日根据地。1940年，晋西北行政公署成立后，续范亭就任晋绥边区行署主任、晋绥军区副司令等重要职务，为晋绥边区的建设和发展，殚精竭虑，倾尽心血，立下功勋。1947年病逝后，被追认为中国共产党员。续范亭不仅是一位忠于祖国、英勇善战、智勇双全的革命将军，更是一个富有才情、慷慨悲歌的革命诗人。他一生创作了不少诗歌，有《湖山集》《晋西北诗稿》《延水集》《南泥杂咏》，现均收在《续范亭诗集》里。

续范亭剖腹前写的绝命诗是一首脍炙人口的佳作：

赤膊条条任去留，丈夫于世何所求？

十五 抗日将领在山西的抗战诗篇

窃恐民气摧残尽,愿将身躯易自由。

表达诗人为民众、为自由献身的精神。

1940年,诗人在繁忙的战事之余,又写下《纪念高尔基逝世四周年》,以自由诗的形式表达中国抗日战士向高尔基学习,永远追求真理的革命情怀。《秋夜不寐忆张、杨》,概括地叙述了中国革命的艰辛历程,赞扬了张学良、杨虎城发动西安事变的历史性贡献,表达了对张、杨二人的无限怀念之情。这一时期,续范亭还写了《贺龙将军》《赠李公朴》《叙怀》《架葫芦有感》,均收在《晋西北诗稿》中。

1941年夏天,续范亭积劳成疾,赴延安疗养,目睹革命圣地延安的崭新生活,深受鼓舞。他经常参加当时由延安一些老同志组织的怀安诗社的诗歌活动,写下许多优秀诗篇,收在《延水集》里。《一九四二年春养疴延安交际处茅屋闻晋西北敌人残酷扫荡有感》是其中反映山西抗战的重要作品之一。"我亦能驰马,足迹遍汾河。我亦能杀贼,誓不渡黄河。中途掉队人,久病奈如何?"表达了自己听到敌人向晋西北残酷"扫荡"消息后,苦于病魔缠身不能驰马杀敌的焦急心情,也抒发了他对晋西北人民和战友的惦念与关切:"三次反扫荡,四年游击战。粮饷常不足,征衣多补绽。民众执干戈,战士乏枪弹。风雨感同舟,军民一齐干。……遥望管涔山,使我恨无端。多少英雄去,多少英雄还。"

在与共产党人长时间的相处中,续范亭还写下不少吟咏共产党将领的诗歌。《赠毛主席》诗云:"领袖群伦不自高,静如处子动英豪。先生品质难为喻,万古云霄一羽毛。"《赠朱总司令》写于1942年:"敌后撑持不世功,金刚百炼一英雄。时人未识将军面,朴素浑如田舍翁。"《赠彭副司令》:"爽直将军贵姓彭,心为铁石气为鲸。三军一致称模范,粗布征衣半老兵。"贺龙是诗人并肩战斗的战友,共同合作五年之久,相知甚深。1943年续范亭祝贺贺龙生日时所作:"一把菜刀起义人，半生革命多犹新。边区柱石老同志，塞北堡垒万里城。五载相逢惟一字，千年大业赖天真。山人共赴瑶池会，祝你金刚不坏身。"1943年，共产党人关向应不幸病逝，他挥笔写就的悼诗《悼关向应同志》，既表现出关向应"沉默寡言，满腹智慧"的个性，也写出了他们之间"点头会意，神交默契"的战友情深，同时歌颂了关向应不为名利、为党牺牲、鞠躬尽瘁的品德。

除了诗歌创作外，续范亭还写了大量富有文学色彩的政论、杂感和随笔，积极呼吁抗战。1947年续范亭病逝于山西临县。毛泽东得知后，派专人送来花圈和挽词，上写："为民族解放，为阶级翻身，事业垂成，公胡遽死？有云水襟怀，有松柏气节，典型顿失，人尽含悲！"表达了主席对续范亭的悼念之情。董必武以两首五律悼念续范亭同志，其一为："代郡多豪杰，先生更出群。怀才能拨乱，许国已忘身。血迹陵园在，勋名日月新。遗书有深意，易箦亦归真。"赞扬了续范亭的殷殷爱国热情、杰出的政治才能和卓越的抗战功绩。董必武的第二首五律为："同作甘泉寓，油梨分我尝，吟诗遣怀抱，卧病阅风霜。彻底夷封建，从头稳立场。精灵当不没，山水永增光。"回忆了续范亭同志在病中的情景，以及与自己的交往，表达了无限的缅怀之情。

十六、抗战文艺全面开花

1942年后,在《讲话》精神的指引下,许多作家明确了为工农兵服务的方向,进一步深入生活。这一时期的创作,从内容到形式,都发生了很大的变化,除继续反映战争生活外,歌唱胜利、歌唱农民翻身的作品逐渐多了起来,小说、诗歌、散文、报告文学都有了很大发展,抗战文艺走向全面繁荣。

抗战后期小说的繁荣

敌后根据地小说的繁荣 抗战后期根据地的小说创作最为繁荣,除了长期默默执着于大众化通俗化创作的赵树理,以及在战争中成长起来的"晋绥五作家"外,这一时期的小说家还有高沫鸿、郑笃、王南、李欣、胡海、鲁藜,以及袁毓明、康濯、葛文等人。他们的作品,有的仍然以战争生活为题材,有的反映抗战时期山西的现实、民众生活的变化,以此来回顾八路军和广大人民群众与日本侵略者所进行的英勇卓绝的斗争。

高沫鸿,原名高成均,1910年出生于山西武乡县。1919年接受五四新思潮,1928年与高长虹等人在上海编《狂飙》周刊。全国抗战爆发后,随八路军第129师转战晋东南,1940年前后任太行文联主任,开始从事文学创作。他的短篇小说《东山王》是在抗战胜利初期创作的作品,写的是抗战时期一个大县长时兆庆的故事。作者用辛辣讽刺的手法突出刻画了这位做过几任阎锡山的"红腾腾的大县长",他在日本侵略军一来,却弃城而逃,在家乡隐居了起来。武乡县来了共产党八路军后,他又耍起了两面派手段。这篇小说有着当时环境和时代的特点：晋绥军的大溃退，日本侵略者从雁门关一带长驱直入；八路军英勇抗日，开辟了晋东南抗日根据地；边区民主政府成立，使人民翻身；国民党的反共高潮，阎锡山发动"十二月事变"等等，可以说是八年抗战时期晋东南政治形势的一个缩影。虽然作品在艺术上很粗糙，然而其强烈的现实意义却是不容忽视的。

《美满家庭》是高沫鸿写于1943年8月的一部中篇小说。他在此书的序言中说："我们的抗日民主根据地里，有三种美满家庭，第一种是从前的破落户现在翻起身来了；第二种是从前的小康之家现在更其繁荣了；第三种是过去赤手空拳的人们，今天开头儿从白地上创造出他们的新的家庭。"《美满家庭》着重写的是第二种美满家庭。作品通过对李福九美满家庭的描写，歌颂了民主政权的力量，歌颂了根据地农村新一代农民的成长，同时也表现了根据地农村社会生活的巨大变革。

郑笃创作的短篇小说《情书》发表在1946年《文艺杂志》第1卷第5期上。作者以细腻生动的笔触表现了一个农村少妇对参军丈夫的思念，反映了根据地农村妇女思想觉悟的提高，也从另一侧面歌颂了根据地的新人新风尚。

出生于湖南湘潭的王南，全国抗战爆发后，随军到达晋东南，先后在八路军野战政治部、民众运动工作部、第129师司令部工作。1943年开始创作小说。1944年在晋察冀边区出版小说集《扒手》，收录了六个短篇。1950年晨光出版社重印此书时，又加入《小柱子》和《旅途的一夜》，以《小柱子》作为书名。在八个短篇小说里，反映山西抗战现实的有《洋狗》《枪》《小柱子》《队长》四篇，其中《小柱子》为王南的一篇力作，作品叙述了生活在太行山区的儿童团团员小柱子，从驻村的八路军工作人员王毅手中得到了一张列宁画像，并从他那里听到了列宁的故事。在日本侵略者对根据地进行"蚕食"时，抗战斗争被迫转入地下，小柱子冒着"丢脑袋"的危险保存着列宁画像。

十六 抗战文艺全面开花

这个动人的故事形象反映了根据地儿童的生活和思想。

李欣的《新与旧》写于 1944 年 10 月,曾荣获晋绥边区"七七七"文艺征文奖。主人公张志仁原来是个雇农,生活极为贫困。抗战初期,他的妻子被驻扎在当地的阎锡山军队的特务长霸占,"苦痛流在眼泪里"。"晋西事变"后,"那些和日本勾结想消灭新军和抗日群众组织的老总们和老爷们又夹着尾巴滚蛋了",晋西北建立了抗日民主政权,张志仁和许多青年一起参加了八路军。在敌人的大"扫荡"中,张志仁的母亲被日本强盗杀害。为了为自己以及天下千千万万儿女的母亲报仇,张志仁参加了"建设和保卫晋西的斗争"。小说将张志仁家庭的变化放在一个广阔的时代背景下,以战士的口吻,讲述张志仁一家在民主政权建立前后发生的变化,比较全面地概括了晋西北抗战形势的风云变幻。

他的另一篇小说《乃红子》(1945 年 8 月完成)描写了"反扫荡"中晋西北人民英勇斗争的故事。作品叙述严老汉和孙子乃红子,在八路军撤退后,将一位受伤的八路军卫生员藏在秘密的窑洞里,在敌人搜查中宁死不屈的故事。敌人离去后,卫生员从窑洞里出来,看到乃红子躺在血泊中已经死去,严老汉也受了重伤,"他的手臂在空中颤抖着,目光干枯、直视,像要扑向什么东西一样。突然,他转过身来,一下抓住卫生员的胳膊,紧紧地,'孩子,你要替他报仇呀!'"这爷孙俩的顽强与坚贞,正是抗日根据地广大人民最可贵的品质。

1945 年 8 月李欣创作的《跳崖》,是一篇正面表现八路军英勇战斗的作品。主人公苏人杰接受连长的任务,带领六名战士占领虎头崖,阻击敌人。不料却被敌人三面包围,截断退路。在这样的情况下,他们打退了敌人向虎头崖的一次次冲锋,最后只剩下一颗手榴弹。在最后时刻,苏人杰和战士们果断地把枪砸断,一起跳下了虎头崖。小说采用倒叙的方式,从苏人杰跳崖后在月光中苏醒过来开始写起,回忆、联想,甚至幻觉交织在一起,现实中寂静的山村与回忆中硝烟弥漫的战场形成鲜明对比,给读者留下难忘的印象。

胡海的《侯圪弹和他的少年队》写于1944年,曾荣获晋绥边区"七七七"文艺征文奖。用儿童的语言,讲述了根据地的少年队员侯圪弹和他的小伙伴机智英勇、团结一致抗击敌人的故事。

《奔腾的河流》是鲁藜1945年5月写成的。讲述青年农民杨有德被晋绥军抓去抬担架,却发现担架上的彩号原来是这一带有名的"黑阎王","日本人来了,就当皇协军,晋绥军来,就当了一个连长"。当担架抬到奔腾的河流上的一座桥上时,杨有德把担架上这个坑害人民的汉奸"向河里推送出去"。后来,一名八路军伤员救了杨有德,杨有德又背着伤员千辛万苦渡过奔腾的河流,向八路军驻地走去。

王前的《窟窿岩》追记的是1942年5月"反扫荡"的故事。小说并没有正面描写"反扫荡"的斗争,而是讲述太行山区一所伤兵医院在遭到敌人包围后,所长、护士、伤病员齐心协力,机智地转移到安全地方,"反扫荡"斗争胜利后,伤病员又平安地回来的故事。小说没有惊心动魄的战斗场面,但医务人员和伤病员身上表现出来的,却是根据地军民英勇顽强的精神。

张岱的《小兰》讲述了这样一个故事:一个农村姑娘小兰,暗中爱上在她家养伤的八路军王连长,却不幸被日伪军抓去,强迫她与一名日本指挥官成亲。小兰不甘心受辱,杀死了指挥官,从据点逃了出来。遇上带领民兵营救她的王连长,他们攻进据点,逮捕了罪大恶极的翻译官。

苗培时的《鞋》、李南力的《不屈》、晞晨的《地下英雄赵明友的故事》,也是战争题材小说中较为优秀的作品。

这一时期,山西根据地也出现了一些描写农村社会变革的小说,袁毓明的《由鬼变人》、康濯的《明暗约》以及葛文的《新娘》等,就是其中的代表作。

袁毓明的《由鬼变人》发表于1946年11月的《文艺杂志》第2卷

十六 抗战文艺全面开花

第 3 期上。作品讲述了农村二流子转变的故事。小说前半部分讲的是刘小七抽上大烟后,好吃懒做,偷人骗人,无所不为,堕落为二流子,老婆与他分家分居。后半部分讲的是刘小七的家乡被八路军解放,"世道变了……抽大烟的没有了,赌钱的悄悄不赌了,坏人往好处转了……"刘小七在村长的耐心教育下,在村里风气的感染下,痛改前非,由大烟鬼变为劳动英雄,完成由"鬼"到人的转变。这篇小说在当时引起强烈的反响。因为作者将笔触深入到农民的心灵深处,着力表现农民思想的转变、思想上的翻身。

康濯的《明暗约》以恒山下一个村庄开展减租减息运动为背景,展现了解放区农村阶级斗争的一个侧面。

葛文的《新娘》写农村妇女翻身的故事。主人公刘二妮 14 岁来到婆家,受尽折磨。边区政府成立后,刘二妮离了婚,靠双手养活自己,后来嫁了个工人。结婚那天,全村青年妇女兴高采烈,又扭又唱:"柳树开花一团金,寻人要寻抗日人,有吃有穿又光荣,每天起来打日本。"小说歌颂婚姻自由,歌颂农村民主政权的力量。

葛文的《记老崔》写于 1945 年,内容较为单薄,但首次提出了抗战胜利后有些农村干部生活开始腐化的问题,以此唤起人们的注意,很有教育意义。

敌占区的小说作品也不逊色 这一时期敌占区也出现了不少作品。有反映山西煤矿工人悲惨生活和进行斗争的小说。如张岱的《窑黑子》以敌占区矿工生活为题材,主人公刘生老家在浑源,五年前敌人在他家乡安下了据点,烧了他家的房子。他爹死了,两个弟弟投奔了八路军。他带着老娘和小弟弟到外地当了窑工。五年来,刘生拼死拼活劳动,全家仍然过着衣不蔽体、食不果腹的生活。五年后,八路军来了,抗日民主政府组织窑工成立了工会,刘生被选为工会主任,领导窑工和窑主进行说理斗争。在斗争中刘生经受了考验,逐渐成长为一名有觉悟的工人阶级战士。小说在广阔的背景下再现山西煤矿工人八年来在日本侵略者统治下，在窑主层层剥削下地狱般的悲惨生活，表现了一个普通窑黑子的翻身过程。

雷行的《算账》也是反映敌占区窑工生活的作品，既写了窑工们和窑主进行的经济斗争，也写了他们支援八路军游击队打鬼子的事情，具有鼓舞人心的力量。

还有表现日伪残暴统治下民众生活的小说，李古北的《大柳庄记事》，最初刊登在1946年《太岳文化》创刊号上，当时被称为"翻身文学"作品而广为流传。大柳庄青年农民韩小拴娶了一个俊俏媳妇葵花，却被地主儿子金保看上了。金保公开调戏葵花，小拴母子三人只有暗地里流泪。金保当上日本警备队的小队长后，干脆霸占了葵花，小拴依旧忍气吞声。金保得寸进尺，为把葵花娶回家，设计陷害小拴，小拴无奈离家出走。几年后葵花被金保逼疯、害死。参加了八路军的小拴带着连队攻进大柳庄，活捉了金保，大柳庄终于获得了解放。小说通过韩小拴一家的遭遇，真实地再现了敌占区黑暗的社会以及人民苦难的生活，而且艺术地揭示了一个真理：贫苦农民只有跟着共产党才能得解放。

李古北的另一篇小说《未婚夫妻》写于1945年。以抗战最艰苦时期的中条山农村为背景，描写了一对农村青年男女纯洁的爱情和他们对革命事业的忠诚。艾艾是东风嫂夫人的好闺女，心灵手巧，十分漂亮。日本兵没来时就许给了村里的穷苦人张来水。但张来水先是因为家穷，娶不起这闺女，后来，抗日战争爆发后，来水加入了中国共产党，是村里的支书，抗日工作忙，又没时间娶艾艾。这一年，日本军在村里安下据点，一队鬼子和伪军来抓艾艾，艾艾娘被日本兵杀害，艾艾被抓走。半路上，来水带领游击队打死了敌人救了艾艾。为了保护艾艾的安全，来水送艾艾到根据地去。小说的结尾，这一对未婚夫妻恋恋不舍地分手，艾艾"看着来水月光下的影子，想着天边上的姐妹们，想着未来的许多事物，一个劲地走了"。这篇小说将日伪残暴统治下的黑暗现实真实地反映了出来。同时，来水和他的游击队的英勇斗争，对抗战胜利的坚定信心，使得整个作品充满了昂扬向上的力量。

纪英的《约会》（写于1946年）是一篇颇有特色的短篇小说。一个日本军官中村大尉在八路军强大的政治和军事攻势下，"完全屈服"，认识到日本军国主义必然失败的命运，也看清了摆在自己面前的道路："或者是为了确保'治安'出来奋勇作战，做了'灵魂的凯旋'；或者是被他的部队杀掉脑袋，做了大日本皇军军律的牺牲；或者就学许多皇军一样，喝一阵酒，哭一阵以后，便自己结束了自己的生命。"他想起了应征时白发苍苍的父母暗暗抹泪的情形，也想起了年轻的杏子挽着他痛哭的情形，决定走另外一条道路。中村大尉冒着风险和八路军王教导员约会，表示愿意用自己的实际行动支援八路军。

诗歌内容的变化

这一时期的诗歌除一些反映战争题材的诗歌外，歌唱胜利、歌唱群众翻身解放的作品渐渐多了起来。

小空的《出击》、大卫的《送汤女》、马辛之的《夜课》等，是反映战争生活题材诗歌中较为重要的几首。《出击》描述了民兵巧袭汉奸碉堡、活捉汉奸恶霸"东半天"的故事，较好地刻画了民兵铁牛的英雄形象。"难道能打死虎大家吃肉，虎咬着各自受伤？"因病在家休养的胡铁牛，看到同志们每天捉汉奸，心里焦急万分，拖着刚刚病愈的身体赶上了队伍。在战斗中第一个爬上"东半天"的寨墙，活捉了狗汉奸。《送汤女》通过一位农家姑娘冒着枪林弹雨为前线战士送面汤的动人场面，表现了根据地人民对战争的支援，以及他们对子弟兵的热爱。小叙事诗《夜课》，以精练的笔触描绘了战士们在即将胜利的大形势下向敌军展开政治攻势的生动场面：

> 快越过那绵亘着的小丘,
> 快穿过那野草萋萋的坟场,
> 上去一个,
> 再上去一个,
> 快把碉堡紧紧锁住,
> 快爬上那节孝坊的脊梁
> ……

曼晴是晋察冀"新诗运动的播种人"之一,1943年他在雁北创作了表现军民情谊的优秀诗作《女房东》。徐明是晋察冀边区一位有影响的诗人,他创作的《汾河两岸歌谣》《兴县城小景》,表现了抗战胜利给根据地军民带来的欢乐。刘衍洲的《弹唱小王五》、张赛周的《致天水岭人民》、李文辛的《秋香》等,则是表现农民减租减息、土地改革、农民翻身的叙事诗中的代表。

这一时期特别值得一提的是"时代的鼓手"田间,他在此期间创作了《下盘》《拜年》等优秀短诗和长篇叙事诗《赶车传》(第一部)。《下盘》是田间1943年在盂平县写的一首纪实性叙事诗。

> 老汉像一只鸟,
> 从风雪里惊起,
> 头伏在岩上,
> 一粒米也不叫丢。
> ……
> 他的儿,哭不得,
> 尸首也收不得,
> 仍把两袋公粮,
> 一个人送走。

> 赶回来寻老汉,
> 尸首已像石人,
> 望着十八盘!

《拜年》也是一首叙事诗,写的是盂平县一位75岁拥军模范的故事。

1946年,田间创作并发表了以减租反霸、土地改革为题材的叙事长诗《赶车传》。这是一首意在为农民指出翻身之路的诗,共分15回。诗人在作品开头的《序》中这样写道:

> 贫农石不烂,
> 故事一大串,
> 有人告田间,
> 编了《赶车传》。
> 《赶车传》上说,
> 翻身有两宝,
> 两宝叫什么?
> 名叫智和勇。
> 智勇两分开,
> 翻身翻进沟;
> 好比树上鸟,
> 两翅一拍开,
> 山水都能过。

石不烂从自发的反抗到接受党的领导,取得斗争胜利,反映了中国农民在特定历史时期的历史命运。后来赵树理成功地将田间的这首《赶车传》改编为鼓词——《石不烂赶车》。这期间,田间还创作了不少有影响的街头诗，如《放下屠刀》《回头是岸》，还有揭露阎锡山屠杀人民群众的组诗《太原谣》。

毕革飞的快板诗《石头阵大败鬼子兵》，也是当时脍炙人口的佳作。"山西有个沁源县，围困鬼子是模范，中共中央表扬过，美名儿全国到处传……"全诗运用人民喜闻乐见的快板说书形式，讲述了抗日战争时期发生在沁源县的一个有趣的故事。民兵游击队机智沉着，借助天时地利，变不利处境为有利条件，摆起石头阵充当军队，最终把鬼子吓得狼狈鼠窜。

长期战斗在太行山上的诗人阮章竞，也是一个多产的诗人，但是由于日本侵略者疯狂地推行"三光政策"，他的作品大都在战乱中遗失了。《秋风曲》《牧羊儿》《民兵之歌》和长篇叙事诗《圈套》等作品，是其留存到现在极少的抗战时期的诗作。《秋风曲》是1938年写的短诗，反映了少妇为前线的"可心郎"赶制棉衣的情景。《牧羊儿》写于1940年，原是剧本《和尚岭》的插曲，写一个在河边为地主牧羊的孩子，受地主剥削压迫的痛苦生活及坚决参加八路军的心愿。1943年写了《儿童拾粪》："杨柳青青桃花红，拾粪的人儿晒得脸红，小狗跳，小猫叫，拾得一筐哈哈笑！"描绘的是大生产运动中的一幅小景。同年创作的《柳叶儿青青》是诗剧形式的演唱长诗，丈夫大东子晚上赌钱，白天睡懒觉，与当时大搞生产的气氛极不协调，后来在妻子的帮助下，思想转变，决心努力生产。《民兵之歌》是对敌后民兵的一曲热情赞歌。《圈套》是1947年年初写的一首著名的长篇叙事诗，反映的是土改时期农民与地主的尖锐斗争。

这一时期，在阎锡山统治的二战区，也出现了不少进步诗歌。如青年诗人李尤白创作的长篇叙事诗《吕梁山的野牡丹》，1946年在西安《国风时报·笔阵》上连载，描述了一对青年男女生离死别的爱情故事，颇受好评。

十六 抗战文艺全面开花

散文与报告文学的新收获

抗战后期，描写山西军民斗争生活的散文和报告文学也进入一个新时期。

1944年丁玲写了长篇报告《一二九师与晋冀鲁豫边区》，从八路军开赴山西前线，平型关首战告捷、忻口挫敌初建奇功写起，追述了第129师以太行山为依托，开展游击战争，建立抗日根据地的战斗历程。作品对边区经济战线上的对敌斗争，以及中国历史上前所未有的军民战胜大灾荒的业绩进行了叙述。

周而复自1939年9月从延安来到晋察冀抗日根据地，作为八路军总政治部与陕甘宁边区文协共同组织的第五抗战文艺组组长，在此生活了三年多时间。他的长篇报告文学《晋察冀行进》《诺尔曼·白求恩断片》，是根据他采访所得与生活经历写成。《晋察冀行进》写的是由晋西北过同蒲路到晋察冀军区的沿途见闻。作者以明快的笔调反映边区人民的崭新生活，反映边区人民在战争、生产和教育的浪潮中，精神面貌发生的巨大变化。与此同时，还用很多笔墨揭露了敌人制造的"无人区"惨景，这是当时同类题材所没有的。作品开始，便给敌人吹嘘的"东亚新秩序"画了一幅真实的实景图：一个村庄所有的房屋都被烧毁，一切活物连猪狗都没有了，全村近三百口人，只留下11人在死亡饥饿线上挣扎。作品以具体的数字、具体的时间地点，公布了敌人骇人听闻的罪行，日本侵略者"烧光、杀光、抢光"的政策，给中国人民带来了空前的灾难。在这一长篇报告文学中，还记述了晋察冀根据地的创建人之一聂荣臻的战斗经历与战斗风貌。作者用传神之笔，为人们绘出了一幅儒将出身的聂荣臻的战时肖像："一身草绿色的军服，马裤，脚上穿着一双草绿色的布底圆口鞋，扣着风纪扣"，"两个高耸的颧骨之间，是一条隆起的有点突出的鼻子"，"嘴像是永远在闭着"。但是在这严谨、整洁、寡于言笑的外表里，却蕴藏着极丰富的感情。特别是作者通过刘家舌战斗中聂荣臻与日寇巧于周旋的实例,让人们看到这位儒将超人的胆量和卓越的军事指挥才能,透过他对两个被俘的日本小女孩慈父般的爱抚,以及设法将她们以最快速度送到日方据点的故事,展现了他那宽广、博大的无产阶级革命家的胸怀。事隔40年后,被救的日本女孩之一美穗子来到中国,《人民日报》发表了《日本小姑娘,你在哪里》一文进行报道,成为中日人民友好史上的一段佳话。

《诺尔曼·白求恩断片》则是一曲高亢的国际主义精神的赞歌,作品真实、朴素地记述了白求恩在晋察冀边区的工作生活。全国抗战爆发后,白求恩大夫放弃了加拿大优裕的生活,越过重重封锁线,到达晋察冀边区。作品不仅描绘了白求恩高超的医疗技术、惊人的组织能力和对中国人民革命事业的无限热忱,同时也反映了白求恩大夫与边区人民的亲密关系。通过白求恩感人至深的事迹,表现了他的伟大品格。特别是对白求恩光荣殉职时的情景,以及他牺牲后边区人民哀痛的描述,令人久久难以忘怀。

华山在这一时期反映群众武装斗争和八路军游击队生活的报告文学,取得了很大成就。《窑洞阵地线》《碉堡线上》是最出色的两篇。《窑洞阵地线》是太行武乡地区广大民兵开展窑洞阵地战的真实记录,记述了人民利用窑洞抗击敌人而逐渐发展自己的过程。《碉堡线上》是一篇极富传奇色彩的佳作,描写18岁的游击队长小刘在敌占区开展斗争的故事。小刘灵活机警,智勇双全,常常出奇制胜,牵着敌人鼻子走。更为可贵的是,作品不是孤立地写小刘的英雄活动,也写了群众的对敌斗争。故事情节曲折,笔调明快,细节极富情趣。

杨朔作为一名随军记者转战晋东南、晋察冀、晋西北根据地之间,他在此时期创作的《铁骑兵》(1943年6月2日《解放日报》),主要讲述活动在山西左云附近的八路军骑兵某连,在通过一条公路时,队伍被敌人切断,其中一个班与大队失去联系,班长只好带着一班人巧妙甩开敌人的追击,去追赶大队。不料,却遭遇敌人的秋季"扫荡"。

十六 抗战文艺全面开花

他们在不熟悉的地方接连走了十几天，涉水爬山，星光下爬上了一个山头，山下忽显出一座灯火明亮的城市。班长判定是敌人驻地，就命令战士放了一排枪，引起城里敌人的骚乱。乘敌人放枪时，战士们悄悄地退下山头，来到一个村子，一问才知"这是包头"。次日，包头老百姓纷纷传说八路军有一团人来攻城，听此传言，刚刚调到雁北"扫荡"的日本兵吓得急忙退回包头，"扫荡"暂时停止，这一班骑兵终于平安地找到大队。这篇短小的作品，剪裁得当，情节引人入胜，充满浓郁的浪漫主义色彩。

作为新闻记者的穆欣，抗战期间在山西生活了 10 年时间，写下了《记王震将军》《记续范亭将军》等作品。穆欣 1940 年就认识了王震将军，后来王震南征北返后，穆欣对他做了详细的采访。抗战期间，王震任八路军第 129 师第 359 旅旅长兼政治委员，随贺龙来到晋西北，挺进雁北，旗开得胜，在雁门关外杀得敌人尸横遍野，血染黄沙，敌人惊称他的打法为"奇妙战术"。文章以简洁的笔法，记述了王震的战斗历程。从蒋介石第一次反共高潮，他回师陕北，保卫中共中央；到 1941 年、1942 年，他带领第 359 旅开赴南泥湾，把荒凉的南泥湾开垦成锦绣丰腴的"陕北江南"；再到 1944 年奉命率第 359 旅远征湘赣，身经百战，创立湘赣解放区；最后，1946 年"双十"协定后，他胜利回师中原，历时两年半，行程两万二千里，回到晋绥，创造了"中国军事史上的奇迹"。1945 年穆欣写的《记续范亭将军》，发表在晋绥解放区专为敌占区读者创办的《祖国呼声》上，后来又转载于重庆出版的《人物》杂志第 6 卷第 1 期，题目改为《忆续范亭将军》。这篇作品集中表现了这位从同盟会时代战斗过来的国民党元老，一生忠贞报国的革命精神。

续范亭，不仅是作家和记者笔下的将军，也是一个慷慨悲歌的文人。他一生不仅用枪炮和敌人战斗，同时还用笔做武器投向敌人进行攻击。他一生不仅创作诗歌，还写了大量富有文学色彩的政论、杂感和随笔，积极呼吁抗战。1943 年出现内战危机时，他奋笔疾书，以血泪交织的文字警告内战挑拨者。1944年他发表著名的《寄山西土皇帝阎锡山一封五千言书》,堪称绝作。全文洋洋洒洒,一泻千里,笔锋泼辣犀利,义正词严,充满了强烈的战斗精神和荡气回肠的满腔正气。"山西以一隅之地,进行了守土抗战……我看见山西有了光明,虽然是仅仅点出一支蜡烛来,光明不大,但我却和许多爱国的青年一样,像扑蛾似的,围绕着这点儿光明,不肯他去了。"对于阎锡山的破坏团结、制造分裂、投降妥协,作者予以淋漓尽致的揭露,并表达了要为抗战流血、与投降派誓死斗争的决心:"陵园自杀,流了我的满腔热血,并且每遇到可悲可愤的事情,我就又要流泪,又要吐血……呜呼!'时日曷丧,予及汝偕亡'。"他的《三年不言之言》,严厉警告阎锡山不要变成汪精卫第二,并以铁的事实,批驳其对八路军和新军的污蔑。1943年发表的《七七抗战六周年寄晋西北同胞及诸同志并以自勉》[①]中热情地赞颂了中国共产党所领导的抗日斗争,并且呼吁社会各界在统一战线的指导下与共产党一致团结抗日。

郑笃是在太行山根据地成长起来的作家,他的《英雄沟》描述的是发生在1943年敌人占领武乡县蟠龙镇之后的真实故事,武乡县漆树坡军民用窑洞保卫战粉碎了敌人的"扫荡"。同样反映"扫荡"的报告文学还有晋西北周元青的《解救》、太行区柯岗的《包围圈内》。

1942年10月22日,日军分七路进攻太岳根据地,占领了沁源,沁源人民配合太岳军区部队开始了长达两年多的围困敌人的战斗。董谦的一组报告文学《沁源人民已百炼成钢》《没有人民的世界》《山头英雄们》,就反映了1942年12月10日到1945年3月长达两年多的著名的"沁源围困战",产生了很大反响。

山西抗战文学从思想内容、体裁形式到艺术表现方式上,都越来越走向成熟。

---

① 续范亭:《七七抗战六周年晋西北同胞及诸同志并以自勉》,《抗战日报》1943年7月7日第4版。

十七、"七七七"文艺奖金征文

1942年《讲话》以后，抗战文艺走向全面繁荣。"七七七"文艺奖金征文就是在毛泽东文艺方针下边区文艺的一次新收获。

为了鼓励根据地文艺工作者文艺创作的热情，为了配合根据地的减租减息斗争，1944年，在七七事变的七周年之际，晋绥边区发起了"七七七"文艺奖金征文活动，提出文艺奖金征文活动的创作要求："一、在内容上，应以今年根据地的三大任务：对敌斗争、减租生产、防奸自卫为总方向，题材必然以工农兵为主要对象，并须贯彻毛主席'组织起来'的精神。在一定的题材里，希望能把组织前和组织后的生活对比写出。二、在形式、语言、构图、音调上，必须力求通俗，能为工农兵群众懂得。"[1]这次文艺奖金征文活动的评委有林枫、吕正操、张平化、张稼夫、汪小川、周文、王修、肖扬、杜心源、亚马、樊希骞。

征文活动发出后，晋西北抗日根据地的文艺工作者们立即行动了起来，"不只是驻兴县的部队和地方文化、文艺团体行动起来了，同时其他各地区、分区部队也动员起来了。《晋绥日报》还发表了一些文艺工作者响应号召、积极行动起来的消息。原文联各专业创作人员，每人都提出自己的创作计划，经集体研究、分析，做了正确的估计，肯定下来，带着创作任务，深入下去并给予创作环境"[2]。

"七七七"文艺奖金委员会于1944年9月18日的《抗战日报》上正式公布了征文结果。这次活动共收到戏剧53篇，散文43篇，诗、

---

[1] 《"七七七"文艺奖金征文缘起及办法》，《抗战日报》1944年3月2日第2版。
[2] 亚马：《关于晋绥边区文化、文艺运动的若干问题》，王一民等编：《山西革命根据地文艺运动回忆录》，北岳文艺出版社1988年版，第16页。

歌曲、唱词等10篇，图画17幅，共计123件作品。活动的评判标准为：第一，是否正确反映当前晋绥边区的三大任务和实际生活；第二，是否能够普及；第三，技术的好坏。①

根据评判标准，评出戏剧类甲乙丙奖共12篇作品，散文类乙等奖2篇，丙等奖3篇，图画和歌曲类各6个。其中，华纯、刘五、郭瑞、韩国集体创作的新型秧歌剧《大家好》及西戎、孙谦、常功、卢梦集体创作的眉户剧《王德锁减租》获戏剧类甲等奖；董小吾、杨戈等集体创作的歌剧《新旧光景》、严寄洲的话剧《甄家庄战斗》和眉户剧《开荒一日》，以及马利民将马烽小说《张初元的故事》改编的同名山西梆子作品获戏剧类乙等奖；新型秧歌剧《三个女婿拜新年》（王炎作）、新型秧歌剧《提意见》（王千羊、项军作）、话剧《打得好》（成荫作）、道情《大家办合作》（常功、胡正、孙谦、张朋朋作）、新型秧歌剧《劳动英雄回家》（王炎、刘锡琳作）、眉户《订计划》（丁之、文非作）获戏剧类丙等奖；李欣作小说《新与旧》、马烽作《张初元故事》获散文类乙等奖；孟繁彬作《转移》、胡海作《侯圪弹和他们的少年队》获散文类丙等奖；散文类甲等奖空缺。李束为的《租佃之间》和胡正的短篇小说《碑》也分别获了奖。

当时《抗战日报》《解放日报》连续发表社论、评论来评述获奖作品，认为是"毛主席文艺方针下边区文艺的新收获"，"是晋绥边区文艺运动的重大收获"，"也是敌后根据地文艺运动的极为珍贵的收获"。一年后，冯牧在《敌后文艺运动的新收获》一文中，对这次文艺征文获奖作品进行了归纳总结。认为这些获奖作品内容丰富多样，"不但尖锐地反映了当时当地的政治任务，而且是从各方面，以不同的方式反映了军队和人民怎样为执行党和抗日政府政策而斗争；不仅反映了人民的减租减息斗争，也反映了敌后根据地正在开展的大生产运动；

---

① 《毛泽东文艺方针下边区文艺的新收获》，《抗战日报》1944年9月18日第1版。

十七 "七七七"文艺奖金征文

不仅反映了敌后八路军在战斗和生产中的英勇、坚强,也反映了它的团结、巩固以及和老百姓之间的一家人似的融洽;不但反映了在新社会中人民是在怎样地成长和被培养成英雄,也反映了在旧统治下人民是怎样受摧残,被统治者推入痛苦的深渊"。

"七七七"文艺奖金征文活动,是对毛泽东文艺思想的一次实践;是文艺工作者们深入基层,参加减租减息运动,经过整风学习所带来的收获;是晋绥边区抗战文艺成果的一次大检阅。

参考文献:

一、著作

(1) 山西省文学艺术联合会编：《山西文艺史料》（第1—2辑），山西人民出版社1959年版。

(2) 吴伯箫：《吴伯箫散文集》，人民文学出版社1983年版。

(3) 董大中：《赵树理文集续编》，工人出版社1984年版。

(4) 董大中：《赵树理评传》，百花文艺出版社1986年版。

(5) 屈毓秀、石绍勋、尤敏、郑波光、郭文瑞：《山西抗战文学史》，北岳出版社1988年版。

(6) 王一民等编：《山西革命根据地文艺运动回忆录》，北岳文艺出版社1988年版。

(7) 杨义：《中国现代文学史》（3），人民文学出版社1991年版。

(8) 张国祥：《山西抗日战争史》，山西人民出版社1992年版。

(9) 傅如一、崔洪勋主编：《山西文学史》，北岳文艺出版社1993年版。

(10) 马烽：《马烽文集》（第7卷），大众文艺出版社2000年版。

(11) 丁玲：《丁玲全集》（第4卷），河北人民出版社2001年版。

(12) 山西文史资料编辑部编：《山西文史资料全编》（第1—10卷），内部图书，2001年。

(13) 张国祥：《山西抗日根据地的文化事业》，山西人民出版社2002年版。

(14) 杨品：《中国文学与山西》，大众文艺出版社2004年版。

(15) 张国祥：《山西抗战史纲》，山西人民出版社2005年版。

(16) 山西省史志研究院编：《赵树理传》，当代中国出版社2006年版。

(17) 丁帆：《中国乡土小说史》，北京大学出版社2007年版。

(18) 林贤治：《漂泊者萧红》，人民文学出版社2009年版。

(19) 杜学文、杨占平主编：《世界反法西斯战争中的山西抗战文学》

（上、下卷），北岳文艺出版社2010年版。

(20) 燕生纲、燕奇荣编著：《克难坡逸事》，中国国际新闻出版社2011年版。

(21) 钱理群总编，陈子善主编：《中国现代文学编年史——以文学广告为中心（1937—1949）》，北京大学出版社2013年版。

二、论文

(1) 郭沫若：《"板话"及其他》，《北方杂志》1946年第1卷第5期。

(2) 张书省：《论〈伟大的道路〉》，《西北大学学报》（哲学社会科学版）1986年第1期。

(3) 《马烽同志谈党对他的哺育和文艺工作者的使命》，《文艺理论与批评》1991年第4期。

(4) 郭文瑞：《椽笔抒情，浩气永存——略述抗战时期无产阶级领袖人物在山西的创作》，《三晋文化研究论丛（第2辑）——山西抗战文化研讨专集》，1995年7月。

(5) 唐长殿：《浅论山西抗战文学》，《山西师范大学学报》（社会科学版）1995年第S1期。

(6) 姚乃文：《在燃烧的土地上崛起的文学》，《三晋文化研究论丛（第2辑）——山西抗战文化研讨专集》，1995年7月。

(7) 尤敏、沉风：《走出空洞与苍白——在烽火中诞生成长的山西抗战文学》，《三晋文化研究论丛（第2辑）——山西抗战文化研讨专集》，1995年7月。

(8) 郭国昌：《文艺资金与解放区的文学大众化思潮》，《现代文学丛刊》2002年第4期。

(9) 高浦棠：《〈讲话〉公开发表过程的历史内情探析》，《西南民族大学学报》（人文社会科学版）2006年7月，总第179期。

(10) 韩晓莉：《战争话语下的草根文化——论抗战时期山西革命根据地的民间小戏》，《近代史研究》2006年第6期。

(11) 韩晓莉：《抗日根据地的戏剧运动与社会改造——以山西为中心的考察》，《抗日战争研究》2011年第2期。

(12) 熊坤静：《长篇小说〈吕梁英雄传〉创作的前前后后》，《党史博采》2012年第10期。

(13) 段丛学：《中华全国文艺界抗敌协会与40年代文艺运动》，转引自钱理群：《中国现代文学编年史——以广告为中心（1937—1949）》，北京大学出版社2013年版，第150页。

(14) 续范亭：《七七抗战六周年晋西北同胞及诸同志并以自勉》，《抗战日报》1943年7月7日第4版。

(15) 《"七七七"文艺奖金征文缘起及办法》，《抗战日报》1944年3月2日第2版。

(16) 茅盾：《关于〈李有才板话〉》，《解放日报》1946年11月2日。

(17) 陈荒煤：《向赵树理方向迈进》，《人民日报》（晋冀鲁豫版），1947年8月10日。

(18) 卞之琳：《客请——文艺整风前延安生活琐忆》，《光明日报》1991年7月16日。

(19) 马烽：《怀念孙谦》，《文艺报》1997年4月3日。

(20) 梁向阳、陈忠红：《"山药蛋派"的初次亮相》，《文艺报》2014年9月12日第5版。

第七篇

在战争风雨中克难办学
抗战教育铸就了民族自强的信念

山西自古就有重教传统。日军侵华使山西的教育进程受到干扰，教育事业遭到重创。有鉴于此，根据国民政府提出的"战时教育平时看，平时教育战时看"的要求，以及中国共产党所倡导的"改变教育的旧制度、旧课程，实行以抗日救国为目标的新制度、新课程"，当时的山西，特别是敌后抗日根据地遵循教育发展规律，根据不同地区、不同类型的教育需求，开展了灵活有效的教学活动。

在敌后根据地，为保障儿童教育，不少地方重建和改造小学，使孩子们在河边、在农场、在任何一个能学习的地方读书写字、唱歌跳舞；为培养战时所需各类人才，干部学校如雨后春笋般地建立起来，到处都洋溢着学员们乐观积极、努力学习抗日救国本领的气息；为扫除文盲、宣传抗日和丰富人民群众的业余生活，各类社会教育深入到千家万户，普及到老少妇孺，不同程度地提高了他们的文化水平和生活质量。1941年，中共中央北方局号召开展冬学运动，以提高人民群众文化水准，积极动员"反扫荡"作战。

在第二战区，初等教育普遍开展，南迁的山西大学克难生存，民族革命大学培养了许多抗战干部。在抗战教育实践中，涌现出一大批优秀教师，积累了丰富的教学经验。

在日伪统治地区，日本侵略者千方百计推行奴化教育，建立各类奴化教育机构，颁布一系列实施奴化教育的方针与政策。与此同时，反奴化教育运动也在悄然进行，积极进步的教育内容渗入日伪学校，各类打游击式的反奴化教学活动秘密展开，许多日伪所建立的学校成了抗日学校，日伪所雇请的教师及其学生成了抗日力量。诚如当时有文章所指出的：抗战以来，教育战线的重要性提到了历史上从来没有过的高度。文化教育战线就成了抗日战线的重要侧面之一，文化教育工作就成了抗日战争的重要武器之一。

一、民国教育模范省——山西

虽从清末以来，山西经济在全国排名有所下降，但山西在抗日战争前始终是教育强省。百年老校山西大学堂是全国最早成立的三所国立大学之一。民国之前，山西已经拥有2所大学和1所政府专门学校，4所师范学校，13所中学，98所高级小学，1948所初级小学，更为重要的是，有180名女孩在2所女子学校里接受教育。[①] 民国建立以后，阎锡山承之前几任巡抚热衷兴办教育的传统，"以国民教育培育根基，以人才教育铸就精英，以职业教育谋求生计，以社会教育感化民众"，山西各类教育得到了较大的发展。

山西——中国义务教育的策源地

1918年，主政山西的阎锡山开始施行义务教育。在20世纪前半叶山西义务教育一直居于全国首位，并直接带动了各省义务教育的实施。1924年，全省已入学的学龄儿童总数达105.6万余人，受义务教育儿童数占学龄儿童总数的百分比高达72.2%。[②] 1936年，山西省共有初等教育机构24177所，在校学生数为936456人，教职员34034人，总经费数为4171737元。当年，人口仅为山东省人口三分之一的山西省，小学校数为山东省小学校数的57%，入学儿童数为山东省入学儿童数的一半；

---

① 〔美〕E.A.罗斯：《变化中的中国人》，公茂虹、张浩译，时事出版社1998年版，第301页。转引自申国昌：《抗战时期区域教育研究——以山西为个案》，社会科学文献出版社2014年版，第21页。
② 中国民国教育部：《第一次中国教育年鉴》（1934年）丙编，台湾宗青图书出版公司1991年影印版，第503页。转引自申国昌：《抗战时期区域教育研究——以山西为个案》，社会科学文献出版社2014年版，第22页。

与辽宁省相比，山西小学校数是辽宁省小学校数的2.6倍，在校生数是辽宁省在校生数的1.56倍，教职员人数是辽宁省教职员人数的2倍。[①]教育家陶行知曾评价说，"中国除山西省外，均无义务教育可言"[②]，"山西是义务教育策源地"[③]。

传统与现代、应时与务实相结合的中等教育

民国时期，山西的中等教育发展水平在全国范围内仍属前列。1930年，全省中等学校51所，在全国排第12位，学生数9399人，在全国排第14位。[④]其中，进山中学和川至中学是阎锡山亲自创办的两所私立中学，在办学思路和实现途径上充分体现了传统与现代、应时与务实的教育观念。两所学校经费充足，设备先进。川至中学在初创期，除支付全部基建费用外，阎锡山还将10万元存入由他开办的德生厚银号，作为川至中学的基金，以其利息为该校的日常经费。两所学校设施齐全，有大礼堂、会议室、生化研究室、标本陈列室、体育场等等。还有许多教学仪器都是从国外进口的。[⑤]两所学校师资力量雄厚。1925年前后的进山中学，教职员中留学国外的有5人，北京大学毕业的有2人，北京师范大学毕业的有8人，金陵农业大学毕业的有1人，山西大学毕业的有5人。[⑥]教学过程中，教学方法多样。分团教学法、养蚕抽茧式教学法、观摩操作和实验教学法都灵活运用。最值得一提的是，学校非常注重培养学生服务社会的能力。川至中学设立学生社

[①] 中国第二历史档案馆编：《中华民国史档案资料汇编》（第5辑第1编·教育（一）），江苏古籍出版社1991年版，第580~587页。
[②] 华中师范大学教育科学研究所编：《陶行知全集》（第1卷），湖南教育出版社1984年版，第227页。
[③] 陶行知：《陶行知全集》（第2卷），四川教育出版社1991年版，第245页。
[④] 中国民国教育部：《第一次中国教育年鉴》（1934年）丁编·教育统计，台湾宗青图书出版公司1991年影印版，第104~105页。
[⑤] 陈应谦：《阎锡山与家乡》，山西古籍出版社1995年版，第117页。
[⑥] 徐崇厚：《抗战前的进山中学》，《山西文史资料》（第38期），山西文史资料编辑部1999年版，第104~105页。

民国教育模范省——山西

会服务团和学生售品所，同时为了锻炼学生的动手操作能力，学校还开办了纺工、木工、印刷工等实习工厂。[1]

开放自由、管理规范、门类齐全的高等教育

民国时期山西的高等教育在全国范围内可以说发展得非常成熟。从量上看，1918年全国26个省中，共有公立专门学校47所，平均每省只有1.8所，山西有3所。山西有公私立高校8所。1931年，山西共有省立专科以上学校6所，在全国各省省立高校中在校人数、办学质量、办学规模与经费投入等均居全国前3名。[2]1922年，山西排名第一，其中省立专科学校数3所，居全国第2位。[3]从质上看，山西高等教育早已形成自己的特色。各校办学思路明确，办学理念超前。当时山西大学治校方针就是"思想开放、学术自由"。与此同时，学校的机构健全、管理规范，各院校、处室责任明确，师资队伍雄厚，外籍教师、国学大师、海归人士云集校园，院系、专业分类细致、齐全，1934年的山西大学共有文、理、工、法、教育5个学院，学院下设诸多系部。

体系完善、务求实效的职业教育

与其他各类教育相比，山西的职业教育同样非常发达。1921年，山西有60所职业学校，在全国排第4位。1925年，山西有职业学校151所，在全国排第2位。1931年，全国共有省立农工商专业学校8

---

[1] 申国昌：《守本与开新——阎锡山与山西教育》，山东教育出版社2008年版，第251~274页。
[2] 中国第二历史档案馆编：《中华民国史档案资料汇编》（第3辑·教育），江苏古籍出版社1991年版，第181~186页。
[3] 中国民国教育部：《第一次中国教育年鉴》（1934年）丁编·教育统计，台湾宗青图书出版公司1991年影印版，第40~41页。

所,山西就有3所。[①]抗战前山西共有甲种实业学校7所,在全国居前5名;乙种实业学校51所,居全国第3位。除高等职业教育、中等职业教育、初等职业教育外,山西省从1918年开始到20世纪30年代,还根据经济发展需要开展了分门别类的职业补习教育。如商业传习所、农民传习所、医学传习所、林业传习所、银行簿记传习所等等。而各类正规职业教育的发展往往也是结合当地经济,开办特色专业。例如,省立第一职业学校,地处地势平坦、气候温和、土壤肥沃的粮食主产区——晋南,因此作物栽培方法、种子改良、肥料配合等技术是该校的主攻专业方向。

[①] 何炳松:《三十五年来中国之大学教育》,《最近三十五年之中国教育》(上卷),商务印书馆1931年版,第127页。

二、日本侵略者对教育资源的毁灭性破坏

抗战时期，日军对山西各方面资源的破坏都是具有毁灭性的，教育也不例外，校舍被烧被抢，高等院校被迫停课解散，图书、仪器设备被抢被毁，山西教育事业遭到了致命打击。

学校数量的大幅减少和教职员备受迫害

抗战前本来基础较好的山西初等教育，在日本侵略者的破坏下，1942年的小学校数和入学儿童数比沦陷前的1937年分别减少了91.24%和77.08%。1934年，忻州代县共有初小198所，在校生10565人，到1941年，初小减少至150所，学生减少至4080人，减少了61.4%，儿童失学率高达46%。[1]抗战期间的浑源县，全县小学校减少70%，入学人数减少80%，教师减少75%以上。[2]据解放区救济总会晋冀鲁豫分会所提供的资料，据不完全统计，抗战八年中，日本侵略者烧毁和摧毁中等学校（包括初中、高中、乡村师范、高师及职业学校）305所，高级小学1400所，初级小学3万所，民众教育馆150处，民众学校1000处。[3]

伴随学校数量的减少，爱国教师和进步知识分子也遭到了日本侵略者的大量逮捕和屠杀。1937年日本人入侵前，山西拥有初等学校教职员58234人，到1938年，教职员为27384人。1941年11月至1942年2月，日伪先后在大同进行了4次逮捕活动，抓捕教师200余

---

[1] 黄培业、高开源主编：《代县志》，书目文献出版社1988年版，第319页。
[2] 浑源县志编纂委员会编：《浑源县志》，方志出版社1999年版，第529页。
[3] 齐武：《晋冀鲁豫边区史》，当代中国出版社1995年版，第352页。

人。①1943年到1944年，太原宪兵队在太原各中学抓捕数十名教师。1940年冬，日伪军将盂县东乡、北乡的边远山区划为火焚区，将那里的45所学校化为灰烬，杀害了数十名教师。被抓捕到的教师，经历吊打、石压、冷冻、插竹签、电击、下水牢等各种手段毒辣的酷刑，受尽折磨，不少教师死得惨不忍睹。

麻痹、毒化民众的奴化宣传和教育

除了利用烧、杀等残酷手段摧毁原有教育资源外，日本侵略者还专门设立各类奴化教育机构，如"新民会""协和会""大民会"等反动组织，开办各种奴化教育培训班，进行奴化宣传活动，到处宣扬所谓的"中日亲善""共存共荣"等虚伪理论和说法。还通过收买、欺骗、利诱、麻醉等卑劣手段，对青少年学生和社会各类群体进行奴化训练和奴化教育。甚至利用旧有封建道德、文化，来抵触和排斥民主进步的先进文化。

山西是中国共产党抗日战争的重要腹地。抗战期间，山西境内有三块革命根据地，晋东北和雁北属于晋察冀根据地，晋西北属于晋绥根据地，晋东南属于晋冀鲁豫根据地。②抗日根据地分布在山西的崇山峻岭中，条件异常艰苦，但教育活动却开展得非常积极，并取得了较大的成绩。据1940年民国教育部统计，中国共产党共有52个在全国影响较大的教育机构，其中设在山西的就有10个，占全国总数的19.23%。③

当时根据地教育活动的开展主要依据几个原则：教育必须为抗战

---

① 行定远：《日军在大同惨杀知识分子的概况》，《山西文史资料》（第25辑），山西省政协文史资料研究委员会1983年编印，第107页。
② 申国昌：《抗战时期区域教育研究——以山西为个案》，社会科学文献出版社2014年版，第45页。
③ 中国第二历史档案馆编：《中华民国史档案资料汇编》（第5辑第2编·教育（二）），江苏古籍出版社1991年版，第552~555页。

二　日本侵略者对教育资源的毁灭性破坏

服务，反对"教育救国论""教育无用论""教育清高论"等；工农大众应享有受教育权，不能被排斥在学校之外；学习马列主义；结合生产；理论联系实际。根据晋察冀边区第一次军政民代表大会精神，当时文化教育工作的目标与任务主要有以下几个方面：高度发扬的民族精神，一切为了抗日救国；培养军事政治干部，加强抗战力量；造就专门技术人员，建设抗战期间的各项事业；培养热情的新青年，扩大民族革命的基础力量；提高人民群众的民族觉悟和文化水平，团结一切可以团结的力量。

三、敌后根据地重建、巩固和发展初等教育

抗战期间,山西省内各地区小学校遭到日军的严重破坏,而根据地则不断地恢复、重建、巩固和发展初等教育,成绩显著。

地处晋东北的北岳区,政府恢复了被日伪军破坏的中、小学,在70%以上的行政村建立起免费、普及性的义务教育小学,并建立高级小学208所,学生1万余人,中学8所,学生2400人。[①] 抗战初期,晋东南地区的学校教育几乎处于停顿状态。1938年4月,粉碎了日军的九路进攻后,根据地的党和政府才着手恢复各类学校。为恢复和发展教育事业,边区政府废除了打骂制度,实行普遍动员,儿童入学人数迅速提高。(表1为1942年至1946年6月前太行区小学校的数量情况。)

表1:太行区1942—1946年6月前小学校的数目[②] 单位:个(人)

年度	学校数	增加指数(以1942年为100)	入学儿童	增加指数(以1942年为100)	说明
1942	1237	100	52885	100	22个县
1943	1718	139	68186	129	同上
1944	2530	204	125556	237	同上
1945	3281	265	(缺)	——	24个县
1946(6月份前)	4684	378	239170	452	36个县

说明:此表是根据太行《新华日报》的数字及晋冀鲁豫边区政府教育厅1946年3月发表的《晋冀鲁豫边区一年来教育工作的统计材料》编制的。

---

① 侯伍杰主编:《山西历代纪事本末》,商务印书馆1999年版,第1070页。
② 齐武:《晋冀鲁豫边区史》,当代中国出版社1995年版,第354页。

三 敌后根据地重建、巩固和发展初等教育

与此同时，一些先进县初等教育发展迅速。晋东辽县、黎城、榆社等6县学校已恢复到战前的81%以上，潞城、陵川等3县已恢复到93%以上，有些地方超过战前。①1946年年初的左权县，165个行政村中有234所初小、6所高小和6个高级班。入学儿童10111人，占学龄儿童11943人的84.6%，有些村庄几乎能够做到学龄儿童全部入学。1944年统计资料显示，黎（城）北县共有学龄儿童3946人，入学儿童3406人，入学率为86.3%。②与此同时，更多农家子弟走进了学校。（见表2）

表2：1945年太行区陵川等25个县54个高小4346个学生家庭出身情况③

成分	人数	比率
地主	230	5.2%
富农	819	18.8%
中农	2477	57.0%
贫农	693	16.0%
其他	127	3.0%

想方设法改善教学条件

根据地建立初期，各地学校受战乱影响，破坏严重，连基本的教学条件都不具备。还有一些地方从来就没有学校，开办学校的困难很多。小学教育发展，一没教员，二没教学场所，三没经费，更让工作难以开展的是老百姓还没有让孩子上学的习惯。但是，干部和群众仍然能够一心努力，根据地的小学很快就发展起来了，这对人才供给起到了极大的促进作用。当时大部分高小毕业生，都成了后来的重要干部。④

困难一：没教员，即使有教员，也是文化水平参差不齐。根据地

---

① 侯伍杰主编：《山西历代纪事本末》，商务印书馆1999年版，第1072页。
② 齐武：《晋冀鲁豫边区史》，当代中国出版社1995年版，第355页。
③ 同上书，第354页。
④ 王谦主编：《晋察冀边区教育资料选编》（回忆录分册），河北教育出版社1990年版，第19页。

要想恢复小学教育，首当其冲要解决教师的问题，但是当时各地教师都非常紧张，即使有教师，教师的文化水平也不一致，总体上还需要进一步的培训。而且当时教师工作很忙，管的事情多，上的课也多。小学要管，有的还管民校，还得帮助村干部写写画画，宣传工作也要兼顾。[1]一个小学教师，教三十多个儿童的现象非常普遍。一天到晚，除上课、当老妈、做饭洗衣服，还要给老百姓解决很多困难和问题。[2]如灵丘县东河南镇西沟村小学教师孙虔，又教书，又干抗日工作。他动员自己的母亲和妻子参加妇救会，又配合地下党组织把民校开办起来。他还经常给群众讲团结抗日的道理，教大家唱救亡歌曲，还要跟敌人的欺骗宣传和奴化教育做各种斗争。[3]当时在那种艰苦条件下，根据地除通过建设一些干部学校解决师资不足的问题，还有不少提高整体教师队伍水平的有效方法，这些方法时至今日，仍值得我们学习。

办法一：每年寒暑假，专署和县根据需要开办教师短训班，目的就是提高教师水平。

办法二：政府搭建平台，教师交流经验，互教互学。

办法三：传帮带。老教师言传身教带新老师。

办法四：自拟计划，自我学习。

以五台县为例，针对教师文化水平低的问题，想方设法培养教师队伍。仅1939年2月到1940年9月在耿镇、西奔石村，就举办过四期师资培训班。每期两个月，共培训了五百多人。县政府对教师业务培养主要采取了以下措施：

---

[1] 王谦主编：《晋察冀边区教育资料选编》（回忆录分册），河北教育出版社1990年版，第2页。
[2] 伟：《边区小学教师的英勇斗争》，《晋察冀边区教育资料选编》（续集），北京师范大学出版社1991年版，第308页。
[3] 灵丘县教育史办公室：《士可杀而不可辱——记一位高尚的人民教师孙虔同志》，《晋察冀边区教育资料选编》（回忆录分册），河北教育出版社1990年版，第347页。

三 敌后根据地重建、巩固和发展初等教育

1. 每年秋假，县集合教师进行短期一个月培训，一般前半月学时事政治，后半月学习教学业务或进行文化测验。

2. 中心学区是教师交流经验、互教互学的主要场所。每个中心学区都要配备一些文化水平较高的教师作为辅导员。在每半个月一次的中心学区会上，全学区教师由中心校长领导，进行集体备课和业务文化学习活动。

3. 凡是有两个教师的学校，其中都要配备一个文化较低的教师（一般为实习教师），以师带徒，学习提高。完小高级班教师也承担培养初小教师的任务。

4. 要求每个教师每天保持两个小时的学习时间。每人订出学习计划，备有学习笔记。教啥学啥，教学相长，缺啥补啥，学以致用。能者为师，互教互学。教师学习成绩和帮助别人学习的活动，都当作鉴定评模的必要条件。[1]

困难二：办学条件起点低，即使开办了学校，条件仍然很差。1938年5月，在一次教师座谈会上有教师代表反映："现在有不少村庄没有校舍，有的教室没有门窗、黑板、教桌，屋里、院里、厕所很不成样子。像这些起码的教育条件都没有，直接影响到学生的学习和身体健康。"[2] 如灵丘县老湾沟小学，一间校舍都没有，"借用老寡妇的一间破房做学校，在炕上用石头支起从户家借的木板当课桌……学生没钱买纸笔，老师利用放学后的时间带学生上山砍柴，卖下钱给学生统一买文具"[3]。针对这种情况，教育部门采取了相应的解决办法，比如在分财主房屋与财产时，将教学必需品考虑在内，如校舍、教室、厕

---

[1] 檀凤栖、刘子芳：《晋察冀边区五台县学校教育的几个特点》，《晋察冀边区教育资料选编》（回忆录分册），河北教育出版社1990年版，第99～100页。

[2] 《边委会关于实验强迫儿童入学的指示》，《晋察冀边区教育资料选编》（教育方针政策分册下），河北教育出版社1990年版，第11～12页。

[3] 李成春：《回忆老湾沟西峪回小学》，《晋察冀边区教育资料选编》（续集），北京师范大学出版社1991年版，第492页。

所、黑板、课桌、门窗以及卫生工具等等,确保根据地的学校教学。与此同时,学生和教师也积极寻求各类解决办法。

办法一:各校自造文具与教学用具。1940年6月,晋察冀边委会主任宋劭文在边区文教会议上讲道:"文具中的纸张、笔、墨、砚台等我们今天都可以制造,就是铅笔现在还不能自制,我们可以大量制造毛笔。"[1] 孟阳县(今盂县与寿阳县交界处划出的一个县)李庄小学把厚而窄的木板中间凿个方孔,用木条穿起来,当黑板。平时把黑板卸成木条,由学生分别保管,等到山上上课时凑起来便是一块黑板,他们将其称为"黑板上山"。没有粉笔,就用陈石灰或白黏土当粉笔;没有桌凳,就用土坯垒土桌土凳,或两端垒起土坯,上面架木板来读书;没有墨,就用红土或锅烟灰和黑豆汤代替;用杏核、草珠做算盘,用子弹头做钢笔,用手榴弹壳做墨水瓶。教师还创造了土造的油印机、油墨、胡琴等。[2]

办法二:教师和村民自建校舍。据模范教师高明远所述:我们的学校在离敌人据点仅有十来里的一个山庄里,二年中(1940年秋季反"扫荡"后)敌人对我们进行了二十多次的"扫荡",学校的房子被敌人烧了三次,我们盖了两次。我们盖房非常简单,材料不用花钱,山上有树林,墙是现成的,砍几根木头,架起来,上边盖上草、铺上土就是一所房子了。窗子伏天敞开着,冬天用木条编一个,糊上纸就可以了……课本问题,国语三四年级自抄,一二年级我在课余时间代他们抄写。石板石笔问题,我们用烧了房的石片,蘸着水把它磨光,就是很好的石板。将山坡上的黄色软石用小刀锯成小条,就是很好的石笔。[3]

---

[1] 王谦主编:《晋察冀边区教育资料选编》(教育方针政策分册上),河北教育出版社1990年版,第173页。
[2] 刘松涛:《华北抗日根据地用革命办法办学的几点体验》,《人民教育》1951年第2期。
[3] 高明远:《坚持在教育阵地的前线上》,《教育阵地》1943年第1卷第6期。

三 敌后根据地重建、巩固和发展初等教育

困难三：办学没钱，牙缝里"挤"。根据地稳定下来后，小学经费政策总的趋势是统筹统支，但同时根据各地具体经济情况灵活实行。长期实行统筹统支的县，仍旧实行。没有实行的各县，实行村合理负担。贫苦的村庄，所属县给予补助。后来，边区政府财政形势异常严峻，不能直接拨付现款，只能以粮代款。规定小学开办费为60斤米，每增加一个班，增加15斤米。教师生活实行供给制，待遇与干部一样，每天供给1.4斤小米，政府一年提供两身衣服。如遇战事吃紧，有时教师长时间"吃不到盐，吃不到菜，没有衣服换，没有被子盖，是常有的事"①。根据地主要依靠广大群众通过生产劳动和节俭办学等办法来解决经费紧张等困难。

办法一：有计划地组织学生家长集体开荒、运输、打柴来解决学校经费。如教师的家在村，便由学生家长为教师代耕，或利用拨工的办法来解决教师的家庭困难。

办法二：有的地方采取自由捐献或把村里公众的不动产变为动产投入合作社，用合作社的红利来供给学校开支的办法。

办法三：师生参与生产劳动，学生还要勤工俭学，以解决自己的课本费和文具费问题。如教师自己种植蔬菜；学生利用星期日集体打柴，解决教室里冬天的烧柴和灯油问题。北岳区和太行区不少农村学校，"组织女生在课外休息时间纺线，男生给合作社砸核桃、打麻经、印农历出卖，以解决课本和其他文具的费用"②。

边区初级小学实行免费教育，而高级小学实行收费教育。由于边区政府倡导开展垦荒生产运动，因此经济状况有所好转。1941年下半年开始在每区的高小中设2名公费生，其待遇为：不仅免除学费，而且每人每天供应小米1斤3两，菜金1角2分，提供免费课本。录取

---

① 《边委会关于小学辅导冬学运动的实施办法》，《晋察冀边区教育资料选编》（初等教育分册上），河北教育出版社1990年版，第16~18页。
② 刘松涛：《华北抗日根据地用革命办法办学的几点体验》，《人民教育》1951年第2期。

条件是家境贫寒、学业成绩优良、初小毕业；选拔工作由村公所和本村小学根据上述标准报送家庭状况与学业成绩表。但是，如果公费生入学后，学习不积极，成绩低劣或旷课事件达三分之一以上者，得停止公费。① 同时，对教员实行津贴制，即对教员"酌发一些生活费，但是没有超过10元的。然而，这已是边区各级津贴费的最高数额"②。

1940年秋天，边区政府给位于灵丘县下关区中庄村的边区第二中学的每个学生发了一套灰布棉衣，同学们都非常高兴，深深地感受到党对学生的关怀，学校里呈现出一派喜气洋洋、朝气蓬勃的革命景象。学生们乐观地说："天当被，地当床，小米、玉茭是主粮，上课在树林，活动河畔上，欢声笑语歌声亮，学好本领打东洋。"③

困难四：学生易处于"三天打鱼，两天晒网"的失学状态。根据地所在地区，自然条件差，经济发展也较为落后，很多群众没有让孩子上学的意识和习惯，加上家里劳动力不足，孩子们通常得帮助家里劳动，不能经常到校。为此，地方上就想了很多种办法帮助孩子解决不能读书上学的问题。

办法一：巡回教学。儿童入学打破区村界限，独立的两个或几个小学可以合并起来成立一个巡回小学。这样学校不致取消，孩子们也不致失学。而且考虑到很多初小学生往往因为要帮助家庭劳动，不能经常到校，就实行半日一巡回或者隔日一巡回，保证空出一半时间来，让学生帮助家庭劳动。④

办法二：复式教学。高小有两个年级的，一年级或二年级不够三十个人，或者两个年级都不够三十个人，就可以合并成一个班，进

---

① 牢寒：《边委会公布选取高小公费生办法》，《晋察冀日报》1941年7月27日第3版。
② 李公朴：《华北敌后——晋察冀》，生活·读书·新知三联书店1979年版，第138页。
③ 灵丘县党史办：《回忆边区第二中学》，《晋察冀边区教育资料选编》（回忆录分册），河北教育出版社1990年版，第209页。
④ 健秋：《整理小学中的几个问题》，《教育阵地》1943年第1卷创刊号。

三 敌后根据地重建、巩固和发展初等教育

行复式教学,这样节省人力和财力,更重要的是不至于因为学生人数少而不能开学。①

办法三:通过下发政策规定,寻找各种保证儿童入学的办法。1941年1月,晋察冀边区行政委员会下发的《关于普及国民教育的指示》中明确规定了动员儿童入学的方式方法。如,以广泛政治动员深入宣传解释为主,必要时得配合政府法令强迫入学;通过各群众团体,利用组织力量,进行深入动员;发动在校儿童以动员新战士为精神,发起动员竞赛;小学教职员利用家庭访问或召开恳亲会等方式自行动员;教职员在教学及管理方式上提高儿童入学之情绪,纠正一切不合理的教学及管理方式,争取广大儿童踊跃入学。②又如1941年,晋冀鲁豫边区政府颁发施行了强迫儿童入学的暂行办法。③

贴近时代的教材和因地制宜的课程

根据地刚建立时,小学课程主要有国语讲话、抗战常识、算术等,因为课本难以从外面运进来,所以由行政委员会编审,当时的印刷条件很困难,油印机并不多,只能用石印的方式印好后,发到各县;各县再翻印后,发到各区,这样依次翻印传送下去,到达学生手中。有时在教材紧张的情况下,只好让师生抄写课本。而且,当时的教学内容中政治方面占60%,主要是宣传抗日方面的内容。④1941年边委会颁布的《边区小学校暂行办法》规定,初级小学课程及其所占比率:国语30%,常识20%,算术25%,歌咏5%,工艺(劳作、绘画、手工)10%,体育游戏10%(如表3所示);高级小学课程设置情况为:国语

---

① 健秋:《整理小学中的几个问题》,《教育阵地》1943年第1卷创刊号。
② 王用斌、刘茗、赵俊杰编选:《关于普及国民教育的指示》,《晋察冀边区教育资料选编》(续集),北京师范大学出版社1991年版,第1页。
③ 长治市老区建设促进会编:《长治革命老区》,山西人民出版社2007年版,第209页。
④ 李公朴:《华北敌后——晋察冀》,生活·读书·新知三联书店1979年版,第138页。

25%，算术 20%，政治常识 10%，自然常识 10%，历史 5%，地理 5%，歌咏 5%，工艺 10%，军事体育 10%（如表 4 所示）。①

表3：1944年晋察冀边区北岳区初小课程比重表（每节时间单位：分钟）

科目		国语	算术	习字	美术	唱游	共计
每周节数		12	6	3	1	2	24
每节时间	一二年级	30	30	30	30	30	720
	三四年级	50	50	30	30	30	1080

资料来源：《北岳区小学暂行方案》，《晋察冀边区教育资料选编》（初等教育分册上），河北教育出版社1990年版，第132页。

表4：1944年晋察冀边区北岳区高小课程比重表（每节时间单位：分钟）

科目	国语	算术	历史	地理	公民	自然	音乐	美术	体育	习字	合计
每周节数	7	6	2	2	2	3	2	1	1	2	28
每节时间	50	50	50	50	50	50	30	30	30	30	1280

资料来源：《北岳区小学暂行方案》，《晋察冀边区教育资料选编》（初等教育分册上），河北教育出版社1990年版，第132页。

当时根据地初等教育的教材内容也非常丰富，如在闻喜县革命老区陈家庄发现一册民国三十四年（1945）五月出版的《战时新课本》之第八册《国语常识合编》，长 18 厘米，宽 11.5 厘米，土纸油印，竖排，共 66 页，适用于初级小学第四学年第二学期。它由田丰编辑，晋冀鲁豫边区政府教育厅编审委员会审定，太岳新华书店发行。该课本共 60 课，内容涉及文学、历史、自然等诸多方面。有散文《随同学野外写生记》《日本印象记》，有通讯《大后方青年敬爱八路军》《官僚主义的区长》，有公文写作《调查研究》《应战书》，有卫生知识《人体谈话》《公共卫生》，有自然知识《汽》《雾》，有歌曲《战斗生产》，有历史人物《史可法》，有革命领袖《斯大林》，有国际友人《白求恩》，有记述当时我军将领的《徐向前师长》《贺龙萧克二将军》，还有关于毛

---

① 《边委会颁布边区小学校暂行办法》，《边区教育》1941年第3卷第6期。

三 敌后根据地重建、巩固和发展初等教育

主席的故事《吴满有给毛主席代耕》《毛主席接见合作社英雄》等，每篇课文后都有练习和问题。课本图文并茂，结合课文内容，绘制了许多插图。如《人体谈话》一文中就插入人体结构图。[①]

同时，规定教材的编审由教材编审委员会组织进行，该委员会由边区教育处、群众团体、文救会、抗大、联大、干校等多方人士组成，编写的指导思想是"教育内容从复古的、武断的和迷信的，改变为革命的、战斗的、民族的、民主的、科学的、大众的。学校生活，由压迫儿童、青年思想的专制制度，读死书、死读书的制度，改变为民主的、活泼愉快的与实际抗战工作联系起来的生活"[②]。编写原则是"分组编辑，集体审查"，然后分头或分区复印；巩固区与游击区使用不同的教材。当年，边委会组织重新编写高小教材，通过石印手段，共印了22.2万册，盂县、定襄县、灵寿县等各县也努力翻印教材，这样教材问题就解决了。1942年1月，边委会决定初高级小学均由秋季入学改为春季入学，教材一律由华北联大改编，但因一时难以满足整个边区需要，因此决定算术仍用旧教材，国语、常识等使用联大改编的新教材。若不足，各署县可以自行排印；解决课本的方式有5种：铅印、油印、石印、木板印、手抄；万一有的地方还不能完全解决教材问题，暂时可以让学生两人使用一套。灵寿县还颁布过"爱护课本公约"，倡导一本课本，哥哥姐姐用过后，由学校统一收购，再分发给下届学生，这也是解决课本问题的一个好办法。

另外，教材编写一改过去传统死板的模式，而采取灵活多样、生动有趣的方式去编写边区小学教材。无论是国语教材，还是抗战常识，多采用讲故事和典型事例的形式来展现。譬如：历史部分要编入重要的革命故事与革命纪念日，让学生有深刻记忆；抗战常识课本，

[①] 樊太民、王沛郁：《闻喜发现〈战时新课本〉》，载山西新闻网：http://www.sxrb.com，2008年9月19日。
[②] 同上。

包括《日本为什么要侵略中国》《打日本救中国》《好男儿上前线》《帮助抗日军和鬼子拼命》《自卫队》《肃清汉奸》《慰劳伤兵》《优待抗战军人家属》《执行坚壁清野》等内容。[1] 每篇课文下面均配有图画,如《慰劳伤兵》课文中,就画有男女学生拿着水果、毛巾等在和伤兵谈话;《坚壁清野》课文中,画有农夫在破坏敌人的桥梁、埋藏粮食等。

反映现实生活的教材 各地均根据当地孩子们生活实际编写小学教材,课文中所讲内容均是当地学生最熟悉的与现实生活相关的内容。农村小学课本,主要讲与农村相关的内容;城镇小学课本,重点讲与城镇生活密切相关的内容。边区五台县为农村小学编写的语文教材中,就包括了各种各样的农村应用文体写作,如写路条、开收据、记账、写信、写契约、写日记、写报告、写对联、写通知等基本常识;各地小学还根据当地生产与生活实际,采用《四言杂字》《三字经》等编写补充教材。[2] 种土豆的地方,就在课本中增加与之相关的知识;种棉花的地方,就增加关于棉花方面的知识。教学时,也可灵活处理,到春天植树的季节,就将语文课本中"植树"课专门挑出来先讲先学。常识课本中还介绍了一些抗战和生活的知识,如"简单包扎法""简单的防毒法""火药的制造法""白干土作粉笔""黑豆汤染灰布"等[3],旨在指导实际工作。

根据地小学教育始终围绕与生产劳动相结合这一主题,因而在确定教育内容、编写教材、制订教学计划时,均十分注重突出生产知识和技能的学习。坚持"做什么学什么"的原则,将教育与实际生产活动紧密结合。如开展大生产运动时,就在常识中讲"耕三余一""防旱备荒"等;植树时,就讲"植树法"。不少学校将生产劳动列入正式教

---

[1] 克寒:《模范抗日根据地的晋察冀边区·崭新的边区教育》,《新华日报》1938年9月3日。
[2] 檀凤栖、刘子芳:《晋察冀边区五台县学校教育的几个特点》,《晋察冀边区教育资料选编》(回忆录分册),河北教育出版社1990年版,第96页。
[3] 刘松涛:《革命战争中对儿童进行爱国教育的点滴经验》,《人民教育》1950年第3期。

三 敌后根据地重建、巩固和发展初等教育

育内容,如阳高县姚乐小学组织劳动小组,不仅本校学生参加劳动,还吸收了不少社会青年和妇女参加。① 有的学校坚持半耕半读,每天下午刨两个钟头的荒地。春种、夏管、秋收都由学生们自己负责。打下的粮食,敲锣打鼓送政府,支援抗日。② 不少学生通过参加生产劳动,既培养了劳动观念,又解决了个人经济上的困难,还给学校带来了收入,解决了办学经费不足的问题。

乡土教材的开发在当时根据地小学非常流行。搜集与编写乡土教材,不仅可以调动学生的学习积极性,让学生学习自己身边的环境与事物,还能增进学生热爱家乡的情感,让学生了解自己家乡的地理环境、生态环境、物产资源、风俗习惯、历史传统,特别是了解当地日本侵略者的据点位置、边区政府相关设置情况等。这样具体的办学思路和措施在今天的学校里同样适用。教材中尽量选取本地区的抗日英雄人物和事迹,从正面激励孩子们进步。如常识中,编入了《边区的形势和物产》《边区是个怎样的地方》等课文。③

反映抗战实际的教材 坚持一切为了抗战的原则,将与抗战相关的内容编入小学课本。如宁化民族小学各学科都有抗战必胜、日寇必败的内容。④ 又如抗战时期初小课本《国语》第二册共有36课,其中13课是有关抗战的内容,如第5课《不让鬼子来破坏》、第17课《加紧锄奸》、第20课《参加儿童团》、第31课《拿枪干一场》、第35课《八

---

① 《冀晋区学校教育总结》,《晋察冀边区教育资料选编》(初等教育分册上),河北教育出版社1990年版,第150页。
② 中国人民政治协商会议平定县委员会编:《平定文史资料》(第4辑),山西平定印刷厂1988年版,第102页。
③ 抗战时期初级小学适用课本《常识》(第6册),晋察冀边区行政委员会1940年编印。
④ 周成士、庄光:《记宁化民族革命小学校》,《晋察冀边区教育资料选编》(回忆录分册),河北教育出版社1990年版,第129页。

路军与新四军》等①，并将抗日教育作为教育的主题。《小学常识》第六册中选编了《晋察冀边区是怎样来的？》《边区是个怎样的地方？》《陕甘宁边区》《我们的国家》等；《国语》第三册中的《刘连长开荒》《刘老太太缝袜子》《狼牙山五壮士》《报告学校开展生产运动的信》等②，也是与抗战联系紧密的内容。再如算术课本中，有这样的题："16个日本鬼子让八路军杀了7个，还剩几个？"国语课文内容多涉及抗日英雄故事，同时在教学过程中也选取《晋察冀日报》《北岳日报》上关于抗战方面的重要文章或社论作为学生的课外阅读内容。

这是写给我们的课本　写给孩子看的书，自然要从他们的角度出发进行编写。因此，当时的课本教材，十分注重用儿童的口气，便于儿童接受。坚持"儿童怎样说，我们怎样写；儿童说什么话，我们写什么句"③。尤其是国语课本，力求适合儿童的需要，适合儿童的心理，尽量选择与搜集儿童身边的生活题材与故事。例如，自然课上"和味料"这个标题对儿童来说显生硬，如果改成"怎么可以让菜好吃呢"，这样儿童不但能懂，并且一定要研究做好菜的方法，因为他们都希望吃好菜的。④

附录部分课文内容⑤：

不让鬼子来破坏

春天真真好

有花也有草

还有小鸟儿在唱在叫

---

① 抗战时期初级小学适用课本《国语》（第2册），晋察冀边区行政委员会1940年编印。
② 抗战时期高级小学适用课本《国语》（第3册），晋察冀边区行政委员会1940年编印。
③ 李南屯：《现阶段的小学教材编辑法》，《边区教育》1939年第1卷第1期。
④ 刘华：《怎样教自然课》，《教育阵地》1943年第1卷第2期。
⑤ 抗战时期初小适用课本《国语课本》（第2册），晋察冀边区行政委员会1940年编印。

三 敌后根据地重建、巩固和发展初等教育

春天真可爱

我们的家乡更可爱

我们要努力保家乡

不让鬼子来破坏

加紧锄奸

汉奸真可恨　帮助鬼子军

出卖我中国　杀害自己人

人说狼心狠　汉奸还比狼心狠

大家要活命　锄奸工作要加紧

提高警觉性　时时要小心

不让狗汉奸　混在好人中

参加儿童团

亡了国真痛苦

大人痛苦　小孩也痛苦

新中国真幸福

大人幸福　小孩也幸福

打走日本鬼　才能免痛苦

建立新中国　才能享幸福

小朋友快快参加儿童团

走上抗战建国的大路

拿枪干一场

河里水　黄又黄　　日本鬼子狠过狼

> 烧了田家村　　又烧高家庄
> 吃了我们的鸡　　又杀我们的羊
> 抢去牛和马　　还抢钱和粮
> 烧抢还不算　　杀人更猖狂
> 中国好男儿　　快快拿枪干一场

晋察冀边区是怎样来的？

"七七"抗战以后，国民党的军队没有抵抗，退出了华北，华北就完全被敌人占领了，当时八路军开到敌人后方，到处打击敌人，收复了很多地方。

后来，收复的地方扩大了，就需要有一个统一的政府，来办理抗战工作；这样就在二十七年的一月，召开了一个党政军民代表大会，在这个大会上，产生了抗日民主政府，就成立了今天的晋察冀地区。

灵活有趣的教学方法与组织形式　根据地学校的教学方法非常灵活有趣，一方面受当时教育思潮的影响，另一方面是因为战时的特殊情况，抗战救国、生产劳动贯穿到每个教育活动和教学环节中，同时成熟稳定的教学环境和教学条件较为有限，利用现有条件进行教学也是常事。

抗战救国和教学相结合　一些教学与抗战救国结合非常密切。小学生"早晨上学，不是打开课本来咿咿呀呀地朗诵，而是拥挤着推进门来争抢马刀到村口去站岗。学校教师教自卫队，而孩子们自己便变成了小自卫队。学习和生活打成一片，使儿童格外活跃起来"[1]。崞县联合高小，上国语课时，主要讲述抗日英雄故事，同时，教师留给学生的作业就是编写抗日宣传讲演稿、抗日宣传黑板报、抗日宣传标语

---

[1] 克寒：《模范抗日根据地的晋察冀边区·崭新的边区教育》，《新华日报》1938年9月3日。

三 敌后根据地重建、巩固和发展初等教育

口号等。在音乐课上,老师主要教学生唱《大刀进行曲》《游击队之歌》《生产运动歌》《义勇军进行曲》《军民一家人》等①,让学生自编自演小型戏曲、小快板、秧歌舞等,主要表演锄汉奸、动员参军、做军鞋、送公粮等;上游戏课时,就让学生玩"捉汉奸""打游击战""捉俘虏"等;开周会时,介绍报刊上劳动英雄的模范事迹,还邀请抗日英雄来学校做英模报告。②

让十几岁的孩子对抗战的大道理理解深刻并不容易,所以许多老师在讲有关抗战的理论时,非常注意深入浅出,联系儿童的日常生活。比如,讲到新中国和旧中国不同的时候,就会告诉孩子们将来打败日本人以后,大家都能过上快乐幸福的日子,我们的中国也是个崭新的中国,又和课本里的《生活在边区真快活》《我的家》《新中国》之类的课文相联系,让孩子们通过和过去的生活做比较,对新中国有新的憧憬,也更加珍惜现在的学习和生活,更认真地帮助做抗日工作,为争取建立美好新中国而努力。老师们还经常讲民族英烈的故事,课本里《我是区长》《东北三江好》《少年英勇军小老韩》《靳小瑞杀敌》《马老太太》都能和当地村里、县里对敌斗争的英勇故事相联系,让孩子们懂得什么是光荣、什么是丑恶,鼓励他们向民族英雄学习。③

还有一些学校在课外活动上,还组织了宣传队,人人参加,走向社会,向群众宣传抗日,教群众唱抗日救亡歌曲,散发传单,书写抗日标语。节假日与当地驻军、牺盟会等组织联合演出文艺节目,甚至在集市、戏场上搞过抗日募捐活动。④据有关人士回忆:很多学校

---

① 贾烈卿、张志民:《为抗战服务的崞县联高》,《晋察冀边区教育资料选编》(回忆录分册),河北教育出版社1990年版,第133页。
② 申国昌:《抗战时期区域教育研究——以山西为个案》,社会科学文献出版社2014年版,第73页。
③ 刘松涛:《革命战争中对儿童进行爱国教育的点滴经验》,《晋察冀边区教育资料选编》(回忆录分册),河北教育出版社1990年版,第83页。
④ 周成士、庄光:《记宁化民族革命小学校》,《晋察冀边区教育资料选编》(回忆录分册),河北教育出版社1990年版,第129页。

还组织了儿童团。孩子们每天都扛着红缨枪在村口站岗、放哨、查路条,一旦发现没有通行证的人就扭送至村公所。要是发现山冈上的瞭望哨树枝一倒下,就火速报告村公所执勤的民兵擂鼓、敲钟,通知村民赶快坚壁清野迅速转移。抗日政府有什么信件、公文,儿童团负责传送。每周还要排练小型文艺节目。定期慰问八路军,帮助军烈属。[①]

随处都是教学场地 一些教学场地延伸到了社会、田野、工厂、市镇,并且加强实验环节。李公朴曾经描述过晋察冀边区的教学:晋察冀没有辉煌的教室。随便一间房子、一个树林、一片河滩,或是山坡,或是山顶,随处都是学生们的课堂。同时,所有的工作场合,也都是晋察冀全体人民的课堂。学校就是战场,战场就是课堂;是抗战的教育,是建国的营房……这并不是什么"洋学堂"的教育,也不是三家村冬烘先生的冷板凳教育,而是理论与实践密切联系的抗战教育![②]

树荫下集合学习,田野间进行上课都是常有的事。墙壁上的标语,就是孩子们的作业;记述八路军杀敌的故事,就是小学生的最好作文。尤其是1943年,明确将到校外进行生产劳动作为教学的一项重要内容,规定高小和全日制小学,星期六下午为劳动日,教师领导学生参加生产;规定半日制完全小学,星期一至六下午、星期日全天为生产劳动课时间,并将之列入课程表。[③]

自学很重要 教学还非常注重培养学生自主学习的能力。教学运用启发式与设计教学法,培养学生的自主学习能力,减少课堂讲授的时间,留给学生更多的自由支配时间,让学生自己进行学习、交流和

[①] 中国人民政治协商会议平定县委员会编:《平定文史资料》(第4辑),山西平定印刷厂1988年版,第102页。

[②] 李公朴:《华北敌后——晋察冀》,生活·读书·新知三联书店1979年版,第140~141页。

[③] 申国昌:《抗战时期区域教育研究——以山西为个案》,社会科学文献出版社2014年版,第74页。

三 敌后根据地重建、巩固和发展初等教育

创造,放弃打骂学生的封建做法。①1943年晋察冀边委会又一次强调,要转变小学教师对儿童的教育方法和态度,实施民主教育,启发儿童的积极性和创造性。"转变单纯教死书的办法,实行教学做、学做教、做教学密切联系、三位一体的教学方法,培养儿童的思考能力与工作能力。"②

当时的小学教师敢于也善于尝试和探索新的教学方法。有位教师总结出教自然课的新方法:先让学生预习,让其对教材有个总括性的了解;在教师的启发下,学生发现问题;让学生带着问题去实地观察;观察后,让学生自由讨论,发表自己的看法,教师做总结;最后让学生实际操作,如植棉、种菜等,并验证教学效果。③一位名叫杨般若的小学教师在平时教学时,除了讲述外,还注重让学生动手、动口、动脑,注意调动学生参与教学的积极性与主动性,改变传统"一言堂"的做法。④

生产劳动不能忘 生产劳动是一项重要的教学活动,这主要是基于两方面原因:第一,当时的社会历史条件所致,自给自足是夺取抗战胜利的主要生存方法;第二,学习与生活密不可分。这也是20世纪三四十年代的主要教育思想。1943年晋察冀边委会做出关于整理小学加强儿童生产教育的方法:通过各种教学或精神讲话,启发儿童重视生产劳动,领导儿童参加生产活动,养成劳动的习惯与兴趣;高小或全日制小学,星期六下午定为劳动日,不上课,领导学生参加生产活动;半日二部制、半日巡回制、隔日巡回制小学,学生在不上课的半日或一日,一律参加生产劳动;按学生年龄、体力、性别编为若干生产小组,负责督促检查学生的生产活动及生产成绩;教师组织学生

---

① 《提高教师社会地位 加强国民教育——纪念"六六教师节"》(社论),《晋察冀日报》1941年6月6日。
② 《边委会公布三十二度文化教育的方针与任务》,《晋察冀日报》1943年3月5日。
③ 刘华:《怎样教自然课》,《教育阵地》1943年第1卷第2期。
④ 杨般若:《谈教学的成功与失败》,《教育阵地》1944年第4卷第1期。

参加生产,生产与学习并重,学生的生产成绩,应视为学习成绩的一部分,作为评判学生成绩优劣的一个重要标准。一些优秀教师总结了"在生产中进行教育"的经验:在劳动前指定作业,先计划方法与内容;指定小组长,让其在生产中与学习中发挥作用;让学生们在生产中学习,即每劳动 1.5 小时,将大家集中起来学习半小时,或讨论生产前讲的内容,或研究生产中发现的问题,或自己独立完成作业。[①]

教学形式灵活多样 因为处于战争非常时期,再加上各地情况各不相同,所以,各个地区还采取了各种不同的教学组织形式。比如:课堂教学、游击教学、伪装教学、地下教学、隐蔽教学、两面教学、分组教学、全日教学、半日教学、复式教学、巡回教学等。就拿巡回教学来讲,有的是半日一巡回,有的是隔日一巡回,刚好空出一半时间让学生参加家庭劳动。既减轻了家长接送孩子的负担,也给农村的孩子创造了更多的就学机会。灵丘县老湾沟—西峪巡回小学,本来是两个小学,但由于缺教师,所以采取巡回教学的组织形式。当时任教的教师回忆说:在老湾沟和西峪建立两个教学点,我在老湾沟上半个月课,给学生布置下作业、练习,再到西峪教半个月。我两头跑着上课、辅导,个人辛苦一点,但减少了家长每天接孩子的麻烦,也使年龄小的儿童有了入学读书的机会。[②]很多村庄还逐步积累了"反扫荡"的经验,敌人出城"扫荡"经常会波及村庄,校舍焚烧的事也常有,很多孩子们自备小板凳,随时能上课,有了敌情也随时能撤退,和敌人兜圈子、打游击。

在具体教学中,多采用教学与实习相结合的形式,平常教学形式比较灵活,有时教学就是实习,比如讲防空时,实习就等于教学,空

[①] 苏人:《在生产中进行教育》,《教育阵地》1943年第1卷第5期。
[②] 李成春:《回忆老湾沟西峪巡回小学》,《晋察冀边区教育资料选编》(续集),北京师范大学出版社1991年版,第492页。

三 敌后根据地重建、巩固和发展初等教育

场做课堂,墙壁做黑板。① 再如广灵县有不少游击教学点,学生人数不固定,上课地点不固定,学生自带小板凳,没有课桌,古庙、戏台、树林、山谷、岩洞、土窟都可以做课堂,教师实行流动教学、游击教学,因材施教,因时而教,因地而学。②

尽管根据地小学条件非常简陋,师资力量也相当薄弱,但是政府还是通过各种方法和途径,来加强对小学教育的支持。例如,晋察冀边委会通过加强管理、规范教学行为、强调教学方法改进来弥补条件的不足,设法提高教学质量。各校教师经过培训,大都有了改进教学方法的意识,并且每位教师均根据本地本校的实际情况以及不同课程内容,分别采取了不同的教学方法,如讲述法、讲演法、问答法、讨论法、直观法、游戏法、示范法、观察法、实验法等。③ 国语课采用讲述法或讲演法,算术课采用问答法、直观法,常识采用讲述法、讨论法、示范法、实验法。如有的教师在上算术课时,为使学生容易理解,就让儿童代表公式中的数字,互乘互除,大大提高了学生的学习兴趣。④ 各地小学均根据实际情况,选择了适合本地的教学法,如晋东北的定襄县,采用了分组教学法、导生制、小先生制相结合的方法,取得了明显的教学效果。⑤

---

① 汉章、小波:《挺进中的晋察冀边区文化教育》,《中华民国史档案资料汇编》(第5辑第2编·教育(二)),江苏古籍出版社1991年版,第582页。
② 赵加录:《抗日战争时期广灵县根据地办学情况》,《晋察冀边区教育资料选编》(续集),北京师范大学出版社1991年版,第603页。
③ 坚白:《小学教学法》,《教育阵地》1943年第1卷第5期。
④ 《改进小学教育创造多种教学方法》,《晋察冀日报》1945年6月6日。
⑤ 刘莫基:《教材与教法的内容与检讨》,《边区教育》1940年第2卷第9、10、11期合刊。

四、如雨后春笋般出现的干部学校

抗战期间,涌现出了不少培育抗日救亡干部的学校。这类学校分属于高等教育和中等教育领域,同时在建校及开办时间上有长、短之分。它们陆续培养了各个行业和工作岗位的优秀干部,对于抗战期间的山西起到了不可估量的作用。例如,抗战时期的晋东南地区,各行政区、县均设立了抗日训练班,最早有华北军政训练班、八路军晋南干部学校等。截至1938年年底,太行、太岳等3个行政区的训练班,为根据地培养了9600余名抗日干部。从1939年开始,干部教育走向正规化,成立了民族革命中学、民族革命艺术学校,抗大也设立了分校。太南、太北、太岳3个区都成立了培养师资的干部学校。八路军总部成立了鲁艺,各专署均建立起抗战建国学校。[1] 北岳区为提高干部和医务人员的素质,创办了党校、群众干部学校、抗战学院和白求恩卫生学校。[2]

干部学校突出的特点:一是为培养根据地各类人才;二是抗日思想政治教学工作较为突出;三是学生学习生活大多为军事化管理;四是教学课程设置全面,部分学校设有抗战常识和游击战术课程;五是教学条件异常艰苦,但教师与学员学习气氛浓厚。除此之外,学校的学员还随时准备对付敌人的"扫荡"和参加战斗。

太行山上的明珠:抗日军政大学一分校

抗战期间,根据地有很多干部学校是由军队和中共地方党委主办

---

[1] 侯伍杰主编:《山西历代纪事本末》,商务印书馆1999年版,第1072页。
[2] 同上书,第1071页。

四 如雨后春笋般出现的干部学校

的，地处长治屯留县故县镇的抗大一分校就是其中一个。抗大一分校是抗大在敌后根据地 12 所分校中，历时最长、规模最大、培养青年干部最多、参加战斗最多、取得战果最大的一个分校。它从 1938 年成立到 1945 年 9 月抗日战争胜利而关闭，历时七年之久。经历了两次"东迁"，参加过大小数百次战斗战役，先后在校任职的干部约两千人。为坚持敌后抗日战争，扩大抗日根据地，它训练培养了数以万计的党政军领导干部。

1938 年年底，抗大一分校由抗大五大队、六大队学员组建，从延安出发，经过一个多月的行军，突破敌人多道封锁线，到达屯留县东故县镇。学校学员 3200 余人，分 3 个支队，其中一个支队有 160 多名女学员，人们习惯称之为女生队。女生队被安排在屯留县岗上村（今北岗村）等地学习和生活。

《习仲勋传》里有这样一段描述："1939 年 3 月 18 日，15 岁的齐心在晋东南抗日根据地从事抗日工作的姐姐齐云的带领下，到山西屯留县岗上村的抗大第一分校女生队学习，成为一位八路军女战士。"1940 年冬，抗大总校决定让齐心和另外 4 位女同志赴延安学习。1944 年 4 月，齐心在延安与习仲勋同志结为革命伉俪。这一记载非同寻常，为研究抗大一分校女生队在长治市的历史提供了重要线索和佐证。

抗大一分校课程主要包括军事课与政治课。军事课程包括步兵操典、攻防战术、游击战战术及兵器、爆破、筑城、防化等（有的系统讲授，有的做专题报告）。政治课包括政治常识、中国革命问题、党的建设三大类。系统讲授中国革命的性质、任务、动力、前途和战略（即统一战线和政策）。政治常识讲授列宁主义基础知识，党的建设讲授党的性质、党纲、党章、党风、党纪。教材一般都强调以毛主席著作为依据，特别是《论持久战》，教材由教员自编、自写、自讲。

一分校的学员很多是城市知识青年，人才荟萃。他们革命热情很高，学习如饥似渴，很能接受革命理论。在学习期间，学员创作了不少配合形势的教材、传单、歌曲、戏剧，在驻地做了许多群众宣传工作。抗大一分校文艺工作团和民运工作团，其成员都是从学员中选出来的尖子，他们在当时和以后都发挥了动员群众、组织群众坚持抗战的积极作用，足迹遍及全国。

一分校直属八路军总部领导，一直得到集团军总部首长的支持和关怀，特别是教学工作和政治思想工作方面，得到集团军总部首长的及时指示，这点非常重要。据学员回忆：朱德同志在1939年上半年，每周六都到校给干部讲授《苏军步兵战斗条令》和《游击战争的战略战术》，一字一句，紧密联系敌我斗争的实际，针对干部的水平逐条讲解。在半年的时间里，总是提前到达课堂（打谷场或大树下），有时来得早还打篮球，从不间断。讲完课就回，从不在抗大吃加菜饭。大家亲切地称他是学员的"老园丁"。其他首长，如彭德怀副总司令、左权参谋长等，也常来学校做形势报告。

集团军总部召开的一些重要会议，一般都通知分校同志参加。1939年5月，总部传达了张闻天同志在延安马列学院做的关于抗日民族统一战线独立自主的若干理论问题的讲话，副校长周纯全参加了会议，会后做了传达学习，使抗日民族统一战线问题的教学内容更加丰富了。类似的事情还不少，如有关军事战斗经验的总结，都通知学校去参加。分校派贾若瑜等同志参加这类会议比较多。集团军总部直属第一次党代会，分校选了十多位代表。以周贤同志为团长参加大会，听取了杨尚昆、傅钟、陆定一等同志的工作报告，国际、国内形势的报告，巩固党的报告。这些重要会议的报告和经验介绍，都是抗大一分校教学实践中理论联系实际的重要组成部分。[①]

岁月洗刷了历史的痕迹，却依稀能看到往昔的点滴辉煌。时至今

---

① 抗大一分校校史研究会编：《在敌后的抗大一分校》（中册），中国物价出版社1994年版，第15~16页。

四 如雨后春笋般出现的干部学校

日,抗大一分校女生队队部、教室和宿舍等旧址保存基本完好。树影婆娑、凉风习习,琅琅读书声、训练杀敌声、激烈辩论声仿佛依旧在太行山上久久回荡。

《在晋东南根据地》这首诗就是描述当时抗大一分校在晋东南地区的校园生活的:

五律·在晋东南根据地①

(一)

分校敌后迁,
决策显高瞻。
就地聚英俊,
适时扫敌顽。
知行紧联系,
实践出真诠。
反攻须有备,
最要是中坚。

(二)

三千好儿女,
敌后谱新篇。
营扎浊漳上,
背靠太行山。
军训抗敌寇,
群运组元元。
半载苦磨炼,
勇把重任担。

(三)

东上太行山,
与敌巧周旋,
哪怕路险阻,
何惧山巉岩。
健儿勇迈进,
日寇惧不前。
钢铁根据地,
岂容逞凶残。

(四)

胸怀凌云志,
活跃在深山。
百折浊漳逝,
千山峦峰连。
水深桥梁少,
岭高攀登难。
赖有居民助,
处处凯歌传。

---

① 抗大一分校校史研究会编:《在敌后的抗大一分校》(中册),中国物价出版社1994年版,第6页。

《放歌太行》描述的是1939年，日军向学校驻地——屯留进行"扫荡"，全校转移到太行山上有半年多时间的学校生活。刚到太行山时没有菜吃，就用小米饭锅巴当菜，大家笑称"列宁饼干"。九个班，每班轮流吃一天，每人几块，加盐送小米饭吃。女生队种下的菜陆续长成了，大家在山上吃上自己种出来的菜，喜笑颜开，欢欣鼓舞。①

放歌太行

刘万祥

绝顶太行日出东，遥天目断千山红。

充饥野菜盈筐集，喧笑放歌震谷中。

《行军歌》是1940年春季抗大一分校留守大队由山西省壶关县神郊、树掌村到武乡县蟠龙镇，与总校合并行进途中所唱的一首歌。②

行军歌

（歌词）

段国璋辑

我们歌唱着行军，充满快乐兴奋，

向深入的敌后方挺进。

敌人的封锁，透骨的寒风，沿途的艰险，

疲乏不了跳跃着的心。

到敌人深入的后方，撒播下国防教育的坯种，

锻炼了千百万青年，进入了反投降的斗争，

这伟大的使命，祖国赋予我们。

---

① 抗大一分校校史研究会编：《在敌后的抗大一分校》（中册），中国物价出版社1994年版，第145页。
② 同上书，第156页。

四　如雨后春笋般出现的干部学校

> 同志们！快乐地歌唱，歌唱着这伟大的行军。
> 在那辽阔广大的土地上，
> 将插起我们辉煌的旗帜，迎风飘荡照耀光明。

根据地的"商学院"：抗战建国学院

抗战建国学院，"是晋察冀边区政府所缔造的一所边区最高学府"，"是一座全部实施抗战建国教育的学府"[①]。抗战建国学院是典型的培养专门人才的学校，成立于1939年9月，到1941年2月与华北联合大学合并，共毕业12个队，毕业生人数达1020人。抗战建国学院主要服务于晋察冀边区的经济与社会发展需要，培养各类经济社会应用专门人才。设立合作、税收、区政助理、银行四个系，学生编为四个大队，学习期限为6周，最后两周为实习期。

合作系的设立是为了培养更多高水平的合作社人才。因为合作社是边区重要的经济网络，每个合作社的发展都关系到贸易、金融业的发展，但是合作事业高素质管理人才却极为缺乏。

税收系是为了培养更多的税收专业人才。因为"过去的一般的税收工作人员多是所谓合法贪污者之群，是绝负担不起这一个战斗的工作任务的"[②]，因此，税收专业人才缺乏。

进行高素质区政助理人才的培养，是因为在区级干部中，区助理员是基层实施者，是政令的宣传者、解释者，是最接近群众的环节。

银行管理人员的培养也是顺应当时边区银行工作的需要。

类似抗战建国学院的干部学校非常多，它们为根据地培养了大量的建设人才。如专门培训文艺人才的山西民革艺校，成立于1938年的长治。著名的前方鲁艺，由当时著名的剧作家李伯钊任校长，

[①] 李公朴：《华北敌后——晋察冀》，生活·读书·新知三联书店1979年版，第147页。
[②] 同上书，第148页。

学校设戏剧、音乐、美术三个系,先后为根据地培养了千余名艺术人才。①

晋东北的干部摇篮:定襄学院②

抗日战争年代,位于山西省北中部五台山脚下的定襄县是晋察冀、晋绥革命根据地的发祥地和中心腹地,也是创建最早的革命根据地之一,而定襄学院则是该县具有时代丰碑意义的学校,它承载着岁月的沧桑,留下的是历史烽烟背后的不朽诗篇,时至今日仍被传为佳话。

定襄学院成立于1937年11月,校址设在山西省定襄县二高小校内,专门培养抗日干部,是一所战火硝烟中成立起来的非同寻常的学校,在抗战初期,闻名于晋东北。毕业于北平师范大学,且为中共晋东北特委组织部部长的张连奎兼任院长;定襄县委组织部部长酆隆神兼任学院秘书,同时教授马列主义哲学常识;新中国成立后曾任全国政协文史研究室主任的智良俊主管院务工作,同时教授社会发展简史;中国人民解放军少将范富山将军是当时学校的训育处主任③,同时教授社会发展简史④;教务处主任由原第二高校校长彭伯周担任⑤,同时教授马列主义哲学常识。学校还设有总务处、文书处等部门。

定襄学院从创建一开始,便明确了教育宗旨,这就是:对学生进行马列主义理论教育,培养学生抗日的坚定信念,使之成为有觉悟、有文化、有军事知识、有开展群众工作能力的抗日骨干。1938年日本侵略军侵入定襄后改称的小学教员训练班,联合高小,前后招生4期,培养了200余名抗日积极分子,不仅充实了本县党政军和群众团体的

---

① 长治市老区建设促进会编:《长治革命老区》,山西人民出版社2007年版,第209页。
② 智良俊、彭伯周、梁进路:《抗日干部的摇篮定襄学院》,《花蕾》1994年第2期。
③ 红潮历史编:《范富山将军晋察冀边区抗日夫妻兵》,载红潮网:http://www.5281520.com,2014年9月29日。
④ 梁进路:《我的革命轨迹》,载民间历史网:http://www.mjlsh.net。
⑤ 同上。

四 如雨后春笋般出现的干部学校

干部力量，而且为忻县、阳曲、盂县以及晋察冀二分区输送了数十名干部，其中有不少人后来都走上了领导岗位。中国人民解放军空军军级干部梁进路就是定襄学院首批学员之一。①

定襄学院招生非常严格。在招生时进行政治、国文考试，同时还有口试，以适应发动群众和组织群众的需要。在招生工作中，学院领导和教师严肃认真，不徇私情，秉公录取。学生考试实行密封卷，考试结果张榜公布。首期招生60余名，社会舆论良好，定襄学院在群众中树立了诚信。人们说"学院这些先生们是真心实意地办学，共产党办事认真"。神山村李镜明看榜时，不是首先看有无自己的名字，却是看有无智良俊弟弟和翟之祯五弟的名字，因为他俩以前功课学得并不好，要是榜上有名，必是舞弊无疑。一看榜上没有他俩，李镜明心服口服了。此事在城乡传为佳话。

定襄学院开设的课程既具有时代感，又注重全面发展和区域乡土教材开发。主要课程有：马列主义哲学常识、政治经济学常识、社会发展简史、抗日民族统一战线、民族英雄传、定襄经济地理、音乐绘画、体育（军训）。定襄经济地理由新中国成立后山西大学历史系郝树侯教授讲授；音乐绘画由当时县里著名的书画家邢道山教授讲授；文化娱乐、宣传等活动由原二高教授师祥甫具体来负责。教材均由教师自编，油印成册，发给学生。

定襄学院的领导和教师十分注重随时对学生做思想政治工作。各门课程每讲完一个专题，教师都要组织学生座谈，引导他们联系实际，领会所学内容，并举办讲演会，锻炼学生的宣传能力。院长张连奎则经常给学生们做政治形势报告，还亲自教学生唱革命歌曲，如《囚徒歌》《可怜的秋香》等。县长张瑞华有时也来学院给学生做报告。有一次，晋察冀边区行政委员会副主任委员胡仁奎返乡视察工

---

① 梁进路：《我的革命轨迹》，载民间历史网：http://www.mjlsh.net。

作，学院请他给学生们讲话，他鼓励学生们说，现在边区抗战形势很好，但很缺乏干部，你们要好好学习，争取早日走上工作岗位。他的讲话，使学生们很受鼓舞。

文化生活也很活跃。不仅课余时间歌声起伏，早晚点名时，学生们都要唱几首革命歌曲，如《九一八小调》《五月的鲜花》《松花江上》等，而且还组织了歌咏队，开展歌咏比赛。学院成立了定院剧团，置备了幕布道具，由邢道三、师祥甫二位教师导演。剧团除排演现成的剧本外，还根据本县抗日斗争的形势，自编自演节目，先后在神山、蒋村、宏道、季庄等地演出，主要剧目有《撤退赵家庄》《放下你的鞭子》《父亲与儿子》等。剧团深入乡村演出，深受群众欢迎，大大鼓舞了群众的抗日斗志。1938年1月，日本侵略军进犯定襄城，学院向东峪山区转移，师生一路唱歌。在唱《松花江上》时，师生们声泪俱下，群情激愤，很多学生要求拿起枪杆子与日寇拼杀。

定襄学院生活制度非常严格。学生来自全县各地，都在校内食宿。学生有严格的生活制度，由教师和学生干部检查执行。如发现有不良倾向，及时谈话，予以纠正。在严格的生活制度下，师生之间，男女生之间，开诚相见，互帮互助，树立了团结互助、遵守纪律的校风。学院周围村庄的群众说："定襄学院的学生懂规矩，有礼貌，先生们管教得好。"学院的经费由县委提供，主要是从合理负担征集的钱粮中解决，也利用没收反动地主的财物。师生实行供给制，吃住不收费。这种新的探索，给师生们留下了终生难忘的印象。教师郝树侯、温能召家庭经济困难，学院还酌情补助粮食，给予照顾。

吕梁山上的星星之火：晋绥一中[①]

晋绥一中成立于1939年12月，教学基地在山西临县的偏僻乡村。

---

① 中共吕梁地委党史研究室编：《晋绥边区第一中学校校史》，临县印刷厂1989年版。

四 如雨后春笋般出现的干部学校

这所学校既教文化,又教政治和军事,目的在于提高学生的文化基础和革命斗争素质,培养党、政、军各方面需要的干部,是一所以培养革命干部为宗旨的中等干部学校。

晋绥一中的教学是以文化课(语文、数学、历史、地理、动植物、生理卫生、英语)为主,辅以一定的政治课(社会科学概论、毛主席著作、抗日政策)及军事课。学生的来源,是以临县、离石、方山、兴县、中阳、静乐、保德等县的进步青年和这些县所属的高小毕业生为主,同时吸收敌占区和游击区的部分进步知识青年,还有少数的基层军政干部。经过一定时间的学习,分配到边区党政军部门任职。

那里教学条件非常艰苦。学校没有固定的校址,更无固定的教室、桌椅。相对而言,在临县化林村住的时间较长。1942年冬季,学校搬往陕西佳县木头峪,从此才算有了一个较安定的学习环境。1945年春,又迁往临县城内耶稣教堂,学校规模也随之扩大。

但是晋绥一中始终有一种团结友爱、艰苦奋斗的校风。"我们生在民主的新政权下,我们长在吕梁山的怀抱里,为民族的解放,人类的幸福,来到这里学习。友爱团结,艰苦奋斗,活泼严肃,勇敢沉着,我们的校风!……"学校的校风经常写在师生们住的窑洞里和课堂上,而且被编成歌曲,在开饭、点名之前都要唱一遍。不仅写和唱,而且体现在老师和同学们的行动中。学校的教师和干部,多数是共产党员,处处起先锋模范作用。当时没有现成的课本,教师们既亲自动手编写刻印讲义,又与学生们一起背粮、背炭、打柴;既要做学生的思想政治工作,又要讲课、批改作业、评分记分,真正做到了言传身教。学生们不但从教师那里学到了知识,而且从他们的行动中看到了共产党员的光辉形象。

除了进行正常课堂教学外,为了配合当时抗战形势的要求,学校还注意让同学们在实际工作中锻炼,实行学习政治、军事、文化与提高实际工作能力相结合的教学方法。除在驻地经常宣传之外,又由教员带队派出宣传组，分头赴大村镇对农民进行抗战形势教育，紧密配合村政权的建设与巩固工作，注重实际工作与教学相结合。在语文课学习中，增加了应用文体的比例；在数学方面，结合算术的田亩计算方法，将课堂教学中的长方形、正方形、矩形、菱形、三角形等几何计算方法教给学员。同学们一致反映这样学得快、记得牢。又如在对农民进行教育方面，各宣传组帮助地方政权建立了不少冬学，用学到的知识帮助冬学教员提高教学质量，还配合村政权进行民兵训练，将已掌握得较熟练的内务条例、队列训练、班排连的进攻、防御、退却等系统的军事知识再教给民兵。学生们也从民兵那里学到了实际作战经验。这种互教互学的方法，很受村政权及民兵的欢迎。

雁门关口的军政校：晋察冀军政干部学校

晋察冀军政干部学校，成立于1938年1月，起初校址在阜平，同年3月师生历经艰辛，翻山越岭，徒步来到新校址——山西五台县白头庵。1937年10月27日，晋察冀军区在山西省五台县正式成立，由于部队的扩充和发展，迫切需要补充干部，"四面八方都说'要干部'"[1]，因此，创办了这所短期军政学校。

学校课程设置特点非常明显，主要以军事和政治为主。军事课程从单个教练、射击、投弹、刺杀到连以下基本战术、战斗动作、游击战术和夜间战斗，最后是综合性学习。临毕业前一周还要进行野外实战演习，项目有进攻、防御、侦察、遭遇战、防空、野战、勤务、夜间行动等，锻炼所学的军事技术和实战本领。政治课程包括：战时政治工作、群众运动、政治经济学、辩证唯物主义、社会发展史、中国近代史、时事报告等等。因为学校和军区机关距离很近，主要政治课均由军区机关首长兼任。讲中国近代史的是北方局书记彭真同志，政治

---

[1] 聂荣臻：《聂荣臻回忆录》，解放军出版社1984年版，第137页。

四 如雨后春笋般出现的干部学校

经济学由边区政府党委黄敬同志主讲,聂荣臻司令员也经常到校做报告。由于教师理论水平高,能理论联系实际,深入浅出,大家听讲都非常聚精会神,笔记认真,还经常在老乡炕上围坐着对笔记、开讨论会。学生们反映:"政治课给了我们丰富的精神食粮,使我们这些无知的青年,懂得了许多革命道理和斗争策略,提高了抗战胜利的信心和勇气。"①

学校非常重视提高学员的思想政治素质。除了上政治理论课外,平时也非常注重提高学员的思想觉悟,锻炼意志,增强组织性和纪律性,培养学员艰苦奋斗、勇于奉献的精神。开学典礼上,孙毅校长就在讲话中说:"《西游记》里孙悟空在太上老君炼丹炉里炼成了钢筋铁骨、火眼金睛。跟随唐僧到西天取经,战胜了许多艰难险阻,取回了真经,我们也要学孙悟空,在我们这个革命大熔炉里,炼出一身本领,能文能武,到抗日战场上去施展,挽救中华民族,我们要迎接困难、克服困难。任何困难也阻挡不住我们前进的步伐。"②

教学条件艰苦,但学员们乐于战胜艰苦。山坡、树林、河滩、寺庙、场地、背风向阳的地方,都是上课和训练的场地。所谓的教室,就是用席子搭的篷,除墙上挂着一块黑板外,没有任何教学设备,背包当凳子、膝盖当课桌,学员们风趣地说:"头上有青天,脚下是山川,课堂大无边,学好本领上前线。"

军事训练严格,锻炼了学员的革命意志。每天早上天空微泛鱼白,起床号就嘹亮地响起,学员们紧张地穿衣、绑裹腿、打背包。在限定的时间内集合到操场跑步,日日如此。开始每天跑步15分钟,逐渐增加到45分钟,周末要进行一个小时会操。一周还要安排两个早晨进行爬山比赛,比意志、比毅力、比动作速度。孙毅校长曾把爬

---

① 刘子方:《革命熔炉育英才——记晋察冀军政干部学校》,《晋察冀边区教育资料选编》(回忆录分册),河北教育出版社1990年版,第203页。
② 同上书,第201页。

的一座白头庵对面的无名山,起名叫作"熔炉山"。冬天,晋东北气候严寒,爬在冰冷的地上练习瞄准,一练就是几个小时,手脚冻麻木了,身子下面冻土的寒气浸入肝腑,耳朵和脚上生了冻疮;在烈日当空下,练习刺杀,汗水湿透军装,没有一个人叫苦叫累。有的学员在日记中豪迈地写道:"三九寒天练兵忙,练好本领上战场,五尺钢枪手中握,誓把敌寇消灭光。"[①]

[①] 刘子方:《革命熔炉育英才——记晋察冀军政干部学校》,《晋察冀边区教育资料选编》(回忆录分册),河北教育出版社1990年版,第205页。

五、轰轰烈烈的冬学运动

顾名思义，冬学运动就是利用农民农闲时间，在不耽误老百姓生产劳动的前提下，对民众进行识字教育与政治宣传的一种社会教育活动。冬学是1939年11月，邓小平同志在太北军政委员会议上提出来的。11月27日，《新华日报》华北版发表社论《开展冬学运动》，随之很快在根据地内得以开展。[1]

根据地进行社会教育的方法有很多种，比如民革室、救亡室、民众学校、识字班、训练班、传习处等，但冬学运动是最重要的，也是最有力的文化政治教育运动。因为广大人民群众终年参加劳动，没有更多的时间去接受教育，为了不耽误生产劳动，最好的办法就是利用冬天农闲时间去进行教育，因此边区根据地大力开展冬学运动。冬闲期间，行政部门领导出面，各群众团体积极配合，深入群众的宣传工作做得好，根据地动手办冬学的局面总是大好。而事实上，冬学运动也起到了非常好的效果，文盲的扫除、科学的普及、迷信的消灭、政治觉悟的提高、业余生活的丰富，都和冬学运动的作用是分不开的。据统计，1942年，太行根据地内办起冬学4836所，经常参加学习的达到415900人。[2] 为开展社会教育，晋东北的北岳区县以上教育机关设社会教育委员会，区也设社教委会，村设民革室或救亡室、俱乐部，并吸收群众团体，创办民办学校、夜校、午校、冬校和扫盲识字班等，使原本目不识丁的农村青年学会了唱歌、写标语、写墙报、写信，有的

---

[1] 长治市老区建设促进会编：《长治革命老区》，山西人民出版社2007年版，第210页。
[2] 同上。

还学会了编快板、顺口溜、游艺节目、小剧本等。他们自编自演,成了根据地文化的新主人。①

全民参与的冬学运动

1938年冬,晋察冀边区将宣传冬学运动作为政治动员的中心任务,提出冬学是锻炼群众的有力武器,号召各地普遍设立夜校识字班,提出"会的教人,不会的跟人学"的口号。1941年边区强调,开展冬学运动,着眼于广大民众文化水平的提高,同时要提高他们的政治水平。因此冬学运动的受众是不分年龄、不分男女的广大人民群众。它也是政府和群众组织紧密联系的重要活动。

1938年冬,各县村级均建立冬学运动委员会,主要由社会各界热心教育的人士组成。为广泛动员民众入学,1940年晋西北行署教育处处长刘庸如在教育工作会议上明确提出,凡15岁到45岁的男女群众均应入学接受教育。同时在政治上进行深入动员,村干部及其家属参加冬学,起模范带头作用。挨家挨户的宣传也是必要的,村干部配合小学生分别承包一定数量的农户,耐心深入地宣传说服民众报名入冬学。群众大会也经常召开,对于踊跃报名入学的给予表扬。

冬学运动的开展非常热烈。男女分开,男子晚间上课,女子白天上课。男子可根据文化程度分组,分为青年组和老年组。女子可根据地区或有无小孩子进行分组。有的地区,小学白天儿童上学,晚上青年人上学。一向在大门里的、炕头、锅灶旁的姑娘、媳妇,也都开始走出家门,参加学习,学识字、学习抗日救亡的道理,讲科学、反迷信,学唱抗日歌曲。学习热潮高涨,实际上冬学运动成了发动群众参加抗战的大动员。与此同时,随着参加人数的逐步增多,民众的文化程度也渐渐提高了。晋察冀边区编写了《上冬学》的歌曲,教冬学学

---

① 侯伍杰主编:《山西历代纪事本末》,商务印书馆1999年版,第1070~1071页。

五 轰轰烈烈的冬学运动

员传唱：

> 收完了庄稼把冬来过呦，
> 咱们村上有冬学，
> 男女老少快来上，哎哎呦！
> 上了冬学好处多，哎哎呦！
> 上了冬学好处说不了，
> 说识字能有好几百，
> 看报写信都能干，不求人！
> 那时心中多快乐，哎哎呦！
> 那时心中快乐得了不得，
> 革命道理懂得多，
> 大家都知打日本，救中国！
> 打走鬼子好过活，哎哎呦！[1]

正是因为冬学运动全民性的特点，又是在农闲时期开展，根据地的扫盲效果大大提高了。1939年11月15日到1940年2月15日期间，五台县预计设立100多处冬学，实际上设立了155处，参加学习人数达到了5463人。[2] 广大人民群众尝到了学习的甜头，主动学习、自愿学习的积极性也就高了，学习也非常刻苦用功。五台县一妇女在冬学期间怕婆婆骂，将灯点在被子里读书；有的还将字写在手背上，以便记忆。[3] 晋西北的一些村庄，为解决妇女的实际困难，专门组织了托儿所，支持

---

[1] 《上冬学》，《边区教育》1941年第3卷第15期。转引自申国昌：《抗战时期区域教育研究——以山西为个案》，社会科学文献出版社2014年版，第133页。
[2] 张范五：《冬学运动在五台》，《抗敌报》1940年1月11日。
[3] 《边区党委关于边区冬学运动的总结》，《抗敌报》1940年5月16日。

其参加冬学运动。①

学习内容全面的冬学运动

冬学运动课程依据当时抗战形势、地区人民群众文化水平等因素进行安排，目的就是提高全民的抗战觉悟、文化水平、实际生产生活能力和业余生活质量。课程大致分为政治课和识字课。政治课是由专区和各县教育科编写。政治课内容结合形势较紧，每年都根据实际形势重新编写。也有的地方文化课和政治课使用一个教材。专区和县里都派专门的干事下去检查，并进行工作评比。

晋察冀边区的冬学课程细分有：政治常识、识字、算术（珠算）、唱歌四种。其中政治占40%，主要了解法西斯国家侵略的目的、罪恶与反法西斯战争的目的、胜利条件及中国抗战目前形势等等；识字占40%，达到壮年识200个字、青年识300个字的目标；算术占20%，以学会加减法为准；唱歌不占时间，在课间进行，要求每人学会六首歌曲。② 此外，每周还要进行一次卫生教育。1944年冬，由于战争局势的变化，课程调整为巩固区，文化课占60%，政治与生产课占40%；在游击区或新开辟区，文化课占40%，政治课占60%。③ 晋西北革命根据地在开设课程中分为政治教育、识字教育、科学教育、卫生教育、实用教育，还有文化娱乐教育。其中科学教育是针对迷信等封建陋习的，卫生教育的目的是减少疾病、降低死亡率，实用教育是日常生活珠算、记账、开路条、写契约、写信、写农作物和日常用品名等服务日常生活基本需要的。

典型的例子就是1944年太岳区沁源下兴居冬学的学习内容。下兴居办冬学的理念非常超前，在冬学工作开展前，首先对群众的学习

---

① 山西省史志研究院等：《晋绥革命根据地史》，山西古籍出版社1999年版，第227页。
② 山西省史志研究院等：《广泛开展冬学运动实施大纲》，《晋察冀日报》1941年11月19日。
③ 《边委会关于开展冬学运动的指示》，《晋察冀日报》1944年10月7日。

五 轰轰烈烈的冬学运动

需求进行了摸底调查。调查发现,群众对村里村公粮、村财产账目不清,派差不公,又不记账等问题很不满意。清理账目和整顿差务是全村人普遍关心的问题。问题明确了,学习内容也就有了针对性。冬学开学的第一课,就讲支差条令。第二天,抗勤主任把差务方面的毛病向村里人做了报告,还做了自我批评。第三天,大家集体讨论以后派差的办法,根据支差条令,规定了派差手续、记账办法、免差人员等。正好村里来了30多个伤兵要送医院,就按照规定派了差,人人都满意。就这样,村里人的学习积极性调动起来了,参加学习的人也越来越多。冬学运动仍然根据大家的要求,分组学习珠算、识字和读报;又讨论了行署的冬季生产号召;组织了送粪、编筐、打柴、担炭、办铁业合作社等小组。还学习石雷内容,制造了一种简便而又安全的踏雷信管,非常有效。春节前后,还组织群众开展文化娱乐活动。冬学课上,还请了几位"老庄稼"来上农事课,互助组也在冬学中组织起来了。[①]像这样的学习组织活动,到今天都是值得我们借鉴的,尤其是在成人继续教育、领导干部培训等工作中应大力推广。考察培训对象的学习需求,解决培训对象实际工作中的问题,针对性地对培训对象的思想意识、工作困难等提出切实有效的解决办法,是至关重要的。

老百姓学习人数增多,识字扫盲的效果显著,政治觉悟提高快,业余生活也非常丰富,老百姓团结抗敌并始终有着乐观积极的生活态度,这在当时艰苦的抗战岁月里,是非常难得的。在冬学运动中,不乏有聪明才智的积极分子,涌现了一大批优秀的青年干部,巩固了农、青、妇救会的群众组织,根据地呈现出生机勃勃、团结抗日的大好局面。

[①] 齐武:《晋冀鲁豫边区史》,当代中国出版社1995年版,第363页。

六、第二战区普及义务教育

阎锡山一贯重视义务教育,在其带动之下,山西兴起普及义务教育之风。在 20 世纪二三十年代,山西义务教育的实施情况处于国内领先地位。抗战期间,晋西南环境十分艰苦,但是当时的山西省政府依然着力于发展教育。就义务教育而言,阎锡山统治下的吉县、乡宁、蒲县、大宁、永和、隰县等县恢复原有小学,在农村设有国民小学,在乡镇设有中心国民小学。小学根据学制情况,叫作国民初小、国民高小,初高两级合办的小学叫作两级国民小学,还曾叫过中心国民小学。除了恢复原有小学之外,由于战时军政人员子女及北平、天津等地难民的子女汇集而来,山西省政府创办了直属省教育厅的省立第一、第二、第三、第四、第五小学及克难小学 6 所省立小学。省立小学与各县两级国民小学都被称为重点小学,这些学校规模较大,师资力量较强,教学设备较好,办学也比较正规。此外,为了收容教育日军占领区灾难儿童,1939 年在宜川秋林创立山西省儿童教养院,设有两个分院;在吉县桑峨创立山西省立儿童教养所。这些教养院、所均为小学性质的寄宿性学校,全部公费。这些省立、县立小学及儿童教养院、所在战时基本上能够保证正常教学,客观上促进了当地教育发展,解决了中学、师范及中专学校的生源问题。[①]正如《申报》所言"晋西十县虽沦陷已逾一载,但对于教育事业仍积极进行,不遗余力,在炮火下建立七百小学",到 1939 年年初,"平均每县的每区都有一所两级小学,每个乡村里有三四所初级小学。全区在炮火下建立起来的

---

① 临汾地区教育史志编辑室:《临汾地区教育简志》(1840—1985),1998年编印,第35页。

六 第二战区普及义务教育

小学,目前共有700处,现在不断地增加着。比起一些教育发达的地方,这个数目还少得多,因为晋西一共十个县,但要知道这里便是文化教育极其落后的地方,今天又处在特殊困难的条件下"[①]。

在战争时期,小学校在各方面的情况与和平时期有很大差别,其总体特点可以总结为以下几点:

教学环境简陋,生活条件艰苦 由于在战争时期,各学校的教室、课桌椅、黑板等教学设施很简陋,学生们的吃穿住等生活条件都十分艰苦,即便如克难小学处于山西省政府驻扎地——克难坡,教学设备依然十分简陋,教室就在窑洞里,上课所用的桌凳是用木板搭起来的,后来改用长形的课桌凳,一条桌凳上可以坐五个学生。[②]吉县民族革命两级小学校更加简陋。当时日寇侵犯吉县,原有校址几乎毁坏殆尽,在文庙之侧、女子高小后面残存了两间教室、两间办公室,吉县民族革命两级小学就在这里成立。学校成立之初,亟待解决的便是如何重新建立学校,于是学校师生亲自动手修建学校,整修校舍,清除污土,建造宿舍。学生们在树下学习,用砖台垒成桌凳,有时还要到野外打柴割草。在建校过程中,学校特别注意改善师生关系,并结合实际进行艰苦奋斗,热爱劳动,消灭日本侵略者救中国的思想教育。[③]在儿童教养所,学生所穿的服装是由学校统一发放的军装,这些军装长短不齐、式样不一,孩子们穿在身上基本上都不合体。吃的是小米加咸菜,很少有蔬菜,肉更是难得一见。而且吃的米面是领回原粮后加工而成,因此学生们每个月都要参加碾米、磨面等劳动。当时灶上做饭全部使用木柴,而所有这些木柴都是由学生们上山砍回来的。每周有一天是专门的打柴时间,学生们要步行十多里到村南的一个小山沟里砍柴。冬季下雪会封山,所以在入冬前同学们要突击

[①] 申国昌:《抗战时期区域教育研究——以山西为个案》,社会科学文献出版社2014年版,第238页。
[②] 燕生纲、燕奇荣:《克难坡逸事》,中国国际新闻出版社2011年版,第155页。
[③] 王成章:《抗战期间吉县教育片断》,载:http://baike.linfen365.com,2009年8月4日。

打柴，为冬天使用木柴做好储备。学生们住的是土窑洞，在深深的窑洞里，一边是土炕，另一边建起土台便是供学生自习使用的"桌子"。窑洞里光线不足，而且非常潮湿，有不少同学因此而患了疥疮和关节炎。教师住的也是土窑洞，只是稍好一点，而且有用石板支起来的"桌子"，黑板也是用石板做的。①

  课程安排上是传统加抗日 这一时期小学教育仍执行国民政府教育部颁布的教学计划，沿袭战前体制，实行四二分段，使用旧教材，学校开设的课程一般有国语、算术、常识、音乐、图画、地理、历史、体育、劳作等。在阎锡山所辖各县，小学普遍重视国语课的读写训练，如克难小学各年级都有写字这个共同的课目，而且学校对于学生的写字进行了具体细致的规定，高年级每人每日要写毛笔字大楷、小楷各一张。一张麻纸的四分之一写16个大字，行间写百十个小字，低年级只写大楷，不写小楷。②在统一战线时期，山西省当局推行战时民族革命教育，各民族革命高小、初小在学制、课程方面进行了一些改革，普遍增加了关于抗日救亡的内容，如文化课讲授日本侵华史、时事政策、战地勤务等，体育课增设了军事训练方面的内容。但其余各种教材因这里的教学依然使用抗战前课本，没有多大变化。③吉县民族革命两级小学，形式上是阎政权官办学校，实际上却掌握在共产党人手里。因而这里的教学侧重于武装学生的革命头脑和提高学生的实际工作能力。在课堂上，教师歌颂民族英雄抗日将领的英勇事迹、讲述国内外时势、宣讲马列主义学说……这些具有教育意义的教学内容显著提高了学生的思想觉悟。学校还邀请进步人士做政治报告，比如李公朴所写《井圪塔的血》被学校选作了教材，学校就请李公朴到学校给学生讲话。这类报告鼓舞了师生的革命斗志，坚定了他

---

① 燕生纲、燕奇荣：《克难坡逸事》，中国国际新闻出版社2011年版，第157~158页。
② 同上书，第155页。
③ 临汾地区教育史志编辑室：《临汾地区教育简志》（1840—1985），1998年编印，第43页。

们的抗日信心。为适应抗战的需要,学校特别加强了各种军事训练,讲步兵操典,讲游击战术,还实地进行各种军事练习。1938年冬,日寇两次侵犯吉县时,学校师生组成的学生游击队随同县政府、牺盟会到曹井川、朱家堡一带打游击。1938年冬,党组织决定在学生中开始秘密发展共产党员,并建立了中共两级民族小学党支部。这些学生毕业后有的到县牺盟会、青救会、两级学校工作,有的奔赴前线战斗。他们在抗日战争、解放战争、社会主义建设中都为党的事业贡献了自己的力量,有的甚至献出了自己宝贵的生命。[1] 在儿童教养所,除了国语课的范文是油印的,其他科目没有课本,大多由老师自己编写教材,学生课堂记笔记。老师在讲课时注意结合当时的社会形势,也注意结合学生的思想实际,比如国语课上,会选择讲一些具有爱国色彩的传统教材,如《木兰辞》《满江红》《林觉民绝笔书》与杜甫诗《闻官军收河南河北》等;历史课上,老师讲日本侵华史时会结合敌占区日军暴行讲;体育课上,老师组织一些军体游戏。儿童教养所按照战时体制,实行军事化管理。早晨,学生们在嘹亮的军号声中起床,然后进行早操,在朝会上照例先唱《所歌》:"小朋友,亲热的把手牵,我们自从家乡沦陷,受尽艰难,为着保卫我祖国,到这少年儿童的乐园……"在这样的歌声中,大家立刻就被带入到争取抗战胜利,为民族独立而学习的意境中了。[2]

注重教学,教学质量较高 抗战时期,阎锡山仍如战前大力发展义务教育,重点小学如克难小学、省立一校的师资力量都比较强,这里的教师大多毕业于省立国民师范或太原师范。教师不仅素质高,而且大多热心于教育事业,他们勤谨教学,从备课、讲课到批改作业都非常认真;对学生的学习情况十分关心,如克难小学的老师对那些不

---

[1] 王成章:《抗战期间吉县教育片断》,载:http://baike.linfen365.com,2009年8月4日。
[2] 燕生纲、燕奇荣:《克难坡逸事》,中国国际新闻出版社2011年版,第157页。

能按时完成作业的学生都要过问,或者给予帮助或者进行处罚。[1] 在老师的辛勤教诲、严格督促之下,学生学习认真刻苦,有较好的学习成绩,因而这时的学校有较高的教学质量。

开展丰富的课外活动 尽管战时条件艰苦,但学校克服困难,创造条件,组织学生开展课外活动,丰富学生们的课余生活,使孩子们在艰苦的战争岁月得到快乐的慰藉,也得到多方面的发展。在每年的"四·四儿童节"(中华民国儿童节),克难小学都要召开隆重的庆祝大会,而且附近周边学校的全体师生也来参加。阎锡山不仅参加庆祝活动,还要做重要讲话,并给每个学生发一份小奖品,有糖块、饼干、学习用具,最好的是美国牛奶。[2] 吉县民族革命两级小学校为了提高学生的工作能力,经常组织学生做讲演、编演歌舞、进行街头宣传。1938年冬,训练全县小学教员时,吉县民族革命两级小学校推行小先生制,选派数十名学生分赴各村任代课教师,受到群众的好评。[3] 在儿童教养所,学生们充分利用地理之便,上山采摘野花野果,在抗日阵亡将士烈士陵园看书、聊天、写生。学生们每个人都会唱好多歌曲,比如《黄河大合唱》《松花江上》《打回老家去》等。在"七七""五四""九一八"等纪念节日,老师们组织学生排练节目,或在学校或去农村演出,因而儿童教养所在当地群众中颇有影响。[4]

---

[1] 燕生纲、燕奇荣:《克难坡逸事》,中国国际新闻出版社2011年版,第155页。
[2] 同上。
[3] 王成章:《抗战期间吉县教育片断》,载:http://baike.linfen365.com,2009年8月4日。
[4] 燕生纲、燕奇荣:《克难坡逸事》,中国国际新闻出版社2011年版,第158页。

七、晋西南抗战时期的中等教育

抗战时期晋西南中学教育的发展主要集中在蒲县、乡宁、吉县、隰县。据《山西通志·教育志》中记载：在1939年后，山西省政府在乡宁、蒲县、隰县、吉县等地成立了山西省立第一至第六联合中学及克难中学、华灵中学，经费由教育部按省立中学拨给，原在省城的私立进山中学也在隰县复校。[①] 各中等学校沿袭战前体制，学制初中3年，高中3年，开设课程有国文、数学、物理、化学、历史、地理、博物、生理卫生、音体美等，此外，还开设公民课，以宣讲阎锡山的"物劳学说"为主。学校实行军事化管理，学生享受公费待遇。

进山中学

进山中学建于1922年9月23日，是由阎锡山创办的一所私立中学。"进山"二字源于《论语·子罕》："譬如为山，未成一篑，止，吾止也；譬如平地，虽覆一篑，进，吾往也。""进"在"山"前，体现了"进"而成"山"的寓意，有"前进登高"的意思。1937年学校被迫停办，1941年11月，在隰县正式开学上课。抗战胜利时，进山中学共招生两千多人，毕业五百多人。进山中学是抗日战争期间山西规模最大的一所中学，也是当时最正规的一所中学。按当时的情况来说，进山中学教学条件较好，有教室、课桌、球场，一部分课程有课本。正规中学的课程也都能全部开课。体育最初有一个橄榄球，后来有篮球、

---

① 山西史志研究院编：《山西通志·教育志》，中华书局1999年版，第132页。

排球、足球、单杠等。战时能有这些设备,是很不容易的。①

进山中学富有鲜明的办学特色,在阎统区以民主进步而享有盛名。这与领导学校工作的赵宗复是密不可分的。赵宗复曾担任进山中学校务主任、校务长、校长等职,提出了一些进步、民主的办学理念,他注重学生德智体诸方面的教育;积极推动开展政治、文化、体育活动;进行教学改革,废除了对学生打骂体罚的教育手段,提倡学生自治;在高中试行选修主课的制度;为教学相长,成立了由课代表组成的班会。②虽然在抗战时期办学环境恶劣,学校物质条件较差,但在赵宗复的领导下,经过师生的共同奋斗,进山中学成为当时的佼佼者。总括起来,进山中学的特色主要有以下几点:

浓厚的民主进步气氛 1941年进山中学复校后,赵宗复领导进步师生积极开展学生民主运动,宣传抗日,采取多种方式对学生进行爱国主义教育,引导学生向进步的方向发展。赵宗复撰写了一副对联,贴于校门上,上联是"联系广大群众",下联是"团结革命青年"。赵宗复还亲自为学校撰写了校歌,歌词是:"我们是青年猛士,我们是青年猛士,敢看惨淡的人生,敢见淋漓的鲜血……敢说、敢笑、敢怒、敢叫……我们誓不做俘虏,大敌当前不低头。"他还委托进步剧团剧宣二队(有地下党支部)为学校创作了《进山进行曲》,歌词是:"进呵!进呵!进呵!进呵!进山的同学们!向着正义,向着光明……进山同学们不怕艰难,勇敢向前进……一切希望在我们前头。前进吧,前进吧,进山的同学们!"③进山中学学校墙上大书"科学""民主",讲话也常提到"德先生"和"赛先生";赵宗复随中外记者参观团赴延安参观归来后,又秘密向一

---

① 刘存善:《抗战期间的进山中学》,《山西文史资料全编》(第38辑),山西文史资料编辑部1999年版,第64页。
② 李蓼源:《丹心留三晋 风范在人间——写在赵宗复同志逝世26周年纪念的日子里》,《山西文史资料全编》(第80辑),山西文史资料编辑部1999年版,第762页。
③ 王纪堂:《赵宗复与进山中学》,《山西文史资料全编》(第68辑),山西文史资料编辑部1999年版,第773页。

些同学介绍延安情况。所以在进山中学,民主的气氛、进步的气氛相当浓厚。①

传播进步书刊 赵宗复办学中秉持民主、进步的教育理念,他想方设法搜集来进步图书供师生阅读,以期学生走上革命道路。据丁丁回忆:赵宗复特别关心图书资料工作,虽然学校在山沟里,但图书资料并不缺乏。不论是大后方的出版物,还是延安的书报杂志,以及敌占区的图书,他都千方百计地搜集来。只是阅读的范围有所区别,有的书刊仅向教师开放。② 所以在进山中学的图书馆里,学生可以看到许多宣传马列主义理论的书籍,也可以看到鲁迅、茅盾这些进步作家的作品。在进山中学,学生到图书馆看报借书的风气非常浓厚。有许多人后来在白色恐怖下能参与革命活动,从进步书籍受到启发也是原因之一。③

富有斗争精神的油印小报 1943年,在进山中学学生们办起了好几种油印小报,其中尤以《投枪》最为突出,报纸内容旗帜鲜明,富有斗争精神。赵宗复对此加以鼓励,给予支持,让学生使用学校的油印机和纸张办油印小报。

投枪社在成立之初,确定办报的宗旨是,不搞风花雪月,要面对人生"一面锻炼写作,一面披露社会黑暗"。学生们通过文章对当时社会的封建意识、黑暗现实发起挑战。乔新象曾以"睁眼看"为笔名,写了一篇《不及格的愉快》,抨击劳作教员"人人爱吃顺气丸"的处世哲学,在校内引起一场小小的风波,被训育主任在大会上训斥了一小时。学生们用这种油印小报的形式,分析社会问题、反对封建习俗、

---

① 乔新象、赵矿:《进山中学的投枪社》,《山西文史资料全编》(第29辑),山西文史资料编辑部1999年版,第387页。
② 丁丁:《大节分明见是非》,《山西文史资料全编》(第80辑),山西文史资料编辑部1999年版,第797页。
③ 刘得善:《抗战期间的进山中学》,《山西文史资料全编》(第38辑),山西文史资料编辑部1999年版,第70页。

探寻人生方向及社会发展等问题。

注意引进进步力量 学校聘请一些具有进步思想的教师来校任教，如张维汉（光鉴）、吉伟、李叔萌、张养田和梁维书等。剧宣二队到隰县后，赵宗复把剧宣二队里的地下党员刘晨暄、高来（丁丁）、周力等请到学校任教。刘晨暄教学生们学会《五月的鲜花》《流亡三部曲》《大刀进行曲》《游击队之歌》《黄河大合唱》《长征歌》《光明赞》《骑兵进行曲》等革命歌曲。这些进步教师在宣传抗日救国、反对封建独裁、争取民主自由等方面都做了不少工作。①

课外活动活跃开展 进山中学的课外活动丰富多彩，学生们自行组织各种活动。据丁丁回忆：清晨，同学们迎着朝霞进行各种体育锻炼；课后，抗战歌曲此伏彼起，校园里充满朝气蓬勃、欣欣向上的活力。②学校成立组织过多种社团，比如：合唱团、话剧团、射击团、时事研究社等。学生们讨论世界大战的形势，出壁报，办晚会，演唱革命歌曲，排演进步戏，学校呈现出一派生机勃勃的景象。③

良好的教学质量 1944年，初中生毕业会考时，进山学生多数位于前列。学生中考入名牌大学者，也不在少数。良好的教学质量与进山中学教师、学校、学生三方面的共同努力密不可分。

首先，教师教学有方。当时进山中学许多教师是名牌大学毕业（如下表所示）④，形成强大的教师阵容。多数教师不仅学有专长，富有教学经验，而且教学认真负责，把精力都放在课堂教学和课外辅导上。

---

① 刘存善：《抗战期间的进山中学》，《山西文史资料全编》（第38辑），山西文史资料编辑部1999年版，第70页。
② 丁丁：《大节分明见是非》，《山西文史资料全编》（第80辑），山西文史资料编辑部1999年版，第797页。
③ 刘存善：《抗战期间的进山中学》，《山西文史资料全编》（第38辑），山西文史资料编辑部1999年版，第70页。
④ 同上书，第65页。

七 晋西南抗战时期的中等教育

进山中学教师概况

姓名	籍贯	毕业学校	教授科目
赵宗复	五台	燕京大学毕业	兼上语文、英语、历史等课
梁祥厚	定襄	北京师大毕业	地理
阴纫斋	沁源	燕京大学毕业	英语
邢炳南	崞县	燕京大学毕业	化学、英语
张维汉	襄陵	山西大学毕业	语文

其次，学校紧抓不懈。学校领导通过自己兼课、看各班教学日志、问询课代表来了解教学情况，还经常去听课。据刘存善回忆：那时不组织公开听课，主任们经常在教室外听老师们讲课，有时甚至听完一节课。所以学校领导对教学情况了如指掌，既能及时发现问题，又可及时改进教学。

学校对学生的时间做了硬性规定：每天从早6点到晚9点，除了中午有两小时的休息外，其他时间都做了固定安排。起床以后，先是早操洗漱，然后是一节自习。上午四节课，下午四节课。下午的后两节课，每周两次体育、两次军训、两次劳动。学生几乎把全部时间都用在学习上，休息时间也多用在读书和写作上，可以说充分利用了时间。[①]

学校对学生的学习成绩提出要求，号召学生们平均分要在80分以上。这对学生来说是压力，也是鞭策，所以学生们学习都很刻苦。

最后，学生学习努力。学校环境险恶（距日军占领区一百多里），条件极差，但大家想方设法克服困难，完成学习任务。据刘存善回忆，学生们创造出用笔尖蘸墨的办法写字。具体做法是：研好墨倒在墨盒里，用笔尖蘸着写字，慢和水印的问题就都解决了。学生们把又厚又大的笔尖绑在筷子或一根小木棒上，当作水笔来使用。笔尖用秃

[①] 刘存善：《抗战期间的进山中学》，《山西文史资料全编》（第38辑），山西文史资料编辑部1999年版，第66页。

了就磨尖再用，一个笔尖可以用一两年。晚自习所用灯也是自己制造的，学生们从被褥或棉衣里撕上点棉花，搓成捻子放在破碗里，添上油点起来，就是上晚自习用的照明灯。由于一个星期只有一两油，灯头只有豆粒大。学生们把这个灯放在一块半截砖上，六七个人围成一圈，趴在炕上做作业。①

培养爱国思想 学校通过课堂教学，培养学生的爱国主义情操。语文不用现成的课本，赵宗复和语文教师们运用古今中外优秀文学作品，自己选编教材。课文明显地具有反帝、反封建和爱国主义的精神，其中除了鲁迅的文章外，还有《正气歌》《满江红》《画网巾先生传》《五人墓碑记》《刘粹刚之死》《最后一课》《与妻诀别书》等。②

严格的军事化管理 为适应抗日战争的需要，当时的学校都实行军训和军事管理，进山中学的军事化管理是相当严格的，比如请假制度，有全休、半休、随操三种形式。卧床不起才能请全休假，半休是只上课不出操，随操是随队集合不操练，但须在操场边上自由活动。在军事化管理下，学生除了出操、劳动和星期日之外，是不许出校门的。学生们一身军装，整队活动，不知内情的人会把他们看作一支部队。③

艰苦却也有保证的生活条件 进山的生活当时在同类学校中最好，学生的生活所需是第二战区按一个士兵的标准供给的。吃的是军粮，穿的是军衣，课本由学校发给。最基本的生活条件是有保证的，这也是当时当地农民的一些子弟能够上学的原因。

进山中学有一个运输队，除了1943年因情况特殊，学生们曾从大麦郊背过一次粮外，再没有背过粮、打过柴。这同其他学校比起来，

---

① 刘存善：《抗战期间的进山中学》，《山西文史资料全编》（第38辑），山西文史资料编辑部1999年版，第66~67页。
② 同上。
③ 同上书，第67页。

也算是艰苦之中的优越享受了。

所说的有保证、优越不过是比较而言，实际上在吃住、医疗各方面，条件还是很艰苦的。主食以小米和高粱面为主，但有时小米已霉变，而高粱面则是很粗。副食在冬天只有土豆和萝卜，夏天可以吃到南瓜、豆角等青菜。据刘存善回忆，家庭稍富裕的同学，冬天买一块大头咸菜下饭算是高级小菜，一般的只能买点蒜头、辣椒面和咸盐。在秋天，买一个萝卜调点咸盐做小菜，就觉得很不错了。

住的条件也很差。床铺十分拥挤，在南关有一半同学睡地铺，一半住的是原九中的学生宿舍。一个号子住七个人，每人只占40公分，要都仰卧，是挤也挤不下的。到了冬天，无论教室还是宿舍都很冷，几乎人人都有冻伤。

医疗条件更差。虽设有医务所，提供免费医疗，但药品匮乏，遇到大病，医生也束手无策。1943年冬，伤寒病袭击晋西，十几个师生病倒了。没有什么特效药，只能打几针"冒儿丁"退烧。学生们躺在隔离室里，高烧都在40度以上，昏迷不醒，听天由命。甚至有师生被病魔夺去了生命。[①]

华灵中学

华灵中学是为了纪念抗战时期在山西省乡宁县华林庙抗击日军的24位死难烈士而创建的。阎锡山取"华林"二字成立了华灵中学，他把原华林庙的"林"改为"灵"，取国之灵魂之意，正式命名为"山西省立华灵中学"，借以激发民族斗志，培养具有民族气节的后继人才。《华灵中学校歌》的歌词充分说明了华灵中学的建校目的。华灵校歌歌词为：

[①] 刘存善：《抗战期间的进山中学》，载《山西文史资料全编》（第38辑），山西文史资料编辑部1999年版，第68页。

忠贞负责，成己成仁，身体力行。两千年专制大夜，人以不负责为荣，流毒至今，国体几倾，唯吾多士，誓挽颓风。说甚是甚，做甚务甚。人格气节为尚，致用企图综合，和全国青年齐一进步，重光我中华民族之国魂。①

华灵中学的办学特点，主要表现在有各种完善的教学制度与管理制度，形成了良好的校风校貌。教师认真执教，勤谨踏实；学生勤奋苦学，扎实用功；师生都具有艰苦奋斗、追求科学、热爱祖国的精神。

管理制度完善，执行严格认真 华灵中学的管理制度十分完善，涉及学校日常事务的各个方面，而且管理制度的执行非常严格，可以说违规必究，执行必严；一视同仁，不徇私情。

训育处、军训处、同志会校分会在教学管理工作中分工负责。训育处着重抓品德教育，处理伤风败俗、破坏道德等不良言行；军训处重点抓行动纪律，严惩破坏校规、校纪、校风和粗野不服管教的人和事；同志会校分会侧重进行政治思想管制，约束并监视师生及借机闹事者。

华灵中学对学生触犯校纪校风的行为，不论大小，都要进行严肃认真的处理，绝不姑息。有一次孝义城隍庙唱戏，有四位同学翻墙出去偷看夜戏，第二天就被学校除名。凡在日常生活中记过一次，警告两次者酌情训斥，三次者开除（三小过顶一大过，三大过开除）。在生活管理方面，校有关领导行动一致，统一要求；事无巨细，认真执行；一视同仁，不徇私情，以维护校纪的尊严，保证教学质量的提高。

华灵中学的军训和军事管理工作由军训处负责，军训队长具体执行。学生生活行动一律军事化，要穿军装，打绑腿；早出操，晚点名；宿舍轮流值日，专搞清洁卫生。请假或放假实行翻名牌制度，如果不按时回校，门卫就锁了牌箱，挂不上名牌。门房将及时汇报校有关领导进行处理，所以学生们叫门房工友谓"门神爷"。每到开饭时，必须

---

① 刘秉良、史瑞林：《华灵中学概况》，《山西文史资料全编》（第65辑），《山西文史资料》编辑部2001年版。

很快整队，准备就餐。来迟者在队列外面立正站着，不得入队，如无特殊理由，要受到值日队长的批评。开饭前要喊规定好的口号，口号是："一米一面是人民的血汗。吃了饭要认真学习，学好本领，要为人类谋利益，替社会表功能，谁抛弃食物，谁就是人类的罪人。"喊完口号才能吃饭，吃饭时间规定为十分钟，不准边吃边说闲话。

华灵中学在伙食管理方面也制定了严格的制度。学生伙食由事务处总管，同时由学生推选代表组成伙食管理委员会，并由学生推选监督二至四人，在高、初中年级各选一至二人分工负责，各司其事，着重监督米面出入，防止事务人员从中报多出少，克扣学生。月终，伙委会同监督将本月伙食账目结算清楚，公布于众，并移交下月伙委。伙委、监督可连选连任。这是一种很受学生欢迎的民主管理形式。一切生活所需均由事务处负责领发，并对伙委给予必要的指导与帮助。对炊事人员的教育管理及人事调整，校分会也参与检查监督。这一管理制度不仅体现了民主，也提高了学生的办事能力，特别是让学生熟悉了日常生活中柴、米、油、盐等的艰难，懂得了勤俭节约过日子，有助于学生克服只管读书、四肢不勤、五谷不分的书呆子习气，打破死读书的传统恶习。

学校实行工读生制，专门针对少数有培养前途又力求上进想继续深造的困难同学。做法是让这些工读生分别给校长办公室、教务处、训育处、事务处、教师宿舍做些力所能及的服务性劳动，如清扫、打水、照看门户等日常生活杂务。工读生随班上课，不影响学习，学校每月酌情给予补贴。这一制度的实行，既减少了雇佣杂勤工的开支，又解决了部分贫苦学生不能继续读书的困难，对艰苦朴素学风的形成，起了一定的作用。

学校成立学生自治会，在校分会领导下和训育处、军训处、教务处的指导下开展活动。学生自治会的组织机构和职能分工：校设总会，下按军训分队的组织设四个分队会（高中为一队，初三为二队，初二为三队,初一为四队),分别领导各队或班级开展日常工作。各级自治会分别设有组织、学习、纪律、文宣、生活、军体等委员。委员分别由各队、班级民主选出,再由各级委员会审定,然后按选出委员的专长具体分工,各执其事,开展活动。学生自治会的建立,既协助了各处室教学工作的顺利进展,又培养并提高了学生的自治能力和工作能力,为将来参与社会工作打下了基础。同时对学校提高教学质量、完成教学任务,起到了辅助的作用。

狠抓文化课教学,教学效果显著　在聘用教师方面,华灵中学不惜重金选聘学有专长、具有真才实学的人。这里的教师教学认真而且颇有方法,使学生对学习有兴趣,能很快领会,扎实掌握。作业布置非常得当,既不轻也不重,使学生既感觉不到压力,也不太轻松,所以没有多余时间做些无益的事。教授历史课的崔守维老师对史实掌握娴熟,在讲课时从不带课本。他一边板书一边讲解,讲完一节课后若把黑板上的板书连起来,就是一个系统的表解。他的课重点突出,条理分明,语言精练生动,表情动作逼真,很受同学们的欢迎。英语老师安中都在讲课时能够深入浅出,灵活穿插短小故事,课堂气氛活跃,学生乐于学习,也容易掌握,而且学得扎实。他为学生编写了英语入门口诀,比如:"哥哥弟弟brother 姐姐妹妹sister……"学生们在饭前饭后,敲着碗筷还念着英语口诀,所以华灵学生毕业后英语基础是很扎实的。美国驻华大使司徒雷登曾率队来校访问,由安中都老师为其介绍学校的办学方针与教学措施。安中都老师基本上做到了有问必答,把学校的情况反映清楚了。美国人不仅对他本人的英语水平给予赞许,同时对学校的办学精神和教学措施也非常佩服,并且说:"在这样艰苦的条件下,学校能办到如此的境地,在美国是想也不敢想的奇迹。"

华灵中学一向重视文化课的学习和考查,要求学生主科(语文、数学、英语)成绩在80分以上,不得低于70分;其他课不得低于70分;各课平均分必须达到70分。并根据成绩决定升、留、降级,或补、退、转。连续留级两次或补习二年者劝退，如仍愿继续读书者，可酌情转介他校。因此学生学习普遍积极认真，不甘落后。1944年夏，山西省教育厅从进山、华灵和一、二、三联中五所同类性质的学校，抽了600多学生举行会考，考试结果是前百名内就有43人是华灵中学参与考试的学生，居五校之首。这充分说明华灵的教学成绩是显著的。

课外活动有序安排　华灵中学对学生的课外活动组织严密、分工明确，安排有序。如话剧、歌舞、合唱、墙报、篮球、诗歌朗诵等活动，都分编成团、队、组，由分会具体领导，坚持经常排练，从不间断。其他集会、节日或临时性的活动，结合实际，适当安排。

每年麦收、秋收后，学校要配合地方政府完成征、护粮任务。学校组织初三、高中学生参加征粮入库工作，高年级同学每五人编一组，设组长一人，分别到指定的各村去。在协助征、护粮的同时，学生们还要完成的任务是：①进行政治宣传，鼓励人民坚持抗战，树立必胜信心；②监视村干部在征粮中营私舞弊、借机勒索、欺压百姓、从中渔利的行为；③深入群众，调查各级干部在村中的所作所为，据实"循环检举"。1943年夏末秋初，孝义发生蝗灾，华灵中学组织学生参加灭蝗行动。学校把学生分编成行动小组，由组长负责到指定地点扑灭蝗虫。晚上挖渠，举火引虫入渠后，用土掩埋。白天带上背粮口袋到地里排成一字长蛇阵，一齐前进，将蝗虫捕捉进口袋，回来过秤、登记、评比后，倒入大坑用土掩埋。有的学生一天最多捉到40斤。经过七天奋战，蝗灾基本控制住了。

艰苦的学习和生活　华灵中学学生的生活待遇，相当于当时第二战区一个士兵的生活标准，起码的生活还是有所保障的。每月60斤原粮，以小米、高粱为主，每星期日改善生活，才能吃到白面。每人每月学杂副食费7元。单、棉衣服各一套，由学校领发。加之校长彭阶平一向重视学生的生活，较之其他同类性质的学校，华灵的伙食还是搞得不错的。

华灵中学借住在孝义旧城东街一所大院内和文庙里，房少人多，住处紧张，好多人挤在一间屋内，晚上出去解手，回来几乎找不到自己的铺位。有的学生住在文庙的大厨内，三四十人挤在一起，汗腥、霉味等混为一体，酸臭难闻，伏天呛得连气也出不上来。冬天取暖设备简陋不堪，冷得要命，不少学生冻肿了脚。晚上睡觉两个学生挤在一个被窝里，为的是以各自的体温互为补暖，借以御寒。

至于教学设备，连起码的教课桌凳都没有，教师上课也只能站。学生每人一块长方形的小木板，一个小板凳，往小凳上一坐，木板往膝盖上一放，就是课桌。标本、仪器、教学挂图、教学参考、课外书籍一无所有，仅有一个地球仪和一部《二十四史》，却成了学校的宝物。

学生还要背运粮食，大同学每人背30斤，小同学和女生每人背15斤至20斤。当天能返回的地方，往返要走80里路。有的学生脚上起了血泡，行走困难，疼痛难忍。大家发扬了互助友爱的精神，互相关照，身强力壮的替小同学、女生、体弱的同学多背点。过河、过桥、险路，互相搀扶。

学校没有医务室，有校医，规定师生免费医疗。但限于设备简陋、药物奇缺，大病不能治，小病看不了。好多同学有病，只得拖延时日，以养为主，有条件的到校外就医。

教职员的生活待遇也很低。除吃穿外，每月的工资连一袋白面也买不到。好在带家的直系亲属，公家每人发给眷属粮60斤，还不致饿肚子。至于其他待遇就谈不上了。

华灵中学为当时抗日战争输送了战时急需的人才，为抗击日军侵略做出了贡献，更为新中国成立以后的社会主义革命和建设培养、储备了各条战线急需的人才。[1]

---

[1] 刘秉良、史瑞林：《华灵中学概况》，《山西文史资料全编》（第65辑），山西文史资料编辑部1999年版，第506~516页。

以上以进山中学和华灵中学为例，可以窥见当时晋西南中学教育的概貌。抗战期间，晋西南地区的中学教育虽然办学条件艰苦，但办出了特色，教出了质量，为抗战培养了人才，也为当地教育后来的发展奠定了基础。

国立七中

此外，还有成立于陕西省洋县的国立七中，以教育救国为己任，培养了大批人才。

国立七中是指1938年至1949年间存在的一所学校，原址位于汉中市洋县。

1937年，七七事变之后，日寇长驱直入，北平、河北、山东、山西相继沦陷。大批难民和中学爱国师生涌入西安。次年，在山西各界人士的努力下，国民政府批准国立山西中学招收大批流亡学生，觅址陕西省洋县五云宫、智果寺、良马寺栖身办学。1939年5月17日，按战区国立中学排序要求，国立中学更名为"国立第七中学"。当时，沦陷区的师生怀着满腔仇恨和无比大的伤痛流落到后方。学生幸得重返课堂学习知识，伙食费由国家供给，生活上也有了依靠。而学习的教材是学校购买，并以班级为单位，实行借用、归还制度。抗战期间，七中学生体念国难，廉洁自律，团结互助。在非常艰苦的条件下，老师们倾力做好授课和辅导，学生们则多能专心学习。除了文化课，学校还十分重视德育工作。年长的老师常以古圣贤哲以及中山先生爱国救民的遗训，孜孜不倦地教导学生。此外，虽然学校的物质条件差，但七中的课余活动却十分丰富。同学们自由组合，除组成形式多样的读书社、学社、书报社、墙报社等文艺团体外，还举办了各种丰富多彩的体育比赛。不仅交流思想、互相学习，也锻炼了身体。

在每周一早操后，校本部及一、二分校全体师生都要分别在各自住地参加"总理纪念周"活动，有校领导引导学生宣读一遍"总理遗训"，训诫学生要刚正不阿、勿忘国耻、发愤图强、兴国富民。教育学生要好学、俭朴、以诚信为本、明辨是非，养成贫贱不移、威武不屈的治学志向。于是，晨起诵读，汽灯下自习，桐油灯下研讨，穿多次补过的衣裤、鞋袜，赤脚打球、赛跑等等就成了学校每日真实的写照。桌凳多是旧物，有的以砖砌腿，有的以模板为桌面制成简易书桌。生活上，师生们都崇尚节俭，以整洁适用为荣。在全校师生较长时期的共同努力下，逐步形成了"爱国抗日、追求进步、勤奋学习、友爱互助、患难与共"的七中校风。

首任校长张国瑞（1893—1984），是山西芮城南碾村人，被誉为山西教育界的实干家。张国瑞先生早年就抱有教育救国之思想。1917年毕业于山西省立农业专门学校后，在亲友的帮助下，自费东渡日本求学。一年后，考取日本东京高等师范学校的官费生，继续求学于东京高等师范学校，是山西省旅日同学同乡会会长。他曾撰写的一副对联至今仍然在洋县原国立七中流传：滴自己的汗，吃自己的饭，自己的事情自己干，靠人靠天靠祖先，都不算好汉；悲人类的灾，悯人类的难，人类的疾苦共相关，爱人爱物爱世界，才是好青年。第三任校长杨德荣先生所著的《国立七中校歌》更是将校风的内涵提炼到一个更高的层次。歌云：天降大任，劳苦先经，懿于七中，志士群英。钻研于秦岭汉水之间，阔怀于陕甘川楚之边。勿忘祖宗奇耻，时念民族颠涟。遵循礼义廉耻的宝训，实践诚明仁行的道传。激励奋发，秋实春花，互助共勉，效力国家，复兴我五千年灿烂的中华。

国立七中建校12年间，共有6任校长，先后建制初、高中部，职业班和师范部，设教学班86个。学生除山西籍的外，还有全国21省市和洋县本地的学生共3500人，培养造就了大批具有中等文化知识、品学兼优的后学人才。他们或就业或进入大学深造，在各自的工作岗位上为振兴中华做出了巨大贡献。大量学生毕业后参与抗战，甚至远赴缅甸，成为中国远征军成员。

八、山西大学南迁克难、坚持办学

山西大学在太原沦陷后南迁,几经辗转,于宜川秋林镇虎啸沟落脚。在虎啸沟,山西大学的师生们克服困难,发愤图强,营造出淳厚学风,使山西大学在战火纷飞的年代得以继续发展。

迁置始末 1937年8月,山西大学奉命迁往晋南,法学院迁往平遥,工学院、理学院迁往临汾,文学院迁往运城,到11月时接令暂时停办。

1939年6月,在重庆的原山西大学工学院院长王宪、教授常克勋等向国民政府行政院院长孔祥熙提议恢复山西大学,得到孔祥熙的同意。阎锡山得知后,害怕将来不能控制山西大学,急忙命令山西省政府准备筹备复校的工作。7月20日的《阵中日报》刊登了山西大学恢复上课的通告,并于9月交给徐士瑚15000元经费,用来办理山西大学复校事宜。12月23日,山西大学在陕西省三原县城正式恢复上课。1941年10月中旬,山西大学迁往宜川秋林虎啸沟,虎啸沟内有窑洞100余孔,除第一儿童教养院与省立科学馆占用30余孔外,其余全归山西大学占用。1943年1月山西大学奉阎锡山命令移驻克难坡,一是为解决学校生活困难的问题,二是为防止伤寒病的继续传染。学校占用克难坡的四新沟,上课吃饭都在窑洞里,每孔窑洞住8至10人。据吕文载《大学时代》记载:当馒头冒着热气时,大家得先站起来,食堂值班人员领着喊口号:"粮食是人民的血汗,吃了饭就要为人民办事。"喊完,才准坐下来动筷子。[①] 在这里学生每月可以领到贷金,能

[①] 山西大学纪事编纂委员会编:《山西大学百年纪事:1902—2002》,中华书局2002年版,第166页。

尽量吃饱，棉衣也是发放的，所以生活水平比第二战区一般干部还高。因为既不举行升旗仪式，也不参加朝会，学校的读书风气很浓；但是缺乏图书，也没有什么社会活动，有些沉闷寂寞。1943年10月底，山西大学师生又迁回秋林虎啸沟，于11月4日在虎啸沟的新校址正式上课，直至抗战胜利后返回太原。

勉力办学 山西大学在抗战期间克服了战争带来的种种困难，勉力办学，从教师的聘请到图书的购置，从校舍的建设到学生的安排，无一不是历经艰难。

延聘名师。山西大学自1939年9月准备复校开始，便不断延请各科教师，至1941年12月，逐渐将教育部所列应上课程全部开齐。在教师中不乏才学卓越者，如文学院院长周传儒原为东北大学历史系主任，教授杜任之曾任民族革命大学教务主任，张效宗为细菌学专家……关于延聘教授的情况，1940年11月14日的《阵中日报》上写道："在聘请教授的问题上，今年他（徐士瑚）准备大量聘请，大家以为钱少请不来，他不惜从别的项下腾挪一点钱来补充教授薪水，所以今年竟聘得几位知名的教授，如周传儒将来文学院，杜晓将来工学院任教，其他各系的教授也都有增加，有人评论二十九年度的山西大学教授阵容还相当的整齐。"[1]

购置图书仪器。山西大学原来留在各县的档案图书仪器，因各县被日寇占领都丢失了。1939至1945年期间，学校不断从汉中、西安、重庆等地购置文、法、医、工各科书籍及图书仪器。1940年11月14日的《阵中日报》上写道："图书设备方面，本年也拨有一笔专款，只是购置颇不容易，西安重庆等地都不能大量买来，也许陆续可以买到一些。仪器方面，山西大学倒有个好机会，山西科学馆的全部仪器，现在正闻放在陕西某县，同蒲路全部测量仪器，四川水利局现借用

---

[1] 山西大学纪事编纂委员会编：《山西大学百年纪事：1902—2002》，中华书局2002年版，第158页。

着,山西大学已呈准山西省政府起运科学馆的来校使用,并又去问四川水利局交涉仪器送还,山西大学这两份仪器,在今日的公私立大学中,可称唯一无二了,所以工学院的师生谈起此事都特别高兴。"①

补贴学生。学校自复课后,学生冬夏两季制服,都是由阎锡山司令长官部按季拨给。1939年12月徐士瑚呈报教育部按照"国立"大学流亡学生待遇,按月发给学生贷金(抗战后名称改为公费),得到教育部的批准。学校为救济来自战区家境贫困、经济来源断绝的贫苦学生,还不时发给学生救济金。

环境艰苦。虎啸沟是一条十分荒凉贫瘠的山沟,这里没有树木,不长庄稼;也没有电灯,没有马路。山西大学在这里一切都很简陋,办公室、教室、宿舍都是从盘旋的土坡上挖成的窑洞,图书馆有两孔窑洞,办公室阅览室各一孔,书库一孔,医院一孔。

学风淳厚 虎啸沟原名火烧沟,阎锡山把它改为虎啸沟。虎啸沟虽然交通不便环境闭塞,却是一个清静读书的好地方。教务长徐士瑚以重建学校为理由,不软不硬拒绝了各种势力的介入,国民党、三青团不敢在阎锡山的势力范围内施展活动,而阎锡山的同志会也不敢贸然在这里建立组织。在这个时期山西大学出现了短暂的平静。

秋林离陕甘宁边区很近,紧靠虎啸沟的龙吟沟沟口是黄河书店,是进步书刊的窗口;书店的旁边有一座大礼堂,剧宣二队(原由郭沫若第三厅派出到战区的抗战戏剧宣传队)常在这里演出;在这里还有民族革命通讯社、战地党政分会,也有许多地下党员和先进分子在这里传播着星星之火。经济系同学可以在图书馆借到《资本论》,历史系同学可以从黄河书店及时读到范文澜的《中国历史简编》(上册双页印刷,中册粗麻纸印刷),延安出版的《解放日报》隔两日便可读

---

① 山西大学纪事编纂委员会编:《山西大学百年纪事:1902—2002》,中华书局2002年版,第159页。

到，比大后方的大学更有优越性。[①]

学术报告频繁。山西大学在抗战期间成立了许多社团，涉及各个专业，有文学研究会、国学研究会、物劳学会、英文学会、经济学会、法学研究会、历史学会、医学研究会、机电工程学会、体育会、戏剧研究会等，各社团开展了丰富多彩的活动，常请名人或本校教师来做学术报告。

1942年2月，山西大学文学院成立了文学研究会。一次，剧宣二队与文学院研究会召开文艺座谈会。吕文载曾写诗云："依山傍水绕前川，一路争辩进神坛，座谈高歌诗朗诵，月下小声话延安。"此后，山西大学的同学们经常去剧宣二队聊天，还谈论对时局的看法。[②]

文学研究会主持的学术报告

社团	时间	演讲人	学术报告
文学研究会	1942年3月	马非百	《二千三百年前的山西大学》
	1943年12月24日	徐士瑚	《英国民族之构成》
	1944年3月30日	田润霖	《中国诗学之演变》
	1944年4月16日	郝树侯	《中国诗学之演变》
	1944年6月8日	张瑜	《文学与人生》
	1944年11月17日	薛耀庭	《文学一斤多少钱》
	1945年6月1日	杜任之	《德国古典文学的哲学性》
	1945年6月14日	田润霖	《屈原》

1945年4月13日，英文研究会成立。5月19日下午，英文会举行了首次英文茶话会，在茶话会上不准讲汉语。徐士瑚用流利的英语讲了当时的战争形势，推测日本将在五六个月里走向灭亡；教授朱启寰自编自演英语故事，充分表达了他对未来的期待。彭树仪在记录英文茶话会的文章中颇有感触地说："纯正的思想，使整个会场上泛起了光芒。

---

① 山西大学纪事编纂委员会编：《山西大学百年纪事：1902—2002》，中华书局2002年版，第163页。
② 同上。

八 山西大学南迁克难、坚持办学

这一道光芒正象征着山西大学日日向前进步,日日向前飞跃!"[1]

实行导师制。为使学生成为品学兼优的青年,山西大学实行了导师制。学校要求教师站在导师的立场上帮助学生解决思想行为、生活问题,对学生各种问题采取个别约谈的方式解决;规定每星期三下午召开导生小组会议,地址可在学生宿舍,导生题目由导师自行命题;训导处派专人负责检点导生小组的工作。据《山西大学百年纪事》记载,1945年4月23日这一天风和日丽,山西大学全体师生四百多人,以导生小组为单位前往十里以外的上葫芦村旅行。在该村村外梨园举行野餐,除学校为师生备有鸡蛋豆腐干外,导师们也准备了不少冷食。餐前,徐士瑚向师生讲到西欧一般学校对郊外旅行十分重视,建议学校师生也应按季到乡间游览,可以熟悉民情,加强师生情感,有利于导师制的实施。[2]

重视英文学习。抗战期间的山西大学重视学生的英文学习,通过各种方式开展学习,可以说教师有分量,教学方法很得当,教材源于现实,奖励也很实惠。为提高学生英文水平,使他们熟练掌握英语会话,开设了英文高级班讲座,由徐士瑚、严开元分别进行英文选读、英文会话讲座。后来又由朱启襄主持开办了初级英文班,教材包括战时文章、军用术语、会话,为培养翻译人员做准备。英文补习班的教材多取材于英美各大日报及期刊,经考试成绩为优等的学生发给奖金以示鼓励。

创办刊物壁报。山西大学在抗战期间创办的刊物有《山西大学校刊》《虎啸》《中国文化季刊》《自治风》《正风》等。《虎啸》由山西大学物劳协会主编,1944年1月1日出版创刊号。《虎啸》刊物封面有阎锡山所题"虎啸"二字,画一猛虎长啸,是虎啸沟的标志;还有一架

---

[1] 山西大学纪事编纂委员会编:《山西大学百年纪事:1902—2002》,中华书局2002年版,第193~194页。
[2] 同上书,第191页。

飞机,标志着抗战中复兴之山西大学或山西将走向现代化。其意义正如张文山所撰"发刊词":"刊名'虎啸'——以纪念吾校光复之校址,以留校史永久之荣迹,一以取虎啸生风之意,造成研究学术与追求真理、复兴国家、拯救人类之革命风尚,亦犹睡狮之猛醒,一鸣惊人,或以起病人、惊顽逆、振迷途、药聋哑。"[1]此外,还有《星期日周刊》社出版的副刊《每周战线》,主要让师生了解战争情况。各类壁报有《灯塔》《星期六》《照明弹》《显微镜》等,这些小型壁报内容丰富多彩,为虎啸沟校园增色不少。

课余活跃。山西大学在这一时期办学虽然艰难,但教师与学生苦中作乐,创造了活泼生动、丰富多彩的课余活动。

歌声嘹亮。1945年4月学校爱好歌咏、擅长音乐的学生自动组织歌咏队,定名为回声歌咏队。6月15日,回声歌咏队举行了首次独唱茶话会,到会者有教授与男女队员二十余人。在山西大学校史里记载了当时的情形:独唱会开始,男女队员们开始演唱,夜静了,歌手们的歌声愈唱愈清明,好像一股清莹的春水冲过山涧,非常畅快地流到远远的地方去。这时高空呈现着深蓝的夜色,两旁优美的山景,更配合着置放在会场上的一束芬芳的兰花,都是静静的,好像在听他们歌唱。雷忠铭、谢惠蓉的独唱,傅春生的英文歌曲,王承启的口琴独奏最受欢迎,窗外挤满了听众,茶话会在《凯旋》与《中华万岁》的大合唱中结束。[2]

体育活动。学校组织成立了多支篮球队、排球队,不仅在校内进行比赛,还代表学校外出比赛,而且表现不俗。1942年10月,二战区举行山西省篮球比赛,山西大学校队获"技术超人"锦旗一面。1945年2月寒假期间,山西大学校友排球、篮球队,参加了吉县七支排球

---

[1] 山西大学纪事编纂委员会编:《山西大学百年纪事:1902—2002》,中华书局2002年版,第175页。
[2] 同上书,第194页。

队、九支篮球队的比赛，分别获得了冠、亚军。在运动场地及体育器材缺乏的条件下，为促进师生身体健康，山西大学提倡国术，1945年聘请了太原市拳术家毋廷绪兼任校国术指导员，每日下午5时至6时30分练习太极拳，星期日暂停。还习练过新式柔软操，模仿打铁、投篮、掷铁球各种姿态，以促进全身运动。

劳动生产。在抗战期间山西大学提倡劳动生产，并且为劳动制定专门法规，不仅适应了战时之需，做到了蔬菜自给，对学生成长也很有教育意义。学校教职员工在溪流附近、办公室附近及山坡上开垦种菜。学校对此大力提倡，对于种地工具及种子，尽力购置。学校总队部按照人数多少，将校园沿溪流之蔬菜地段，平均分配给各院系学生。关于学生劳动，还包括缮写小楷、刻印讲义、整理图书、搬运物品、擦拭武器、缝纫拆洗等项目，学校提倡学生各自按照兴趣技能，选定项目报名，并且按照规定计算劳动时间，将劳动成绩并入操行成绩中。[①]

[①] 山西大学纪事编纂委员会编：《山西大学百年纪事：1902—2002》，中华书局2002年版，第188页。

九、民族革命大学的兴衰

民族革命大学在建立初期是一所具有抗日统一战线性质的学校，目的是培养适应抗战需要的干部。随着战争形势的发展，民族革命大学在动荡中不断变迁，由盛及衰，由进步的统一战线性质的学校逐渐变为一所普通学校。

建校缘由 抗战开始后，全国一致拥护中国共产党提出的抗日民族统一战线，阎锡山在这种形势下亟待培养一批新的干部以适应抗战需要。另一方面，抗战一开始，全国进步的青年涌向延安，阎锡山为吸引爱国青年到山西，便着手成立"民大"[1]。梁綖武于1937年8月到武汉与各方面进行联系，希望在政治上和人力上取得对二战区的支持，并就建立民族革命大学的问题请教各界名流。当时，许多知名人士表示愿意到山西进行抗日，愿意去民大任教。

阎锡山原本在南京参加会议，1937年12月13日南京沦陷后，国民党政府迁移到武汉，阎锡山便也到了武汉。在武汉，阎锡山听取了梁綖武的有关汇报，并批准成立民族革命大学。后来又进一步得到南京政府教育部部长朱家骅的批准，便开始在武汉进行招生。在武汉先后共招收了三批学生，每批都有六百多人。据杜彦兴《民大建校散记》所载，在前往临汾的火车上，"施复亮教授还问阎效正：'临汾城大不大？'阎说：'很大'。但到临汾后，施说：'临汾地方并不大。'阎笑说：'地方虽不大，但这里干的工作，却很伟大。'"[2]"伟大"一词道出了当时民族革命大学教师和学生的心声，大家都是为了"抗日救

---

[1] 秦丰川：《民大见闻录》，《山西文史资料全编》（第59辑），山西文史资料编辑部1999年版，第1066页。
[2] 杜彦兴：《民大建校散记》，《山西文史资料全编》（第43辑），山西文史资料编辑部1999年版，第592页。

国"这件大事而汇集在民族革命大学的。因此，不论是教师还是学生都满怀抗日热情，一心为了抗日救国，生活待遇问题则并不在意。

当时的学生除了从武汉招来的以外，还有从北平、天津、南京、西安和河南等地前来的，总共有五千多人。学生们年龄差异大，年龄小的仅有十三四岁，年龄大的有二十五六岁。他们的文化程度也高低不一，有初中生，也有大学肄业或毕业生。由于学生众多，作为民大总校所在地的铁佛寺和临汾六中安置不下所有学生，便在临汾师范设了一分校。但学生源源不断而来，除在临汾安置外，还安置到了运城，在运城设立了民大的第二分校和第三分校，后又在曲沃成立了第四分校。

在统一战线的号召下，一些在全国享有声望的教授、学者前往民大任教，比如李公朴、何思敬、施复亮、侯外庐、徐懋庸、陈唯实、温健公、萧三、萧红、江隆基、周巍峙、胡磊、庄启东、秦丰川、刘肃然以及朝鲜人尹澄宇等。丁玲领导的抗敌宣传队也在民大进行过宣传工作。

阎锡山自兼民大校长，梁化之兼任校长办公厅主任，教务处负责联系教授及课程安排，杜任之任教务处主任；政治处负责管理政治干部，对学生进行政治教育，杜心源任政治处主任；总务处负责会计、运输、医疗等，裴济明任总务处主任；军事处负责对学生进行军事管理和军事教育，郎盛德任军事处主任。而实际上梁化之经常不在校，先后具体负责学校事务的杜任之、杜心源、梁膺庸等都是共产党员。

民大的发展随着战争形势的变化而跌宕起伏，1938年年初至1939年8月间曾在民大担任教授的秦丰川认为民大演变的趋势是："规模越变越小，程度越变越低，性质越变越反动。"[①]民大的发展演变大致可以分为以下四个阶段：

全盛时期 民大于1937年12月开始在临汾筹备建校，于1938年1月正式上课。在临汾时期，是民大的全盛时期。这一时期的学校

---

① 秦丰川：《民大见闻录》，《山西文史资料全编》（第59辑），山西文史资料编辑部1999年版，第1066页。

里抗日气氛浓郁,进步思想极为活跃,教师可自主授课,学生可自由阅读抗日进步的书籍。

杜任之与李公朴参照中国共产党《抗日救国十大纲领》,共同草拟了《民族革命大学纲领》,融入了中国共产党"全国总动员,坚持抗日民族团结,实行抗战教育"等思想,将民族革命大学教职员和学生中的各党派、各民众团体团结统一了起来。[①]

当时学校讲授的课程以政治课为主,内容丰富庞杂,包括马列主义的唯物辩证法、社会发展史、政治经济学、社会科学概论,以及民族问题与时事政治等,也有阎锡山的"物产证券""按劳分配"和"中的哲学"。教授们讲课围绕着抗日主题展开,比如侯外庐讲"抗日民族统一战线",何思敬和施复亮讲"政治经济学",陈唯实讲"唯物辩证法",江隆基讲"苏联研究",刘达人讲"中国外交史",秦丰川讲"国际问题"……[②]阎锡山多次在晚上前去铁佛寺,解答学生提出的有关当前抗日的各种问题。军事课有步兵操典、射击教范、制式教练和各级攻防作战,既讲授游击战法,也讲授阎锡山的《新教育》《民革战法》。[③]

民大除了组织学生学习政治理论、进行军事训练外,还办各种壁报,对各种问题展开讨论。这些活动吸引着青年学生去看书、去思考,热烈地进行讨论,学校的学习气氛十分浓厚,学生们的思想非常活跃。据曾在民大学习的陆济回忆:"12月冬天的校园里,到处都是人。有的谈论哲学原理、社会发展史、中国的前途和社会如何前进;有的谈论鸡蛋为什么会变鸡,石头为什么不能变鸡,质量互变、否定之否定原理;还有的谈论中国革命为什么要分两步走等等。这些问题,我开始都弄不懂,这就迫使我加速度地阅读《大众哲学》《政治

[①] 杜任之:《民族革命大学建校概述》,《山西文史资料全编》(第59辑),山西文史资料编辑部1999年版,第1063页。
[②] 秦丰川:《民大见闻录》,《山西文史资料全编》(第59辑),山西文史资料编辑部1999年版,第1068页。
[③] 山西省地方志办公室:《民国山西史》,山西人民出版社2011年版,第465页。

九 民族革命大学的兴衰

经济学》等书本，头脑里一时翻滚这个，一下思索那个，同学之间互相启发，互相促进。这种群众性的自我教育使我感到很新鲜，很有生气。"[①] 学生们还学唱革命歌曲，陆济就曾跟随一位进步的中年音乐家学唱《最后的胜利是我们的》，这支歌的歌词使他很受鼓舞，觉得中国抗战胜利大有希望。

分化时期 1938年2月，日军进犯临汾。杜任之率领民大师生向西撤退，在到达平渡关时，对岸八路军一个连派船将民大师生渡过河去。据杜任之回忆："夜色中，同学们已全部渡完，大家围住我询问：'民大到底往哪里去？'我向大家讲明：'我们奉命到南边的宜川县。到宜川有一天的路程，从这里到延安，有两天的路程，南下是宜川；北上，是延安。'大家没有吃的，要我想办法，我说：'现在困难很多，要饿肚子抗日。受不了艰苦的，可以去西安；愿意走的可以到延安；留下的，我带你们到宜川。'"[②] 在第二天集合时已不到千人，大约有四五百人到了延安。到宜川前，教授们几乎全部走了。在撤出临汾之前，学校给教师发放聘书时分为教授、副教授、讲师三等，有人对聘书不满意便离开了。准备撤退时，总务处宣布教授们的行李由车拉，到了吉县才知道东西都丢了，有人对学校这种不负责任的态度很气愤，自己过黄河走了。在吉县暂住时，教授们提出学校行政、教授代表和学生代表三方结合，共同治校，但阎锡山没答应，于是有的人又走了。结果到了宜川的时候，除陈唯实以外，其余的人都走了。阎锡山为了维持民大的局面，又请来几个人，但是从此一律改称教官，降低了这些人的地位，也降低了他们的政治影响。据秦丰川回忆，民大后期的政治教官有：蒲子政、刘潇然、原政庭、李文润、叶

[①] 陆济：《抗战初期我在民大、牺盟会的经历》，《山西文史资料全编》（第46辑），山西文史资料编辑部1999年版，第841~842页。
[②] 杜任之：《民族革命大学建校概述》，《山西文史资料全编》（第59辑），山西文史资料编辑部1999年版，第1064~1065页。

笠、秦准、陈凤章、朴进勋、尹澄宇、崔英（后边这三个人是朝鲜人，至临汾时期他们就到了民大）等。① 到宜川后，将剩余学生分为军事系和政治系，杜心源兼任军事系主任，杜任之兼任政治系主任。在宜川的两个月里，绝大部分的知名教授走了，很多的进步学生也走了，原先课程的内容已有所改变，自由开放的氛围也减弱了，民大已经开始改变统一战线的性质了。

整顿时期 1938年秋，民大回到吉县南村。阎锡山对民族革命大学进行整顿，将在临汾时期招来的本校学生算作第一期，分配工作；又从西安招来了一个"大高第四队"，算是第二期的开始；把原来的一分校和三分校的学生重新编了队，成为本校的基础，另外单独保留二分校；把教务处合并到政治处；课程方面增加了阎锡山学说。②

这次整合之后，学校规模较宜川时又有所缩小，连唯一留下来的外来教授陈唯实也离开了。调整后的具体课程设置上，蒲子政讲授"政治经济学"，原政庭讲授"唯物辩证法"，秦丰川讲授"联共党史"，尹澄宇讲授"民族自强"，智健中讲授"中国近代史"，胡磊讲授"统一战线"，庄启东讲授"时事政治"，杜心源讲授"军队政治工作"，杜任之讲授"抗日民族革命战争战略问题"。③ 杜任之担任的编委会主任，实际上是个清闲职务，除编印《校刊》外，他还编写了《"民大"丛书》，其中包括宣传、组织、武装、国际问题、人物志等类，共出版了六册。后来还写成《抗日民族革命战争的战略问题》一书，这本书是参照毛泽东的有关论述，以及苏联的战争理论写成的，由当时的民族出版社出版。④

---

① 秦丰川：《民大见闻录》，《山西文史资料全编》（第59辑），山西文史资料编辑部1999年版，第1068~1069页。
② 同上书，第1067页。
③ 山西省地方志办公室：《民国山西史》，山西人民出版社2011年版，第466页。
④ 杜任之：《民族革命大学建校概述》，《山西文史资料全编》（第59辑），山西文史资料编辑部1999年版，第1065页。

九 民族革命大学的兴衰

这一时期，牺盟会除组织学员学好功课外，还经常引导学员阅读进步书刊编写墙报、进行歌咏比赛、排演戏剧等活动。特别是在七七事变、八一三事变纪念日，这些活动更是声势浩大地开展。① 这些活动影响着学员的政治思想，对巩固和壮大民大的进步势力有着积极的推动作用。

维持时期 1938年12月间，日军向吉县一带进攻，民大由南村向大宁、隰县一带转移至蒲县克城镇。1939年初春，民大在大宁川庄一带滞留了三四个月。于1939年初秋迁到秋林西南之官亭、龙泉一带。这一时期，先前主持工作的杜心源已经调走，梁膺庸以办公厅副主任的身份对学校进行全面领导。梁膺庸到校后，继续开设进步课程，这个时期政治课除原有课程外，又增加了黄操良讲授的"国际自强"、智健中讲授的"中国革命近代史"、胡磊讲授的"统一战线"、庄启东讲授的"时事政治"等。② 这时民大公开的政治组织依然是牺盟会，各队政治指导员基本上是中共党员，通过众多党员干部的影响带动以及进步课程的熏陶引导，民大在大局上还维持着统一战线的局面，广大青年学生依旧可以继续进步。

1939年冬，阎锡山在山西发动了"晋西事变"。民大的形势随即紧张起来，梁膺庸召集了全校师生员工参加反顽固大会，大张旗鼓地进行了反顽固斗争。梁膺庸在大会上列数顽固分子的罪状，并公开宣布：民大只有牺盟会是合法的，只许牺盟会活动，其他组织一律不许存在，不许活动。③ 为了预防突然事变，在晋西南区党委指示下，1940年元旦前夕，梁膺庸及民大绝大部分党员和进步分子分批分散撤走了。

转变时期 在梁膺庸离开民大后，由智力展接管民大。曾在民大

---

① 山西省地方志办公室：《民国山西史》，山西人民出版社2011年版，第467页。
② 武创辰：《我在民大的两年》，《山西文史资料全编》（第59辑），山西文史资料编辑部1999年版，第1073~1074页。
③ 同上书，第1074~1075页。

学习的田中畯回忆道："智力展到校后并未采取措施扭转民大的进步传统，教学方面仍保留了一些进步课程，进步书刊仍可在师生中自由流传阅读，校内传统的民主生活照旧不变，因而使民大仍在某种程度上保持了牺盟会的进步传统。"①

这一时期学校课程主要由政治教官和军事教官讲授，一些学校领导干部也分担教课任务。课程围绕时政开展，以进步课程为主，有李博伟讲的"政治经济学"，薛博民讲的"社会发展史"，智力展、陈迈之讲的"国际问题"，温志贤讲的"统一战线"，杨映秋讲的"政治工作"，张克昌讲的"抗战文选"等。李文澜讲过"三民主义"，但他在授课中讲的是联俄、联共和扶助农工的三大政策。这些进步课程对学生的思想起着启蒙与提高的作用。虽有阎锡山的"中的哲学""物产证券""按劳分配"等，但因讲课人李济生常不在校，所以这些课形同虚设。

在校内大量流传阅读的书刊仍然是牺盟会留下来的出版物。据田中畯回忆，仅他当时阅读和看到的哲学政治方面的著作就有：艾思奇的《大众哲学》、生活书店出版的《简明哲学辞典》、列昂节夫的《政治经济学》、沈志远的《政治经济学简明教程》、何干之的《社会发展史》、华岗的《社会发展史纲》以及马列主义经典著作《共产党宣言》和毛泽东的《论持久战》等。此外还有许多进步的文艺作品，如高尔基的《母亲》、法捷耶夫的《毁灭》、鲁迅的《杂感集》、郭沫若的《抗战文选》、茅盾的《子夜》、巴金的《家》，以及丁玲、萧红、艾青、田间、臧克家等人的作品。期刊有中共中央编的《解放》、牺盟会编印的《黄河战旗》、邹韬奋编的《全民抗战》等。这些书刊师生可以自由选择阅览。在这些书刊的影响下，青年学生的思想不断进步着。②

阎锡山的对日妥协激起了广大山西民众的不满，尤其是民族革命

---

① 田中畯：《民大学生反对阎锡山投降活动始末》，《山西文史资料全编》（第43辑），山西文史资料编辑部1999年版，第597~598页。

② 同上书，第598页。

九 民族革命大学的兴衰

大学的干部、学生反应十分强烈。1941年9月，学校由韩城迁至大宁。到大宁后，智力展等人开始着手进行起义的实际准备工作，包括制造革命舆论，鼓舞干部学生的斗争情绪；将学生打乱另行编队，使领导权基本上掌握在左派手里；教学活动改为以实习、研究为主，讲课为辅；特别加强军训与军事生活的锻炼，以提高学生的军事技能；提高警惕，巩固内部关系，抵制外界的反动影响。经过这一系列起义准备工作后，1941年11月11日黎明，民大五百多干部学生在智力展的领导下，从大宁三多镇出发，荷枪实弹，准备投奔晋南解放区。夜晚九时许抵达吉县五龙宫，智力展正式宣布了起义行动。但由于起义队伍中隐藏着内奸，民大全体干部学生的武装起义行动被扑灭。当全体学生被带到村边一座古庙里休息时，五百多男女同学齐声合唱《流亡三部曲》《义勇军进行曲》《大刀进行曲》《保卫黄河》《国际歌》以及民大校歌，用悲愤、嘹亮的歌声表示抗议。最后智力展和其他几个领导起义的主要骨干由宪兵押解送回克难坡软禁，全体干部学生仍返回原校址三多镇。[①]

反对降日的武装起义虽被镇压下去，但也可以看出虽然民大经历着动荡起伏，但民大的干部和学生一直坚持抗日民族统一战线。民大这个特殊的培养抗战人才的学校，在抗战时期为抗日战争和进步事业做出了贡献。但民大在发展过程中，进步的统一战线性质逐渐削弱。1940年，民大二分校由陕西秋林迁至蒲县薛关，改名为"山西省立第五联合中学"，学生有三百多人。1941年民大一分校迁入乡宁县西交口乡北岭村，招收中学毕业生和知识青年，1943年并入四联中。1942年冬，民大七分校由陕西韩城迁至蒲县公峪村，改名"山西省立第六联合中学校"[②]。民大由一所具有进步的统一战线性质的学校逐渐演变为普通中等学校。

[①] 田中畯：《民大学生反对阎锡山投降活动始末》，《山西文史资料全编》（第43辑），山西文史资料编辑部1999年版，第598~602页。
[②] 山西省地方志办公室：《民国山西史》，山西人民出版社2011年版，第468页。

十、紧切抗战主旋律的社会教育

在抗战前,阎锡山便重视进行社会教育,并且取得了明显效果。抗战期间,阎锡山所推行的社会教育主要结合战争形势,围绕抗战展开。

爱国教育,坚决抗战 日军侵犯造成山西动荡不安的局势,给山西人民带来了屈辱的生活,阎锡山多次在讲话中论述民众应当有爱国之心,鼓励民众要树立坚决抗战的决心,他说:"做亡国奴,是痛苦的一件事。但欲强国,也须从痛苦中求之。"[①]为唤醒民众对于国难的深切感受,加强民众对于抗战的坚定决心,阎锡山提倡对民众进行爱国教育,他说:"我国处于今日危急存亡之严重关头,对于全体民众应普遍的施行国难教训。"[②]他提出的爱国教育包括:首先要使民众认识到亡国的危害,国家一旦灭亡,人民就会沦为亡国奴,任人欺压宰割;其次要使民众明确应尽义务,要保住国家,保住自身的生命财产,就要当兵、纳税、服工役受教育;再次是了解如何使国家先进、富强,振兴民族经济;最后便是激发民众雪洗国耻、奔赴国难、挽救危亡、复兴民族的热情。阎锡山还提出了立国十要来教育民众,包括国魂:不做俘虏;国本:人各守信;国基:公道森严;国运:耻不若人;国力:负责自动;国风:互助互管;国宝:深谋远虑;国命:适时政治;国光:人皆立志;国粹:成己成人。[③]受到根据地民众教育的影响,阎锡山通过开办民众学校,编演民族革命戏剧,普及救亡歌曲,进行救亡宣传

[①] 李江:《阎伯川先生政治思想之体系》,民族革命出版社1939年版,第41页。
[②] 同上书,第80页。
[③] 方闻:《阎伯川先生救国言论选集》(第3辑),现代化编译社1945年版,第275~277页。

十　紧切抗战主旋律的社会教育

等活动对民众进行多渠道全方位的教育，以提高民众的觉悟，使更多民众拥护其统治，支援民族抗战。①

克难运动，积蓄力量　1940年4月，阎锡山由秋林迁到吉县南村坡，并更名为克难坡。这里为丘陵地形，土地贫瘠，自然条件恶劣，在战争时期更是十分艰苦。阎锡山于5月开展克难运动，他要求第二战区司令部一律实行克难生活，号召广大军民以实干精神克难求存，厉行节约，实行生产自救。在克难运动中，对于衣食住等日常活动做出了具体规定：衣着方面，无论官兵都穿粗布料军服，每人每年单衣两套、棉衣一套，衣服由各县发动民众自染自制；吃的方面，一日三餐都由食堂供给，每餐主食为馒头、稀饭、南瓜、土豆等，每三五日或周日增加荤菜；住的方面，根据地形特点，自己动手挖窑洞，即挖即住。阎锡山号召军政人员及家属自给自足，大家都参加劳动生产，干部种菜，士兵种地、养鸡，家属从事纺织。在长官部的公务员试行生活劳动制，规定每人每日必须劳作12小时，即公务劳动8小时，生活劳动4小时。后来在二战区全面推广，并发展成"一丈见方地种菜运动"，动员军政人员每人开垦一平方米的菜地，实现蔬菜自给。②经过克难运动，阎锡山政权渡过了抗战以来最艰苦的岁月，获得了最基本的生存条件。克难坡吸引了各方人士，由一个只有两三户人家的小山村发展成为拥有两万常住人口的城镇，成为山西抗战的重要基地。

积极行动，支持抗战　为使广大民众能够积极行动起来，支持抗战、投入抗战，阎锡山组织领导了宣传动员工作。他说："非人人拿出牺牲的精神来，与敌人拼命，不足以图生存。大家要拿定主意，自己牺牲，有钱的出钱，大家出力；要坚决守土，誓死抗战。"③教育民众应当积极承担起抗战的义务，可以直接参战，也可以间接参战，在后方

---

① 申国昌：《抗战时期区域教育研究——以山西为个案》，社会科学文献出版社2014年版，第276页。
② 山西省地方志办公室：《民国山西史》，山西人民出版社2011年版，第437页。
③ 李江：《阎伯川先生政治思想之体系》，民族革命出版社1939年版，第81页。

做支援前线的工作,如提供人力、提供物力、维持秩序、宣传动员、传送情报、运送物资、救护伤员、捐献慰劳等。[①]但是民众光有抗战的积极性是不够的,更急需的是投入到战争中去抗击敌人。为此,阎锡山实行了"兵农合一"政策,还通过军事教育来提高民众的军事技能和实战水平。为强调军事教育的目的,阎锡山说:"把各种不同地区不同职业不同生活的群众组织在一个部队中,训练成洋灰铁筋般的坚强部队,没有很好地注意教育工作,那是不可能的。"[②] 军事教育一方面使民众的抗战意识增强,另一方面使普通民众的军事技能提高。军事技能的训练主要是在农闲时进行,结合生产劳作来开展。

通过抗战宣传和军事教育,阎锡山加强了统治,提高了威信,也为抗战做出了一定的贡献。

[①] 申国昌:《抗战时期区域教育研究——以山西为个案》,社会科学文献出版社2014年版,第278页。
[②] 李江:《阎伯川先生政治思想之体系》,民族革命出版社1939年版,第154页。

十一、伪教育行政机构实施的奴化教育

设置伪教育行政机构，严密控制教育大权

卢沟桥事变爆发后，日本帝国主义发动了全面侵华战争。1937年9月上旬日军入侵山西北部，9月13日夺取大同。11月8日太原沦陷。12月14日，日军在北平扶持成立了傀儡政权——伪中华民国临时政府，下辖河北、河南、山东、山西四个省公署及北平、天津、青岛三个特别市。1938年1月伪政府公布了《教育部组织大纲》，伪临时政府教育部设总务局、文化局、教育局。地方各省伪公署设教育厅，市县设教育局、科，是地方一级的教育行政管理机构。

为了严密控制教育大权，日军于1938年6月27日在山西沦陷区设置奴化教育行政主管机构——伪山西省公署（隶属于华北政务委员会）。由华北政务委员会[①]委任苏体仁为伪山西省长。伪山西省公署下设秘书处和民政、财政、教育、建设、警务五厅，以后陆续增设情报处（后改为宣传处）、警备处（后扩编为保安队司令部）。伪教育厅主管教育事务，管辖范围为除大同、朔州13县外的其他地区。大同、朔州地区则由晋北自治政府管辖，两者互不统属。从1938年到1945年，伪教育厅长先后由裴洞泉、赵继武、王骧、关庆祥担任。教育厅设顾问室。伪教育厅最早的日本人顾问为藤井孝三，同时兼管新民会和教育厅事务。继任的泷泽金藏听命于日军特务机关。之后是铃木传三郎，他的正式头衔是伪山西省公署顾问室辅佐官，专管教育厅，此人

---

① 1940年，伪华北临时政府改称为"华北政务委员会"，相应地，其下辖的"教育部"改为"教育总署"。

在伪教育厅内大搞法西斯统治。他们三个人操控着全省的教育大权。厅长之下设有学务专员室、督学室、学务科、社教科、总务科和秘书处。学务专员全部由日本人充任,历任的有泷泽金藏、中村浩、深山勇、森祥寅。他们分别是历任顾问辅佐官的助手、教育厅权力的实际行使者。督学室设督学主任一人,督学主任之下设督学数人。该室职责主要是每年对各学校视察一次,参与开学检点人数、毕业监考以及临时委派该厅有关工程勘查事项。学务科设小学教育、中等教育、高等教育三股。该科各股分管小学、中学、师范、职业学校、专科学校以及留学生考试及派遣事宜。该科直接负责推行奴化教育,初设社会教育股、文化股、文物股,后增设体育教育股。社会科该科负责社会奴化教育宣传及教育任务。省以下的伪道、伪县公署均设立教育科,在伪省教育厅的指导下负责推行奴化教育工作。[1] 除了伪山西省教育厅外,日军还于1939年12月6日成立了日伪"山西省教育会",取代了之前由教育界人士赵连璧等建立的"山西省教育事务所"。次年,日伪"太原市小学教育研究会"正式成立。1942年6月还成立了日伪"山西省公署义务教育委员会",就这样,日军通过层层设置伪教育行政机构直接控制了山西的教育大权,为进一步推行奴化教育方针做好了充分的铺垫。

日本侵略者对山西文化教育的控制,除了通过直接掌握伪教育厅,还在各学校设置日语教官。当时在伪教育厅任职的马昌启讲述了这些日本人顾问在伪教育厅内大搞法西斯统治的例子:"有一次我受遣到河东道(即今运城地区)视察学校,临行未向他辞别请示,铃木因此大发肝火,传来厅长进行训斥。"[2] 伪教育厅各科室起草的文件、计划等,必须经学务专员审阅同意,签字盖章后方可施行。该室专员

---

[1] 张理明、张静娴:《日本侵华时期在山西沦陷区的奴化教育》,《沧桑》2000年第6期。
[2] 马昌启:《日伪时期山西教育的片段情况》,《山西文史资料》(第56辑),山西省政协文史资料研究委员会1988年编印,第309页。

十一 伪教育行政机构实施的奴化教育

实质上是顾问辅佐官的助手。每年举办假期教员讲习会,主讲大部分为学务专员。有时,这几位专员也到各县视察。太原市的各类学校,均派有日本人担任教官或其他职务。师范学校和中学的日语课,几乎全由日本教官担任。这些日本教官在各学校实际上起着顾问和监视人的作用,凌驾于校长之上,谁也不敢得罪他们。对于广大教职员工和学生,他们开口就骂,伸手就打,甚至扣捕关押。一次,组织了日本观光团,太原师范校长郭自励、女师校长×××也在其中。不知为何,在赴日途中,二人忽然被日军第1479特务部队从山海关东站扣捕,押回太原,而伪教育厅,竟无一人敢过问此事。

而另一个行政机构——晋北自治政府,统辖晋北13县,隶属于蒙疆自治政府。由汉奸夏恭任最高委员,日本人千岛升任最高顾问。下设民生厅、财政厅、公安厅、官房(相当于总务厅)和一个"宣抚班"。[①] 当时只在伪晋北自治政府官房(相当于办公厅)的行政科设有视学官。视学官和"宣抚班"负责实施奴化教育。1938年6月,伪晋北自治政府改组为晋北政厅,在下设的民生厅设有文教科,内设总务股、学校教育股、社会教育股,三个股均由日本人担任股长,全面把持着奴化教育的主动权。这样,从省到各地市的各级伪教育行政机构就完备地建立起来了。这些机构是抗日战争时期日本组织实施奴化教育的主要行政机构,正是这些机构的建立将山西沦陷区教育推向了万劫不复的深渊,使得山西教育遭受了历史重创。

灌输亲日反共思想,推行奴化教育方针

日本侵略者为加深其文化侵略,在文化教育方面大肆宣扬中日"同文同种""日华亲善""共存共荣""东亚和睦"等思想,并通过各

[①] 白蔚武:《沦陷时期的大同》,《山西文史资料全编》(第5卷,第56辑),山西文史资料编辑部1998年版,第766页。

级伪政权制定了一系列的奴化教育方针、政策。在1940年之前,这些方针、政策都不统一,各沦陷区各自为政。为了进一步加强在华实施的奴化教育,培训更多"将来始能分担复兴东亚之重任"[①]的新民,日本于1940年秋在东京召开了所谓的"东亚教育大会",以统一在华伪组织教育方针,进一步制定"奴化""驯服"的教育政策,"妄冀以'中日亲善''共存共荣''东亚和睦''东亚联盟'之口号,达成其统治中国之迷梦"[②]。此次会议将日伪实施奴化教育的目的确定为"根本铲除国共两党的主义,严格取缔反日排满的思想",从而"建立东亚新秩序""反共灭党"等。[③]伪华北政务委员会教育总署根据东京会议精神,于1940年颁布了以"反共和平建国"为核心的训育方针。

伪山西省公署对奴化教育方针的贯彻实施照行不误,颁布了一系列的训育方针,依靠这些方针、政策的制定、宣传和推行,使山西沦陷区的奴化教育步步加深。1940年,伪山西省长苏体仁为了更好地执行伪华北教育总署颁布的教育方针政策,在伪山西省第一次省立中等学校校长会议上,提出了本省的教育方针:"教育的目的在于德育、智育、体育三方面之平衡发展……尤当以培植学生之精神修养、科学技能为急务。"[④]表面看来,这些方针是为了青少年的健康发展,关注学生之精神修养,实则是以日本人的教育理念塑造山西青少年,让学生们仰慕日本的精神、文化与科学,以此来进一步渗透奴化教育思想。同年,伪省教育厅则竭力宣传华北政务委员会教育总署颁布的训育实施方针,在《山西省第一届中等学校教员讲习会工作报告》中,鼓吹"提倡我国固有之美德,根绝容共思想,养成亲仁善邻之意识,为建立

---

① 《华北政务委员会教育总署施政方针》,中国第二历史档案馆藏"伪华北政务委员教育总署档案",编号:二〇二-②/5。
② 民国教育部编:《第二次中国教育年鉴》(第15编·杂录),商务印书馆1948年版,第132页。
③ 温济泽:《抗战三年来我在教育战线上的斗争》,《边区教育》1940年第2卷第19、20、21期合刊。
④ 苏体仁:《在山西省第一次省立中等学校校长会议的训词》,《山西省第一次胜利中等学校校长会议实录·程序》,伪山西省教育厅1940年编印。

十一 伪教育行政机构实施的奴化教育

东亚新秩序之始基"①。这些训育方针正是日伪培养"健全新东亚之第二代"的关键步骤。

为了进一步加深对青少年的奴化教育,将山西青少年诱骗到"亲日反共"的歧途上,日伪通过种种措施加以强化。1940年7月,日伪山西省公署颁布由伪华北政务委员会制定的《专科以上及中小学各级学校实施训练八条》,大肆宣扬"亲仁善邻"思想,并强制各级学校遵照执行。次年12月,日伪山西省公署教育厅又发布了《告山西省各级学校学生书》,鼓吹"中日亲善""中日提携""防共反共",向学生灌输亲日反共思想。②并强令各中小学举办恳亲会(即家长会),其用意是在学生家长中宣扬亲日反共的反动思想,以培养更多亲日分子。伪山西省公署先后举办过五次"治安强化运动",1942年10月,伪省公署教育厅长在"第五次治安强化运动讲演词"中强调:"今日强化治安第一要事就是大家要以中日合作建国兴亚为理念,同心协力剿灭共匪肃正思想",妄图将对山西青少年学生的思想奴化纳入到亲日反共的轨道上。1943年,伪山西省公署教育厅还公布了《山西省各级学校学生革新思想,革新生活实施计划》,以进一步加强对青少年的思想控制。至此,日伪奴化教育的宗旨昭然若揭,即"亲日善邻""防止共产党""发扬固有文化"。③

作为日军在山西设立的另一个伪行政机构——伪晋北自治政府则早在1937年就提出所谓的"防共灭共,日满蒙睦邻亲善,复兴东洋道德"为宗旨的奴化教育指导方针。1939年又提出"增强蒙古政权的认识,陶冶忠诚奉公道德,建立东亚新秩序"的教育方针。为了实施这一教育方针,日本侵略者对晋北13县的所有中小学生进行严格管制,进行奴化训育和严格的军事训练。每月都强迫各学校校长召开纪

---

① 张理明、张静娴:《日本侵华时期在山西沦陷区的奴化教育》,《沧桑》2000年第6期。
② 张理明、张静娴:《日本侵华时期在山西沦陷区的奴化教育》,《沧桑》2000年第6期。
③ 瘿公、潘睿:《从抗日教育说到亲日教育》,《大阪日报》(华文版)(第7卷第8期),1941年10月15日。

念会，由各校校长恭敬地捧读"天皇大诏"；还每周强迫学生去日伪军营或"神社"进行所谓"勤劳奉仕"，每逢日本节日都组织晋北各县中小学生到"神社"行礼鞠躬，向学生灌输"武士道"精神。在不少校园内，张贴着"中日提携、防共反共""日满蒙亲善""大东亚共荣""皇军圣战必胜"等标语[1]，企图通过灌输日本武士道精神潜移默化地渗透其奴化思想。而作为核心教育方针的"亲日""反共"教育是日本侵略者及其伪政权在山西沦陷区推行奴化教育的精神实质。

  由此可见，日本侵略者及其伪政权通过制定教育方针、训育方针，以及实施的"治安强化运动"，环环相扣地推行着奴化教育政策，以加快统治山西的步伐。这些奴化教育方针政策对山西人民的危害是长久的、深层次的。恰如《申报》记者所言："敌人在华北实施着奴化教育和文化侵略，真是叫我们最痛心而又最感棘手的一件事，因为军事侵略和土地占领，这只是一时的损失，只要我们自强不息、抗战到底，终有收复的一天。但这深印到一般青年学生的内心的烙印，却是非常不易消失无迹的。更何况有些败类知识分子竟也甘自供敌驱使，来用种种花言巧语欺骗后进之学子呢！"[2]

---

[1] 项致中编著：《大同市教育志》，山西高校联合出版社1993年版，第143页。
[2] 《敌对华北实施奴化教育与文化侵略》，《申报》（香港版）1938年4月7日。

十二、披着"新民"外衣的奴化学校

在日军侵占山西之前，山西的中小学教育在民国时就取得了可喜的成绩，且具有一定的规模，并以"质量高、数量多"的特点在全国居于前列。日军入侵后，遂大肆调整山西教育机构，制定奴化教育方针，同时提出了实施"新民教育"之举措。除了伪山西省教育厅和伪山西省教育会作为管理教育的专门机构外，汉奸组织——山西省新民会也是日伪施行奴化教育的主要权力机构，它与"宣抚班"构成日本侵略者手中的御用工具。新民会以"新民主义"为理论指导；以实现"日满华共荣""扫灭（国民）党""确保世界和平"为目的；以"使政府之施政圆滑为使命"[①]来全力打造新民学校。而取自《大学》卷首的"大学之道，在明明德，在亲民"一句中的"亲民"二字也早已失去了原有的意思。具体而言，日伪主要通过立"新民"牌子，大办奴化教育，并大量恢复、创办学校来造就"新民"，重点在于对青少年儿童进行奴化思想灌输。

立"新民"牌子，办奴化教育

中华民国新民会（简称"新民会"）是日本华北方面军特务部成立的标榜"与政府表里一体之民众团体"组织，成立于1937年12月24日。在华北沦陷区新民会建立了中央、省、道、县以至村各级组织机构。其成立时声称"致力讲求综合民意""府会协力，完成新民政治"，并设立各级联合协议会，每年开一次，讨论解决民众对于政府

---

① 《新民会报》（第1号）1938年4月1日。

的意见和建议,以"畅达民意"[①]。新民会口头上标榜"政、会表里一体"和"民意上达、政令下传",是所谓代表民意的组织。但所谓"政、会、社三位一体",其实,新民会、伪政府、合作社好似伸向民间的三把铁钳,牢牢地统治着沦陷区人民,都是日本侵略者欺骗群众和麻痹人民的一种手段。新民会的主要任务就是向人们宣传"建设大东亚共荣圈""王道乐土""建立东亚新秩序"等奴化言论,并运用《新民报》《武德报》等报纸杂志和电影、广播、讲演、宣传、歌曲、展览等众多手段渗透奴化思想。日本侵略者甚至企图通过广泛的"新民会"工作,"逐步做到全华北的新民化,也就是奴隶化"。

1938年6月新民会山西总会在太原成立,初称"新民会山西指导部",后于1940年改称"新民会山西省总会"。1941年,新民会山西总会下辖雁门、冀宁、河东、上党四道新民会总会相继成立,且各道下分县新民会总会。山西雁门道新民会忻县总会,于1941年由"宣抚班"扩建而成。[②] 其组织系统由县总会的联合协议会、委员会、事务所构成。[③] "宣抚班、宪兵队,后面跟着新民会……"[④] 这个流传于山西民间的顺口溜是对山西沦陷区日伪权力执行机构活动的生动写照。如果说"宣抚班"是随军队东闯西征,那么新民会就是在侵略军攻城略地之后就地培植起来的地方组织。大约从1941年起,山西省新民总会开始建立起各行各业的各种分会。据当时太原市东辑虎营小学(现为后小河小学)的校长王和兆讲述,学校里照例不声不响地也成立了教育分会,表面上是劝教师

---

① 曾业英:《略论日伪新民会》,《近代史研究》1992年第1期;唐志勇:《日伪"新民会"始末》,《山东师大学报》1994年第3期。
② 忻州市地方志编纂委员会编:《忻县志》,中国科学技术出版社1993年版,第379页。
③ 张玉莲:《沦陷区新民会的"民意"协商——以新县新民协议联合会为例》,《山西师大学报》(社会科学版)2010年第37卷第2期。
④ 吕俊伟、宋振春:《山东沦陷区研究》,《抗日战争研究》1998年第1期;刘大可:《山东沦陷区新民会及其活动》,《山东社会科学》2001年第3期;申海涛:《略论保定日伪新民会的政治活动》,《唐山师范学院学报》2006年第1期。

十二 披着"新民"外衣的奴化学校

们自由参加,实际上是半强制地让教师填表入会,然后由学校统一汇总造册上报。这样一来,学校里的所有教职员都成了新民会员。每人还发一张薄铁制的"新民会员之家"的标牌,让钉在各自的家门上,表示入会的"光荣"。新民会刚开始发展会员时,这块薄铁片还起过一定的辟邪作用,警察宪兵一看便知是自己人,而不再光顾。[①]

在日伪的各行政机构中,新民会的年轻人最多。伪政府的人通常着长袍马褂,显得陈腐、呆板,老气横秋。新民会的成员,则穿着短小精干的新民会服,蹦蹦跳跳。口中不时地哼几句流行歌曲,有时还说几句磕磕绊绊的日语。这可能就是他们眼中的新民吧!至于各类学校使用的课本,统一由北平伪教育总署编纂,由新民印书馆独家发行,充斥着"中日亲善"的内容。日本侵略者又命令文教单位一律冠以"新民"字样。从事社会教育的民众馆更名为"新民教育馆"。学校内则盛行讲授"新民主义",穿"新民服",看"新民报",做"新民操"等等。日伪政权还规定,各学校要教唱日本国歌,又恢复了春秋两季的祭孔活动。由伪民政厅举办,规定各学校的学生必须参加。同时还要"祭武",即武成王姜尚,而不是传统上的岳飞或关羽。种种奴化教育措施,足见日本侵略者的险恶用心。

恢复建立各中小学,实施奴化基础教育

日本侵略者利用伪政权在山西沦陷区进行残酷统治的同时,辅之以文化教育侵略。为了建立所谓的"大东亚共荣圈"和"东亚新秩序",培育更多"亲日反共"的顺民,日军将对山西青少年的奴化教育作为文化教育侵略的重点,因此,在日伪操纵下的伪山西省教育厅竭力在山西各个沦陷区发展奴化基础教育,陆续恢复和开办的中小学均

[①] 王和兆:《日伪山西省新民会情况散记》,《山西文史资料全编》(第5卷第56辑),山西文史资料编辑部1999年版,第752页。

冠以"新民"二字,以此来全面推行奴化教育。

在山西沦陷区,各级中小学几乎全部停办,日军为了实施奴化教育,遂着手恢复创办中小学的工作。他们首先废"国民学校"名称,立"新民学校"牌子,将小学教育纳入到文化殖民的轨道上。1938年5月,日伪太原市公署成立后开始恢复小学,先后将太原沦陷区的五所小学,即原西校尉营、西辑虎营、天平西巷、前所街、新城北街小学全部恢复,但分别改称山西省第一、二、三、四、五新民小学。同年冬,日伪华北交通株式会社在前所街开办了职工子弟学校——太原扶轮小学。1939年又在东辑虎营增设伪省立第六、第七新民小学。同年在北门街东头道巷、新道街分别建立了伪市立第一、第二新民小学。1940年在西羊市街建立太原市第三新民小学。同年,西山采煤所也设立了新民小学,这是又一所职工子弟学校;7月省立女子一师附小、省立一师附小复课。1942年日伪太原公署又新开起凤街新民小学、首义关新民小学、营西街新民小学、南堰镇新民小学。这些小学大多设有高小和初小两级,其中以校尉营小学规模最大,大约有20多个班。

除了这些公立学校外,日伪还开办了很多规模不大的私立小学,如明原小学校、加辣女子两级学校,这两所私立小学于1938年5月相继开学。1939年3月,私立清真小学在大南门清真寺开学上课,次年日伪下令将市内私塾一律改为私立学校。据统计,日伪在太原期间共设立小学20所,入学统计人数共计6423人。[①]

在山西的其他沦陷区,日本侵略者也同样加紧开办新民小学。据统计,1938年,日伪"晋北自治政府"先在华严寺创办晋北实验小学,设6个班,后又在大同县城开设6个两级小学。截至1942年,大同县已有日伪公立小学13所,在校生1961人。据日伪《蒙疆年鉴》1943年记载,当时大同全县拥有日伪公立小学210所,在校生15233人,

---

① 申国昌:《抗战时期区域教育研究——以山西为个案》,社会科学文献出版社2014年版,第296页。

十二 披着"新民"外衣的奴化学校

但有 60% 的村庄没有学校,且大部分儿童嬉戏玩耍或与家长从事耕种,县城内外学童失学率极高。在交通沿线城镇,日伪同样大办新民小学。1940 年在武乡,也陆续恢复和创办了 11 所小学,以日语课为必修课。总体来说,这些日伪恢复和创办的新民学校,除公立小学教学条件相对稍好外,其余的学习环境都极其恶劣:教学设备简陋,有些竟然没有教学仪器,教室也破陋不堪,有的甚至以破庙充之。而师资亦明显不足,且文化水平极低。所谓的"新民"学校可见一斑。另外,日本侵略者在山西各地还开办了一批专为日本籍儿童就学的日本学校,共有十几所。其目的是吸引更多日本人到中国充当殖民统治者,为进一步实现所谓的"建立大东亚共荣圈"的美梦开辟一条道路。

1941 年,日伪在文化相对落后的晋西北也大量建立新民学校。据不完全统计,日伪仅在晋西北静乐、宁武等 11 个县就设有新民中学 145 所、新民高级小学 40 所、新民初级小学 178 所。[1] 新民学校总数多达 300 多所。另外,"敌伪强迫中国儿童到新民学校的情况是:岢岚有 40 人,文水 200 人,朔县 980 人,偏关 80 人,阳曲 2900 人,汾阳 3200 人,共计 7400 余人,可见,敌伪对我儿童奴化教育的数字已是相当不少了"[2]。与此同时,日伪在晋东北地区也建立新民小学 280 多所。大致情况为:应县在 1937 年沦陷后就紧接着在城内设立了县立小学、农科实验学校、女子两级小学等,学生千余人。教科书由晋北自治政府统一印发。天镇有日伪奴化小学校 166 所,日语学校 1 所。盂县共有新民小学 200 所。

由此可见,日伪在山西各地沦陷区大肆侵占、控制中小学校,并以恢复、开办新民学校为由,大肆推行奴化基础教育,不仅扰乱了正常的教学秩序,也侵害了青少年的心灵。在这样恶劣的教育环境下,

---

[1] 申国昌:《抗战时期区域教育研究——以山西为个案》,社会科学文献出版社2014年版,第298页。
[2] 杜心源:《民国二十九年度教育工作总结》,《行政导报》1941年第2卷第2、3合刊。

学校教育早已失去了教育的应有之意，转而成为日伪实施奴化教育、实现殖民统治的重要手段。

新民学校必修日语，以培养"亲日"分子

日伪在大量恢复、创办新民中小学的同时，在课程设置上将日语定为各中小学的必修课，强迫学生学习日语，就连乡村的小学也要上日语课。各学校的课程设置以日语为主课，过去的英语课在小学和师范学校都一律取消了，只有在中学保留了少数课时的英语。把持一切的伪教育厅顾问辅佐官铃木传三郎，还一意主张各学校彻底废除英语课，改授日语。最后的结果是只在初中设置英语课，授课时数则大大减少。

"会说日本话，就把洋刀跨"[1]，这是当时日伪统治区人们最流行的一句话，是当时社会一群为了在日本人面前吃得开，主动学日语的人的生动写照。还有一些教育工作者为了生活糊口，为了应付场合，也得学几句日语。但在日伪学校里，对学生要求必须学日语，不学不行。日语课从小学到中学，为一门必修课。每个学校都派几名日语教员，中国人、日本人都有（大同中学是日本人）。小学里每日都有一节日语课，与汉语、算数同等的地位。1942年之后，不仅城内的学校，就连农村日伪政权组建的学校，也都有日语课。日本人对此抓得很紧，不仅从城内培训了一批日语教员派到农村，而且有课本，经常考试，还派人检查。并要求与日本人对话时使用日语。体育课要用日语做口令，向日语教员请示时，要说日语。就连早晚学生见了老师，也要用日语请安。往往日语说得流利的学生，就有请必准。而不会说的或说不准的，就挨骂或不准所请。从学校毕业后，会说日语的，很受日本人赏识重用，不会说的当然不行。

---

[1] 杨生江：《可恨的日伪奴化教育》，《山西文史资料全编》（第9卷第97、98辑），山西省文史资料编辑部1999年版，第153页。

十三、日伪以奴化教育为核心推行的社会教育

社会教育是与学校教育相比较而言的,是指学校系统外的民众教育和通俗教育。作为一种业余性质的教育,社会教育的本来功能是"善导利用余闲,提高全民的体质与气质,增进体能,尤其是职业效能"[1],它不仅是全社会的教育、全民教育,更是家庭教育、学校教育的辅助性教育。但是,在日伪统治的山西沦陷区内,日伪为了实现对华北的殖民统治,在开办各类奴化学校教育的同时,辅以社会教育的大肆推行来加强奴化教育的力度。因此,在沦陷区,社会教育就沦为向中国民众灌输"中日亲善""王道乐土""剿共建国""肃正思想"和"东亚共荣"等反动思想的重要途径,以此妄图实现其对中国人民进行长期的殖民统治。

设立两大管理机构,以全方位掌控奴化社会教育

为了保证奴化社会教育的顺利实施,日伪设立了两大管理机构,以确保奴化社会教育的顺利推行,从而将奴化教育渗透到社会的各个层面。

其一,是奴化社会教育的领导机构,主要包括伪教育厅下设的社会教育科、新民会和宣传处。三个部门各司其职,但目标都是以"复兴东亚、建设东亚新秩序"为旨归的。

第一,社会教育科。主要负责布置、检查与督促各县社会教育事务,下设社教股、文化股、教导股、体育保健股4个股。社教股负责

---

[1] 庄永明:《日本侵华教育全史》(第4卷),人民教育出版社2005年版,第444页。

社会教育、民众教育、民众补习教育、普及日语教育、识字运动、指导少年团等事宜。文化股负责监督文化教育团体，指导图书馆与博物馆工作，领导文艺、美术、音乐、戏剧、电影等事务，对文物古迹与风景名胜区进行管理等。教导股负责宣传"肃正思想"、指导"改善风化""革除不良习惯"[①]等事宜。体育保健股负责公共体育、学校体育和大型运动会的领导与组织。可笑的是，日伪在伪华北都市交欢体育大会每次的开幕式上，都有日伪军政人员到会大讲中日"同文同种""共存共荣"和"建设东亚新秩序"的谬论。由此可见日伪进行社会教育的险恶用心。

第二，新民会。该机构是日伪布置奴化社会教育的领导机构，亦是由日本人和汉奸共同组成的御用组织。山西新民会成立于1938年6月，领导机关为指导部。其宗旨是"发扬新民精神，完成国民组织，实行和平反共，团结东亚民族，建设东亚新秩序"[②]。新民会实质上就是协助伪政府进行"中日亲善""建设大东亚共荣圈"宣传的专门机构，目的是培养更多亲日派，以达到对中国民众文化心理的渗透和完全控制。

第三，宣传处。该机构是设在伪山西省公署及各级伪政府机构内的自上而下的宣传情报机构，省级称宣传处，道、市、县称宣传室。1941年11月，由原省公署秘书处情报室改组而成。其主要职责为两项，一是设调查科，负责选派便衣汉奸在民间搜集情报，将情报汇编成《情况日报》《对共旬报》《情报月报》，以便及时向日军提供共产党和八路军的动向；二是在民众中进行奴化宣传，愚弄广大百姓，以消除中国人民的抗日情绪和斗志，并通过戏剧、电影、报纸、杂志、广

[①] 《山西省公署办事细则》，《山西省单位法规汇编》，伪山西省公署秘书处1943年印，第29页。
[②] 王兆和：《日伪山西省新民会情况散记》，《山西文史资料》（第56辑），山西省政协文史资料研究委员会1988年编印，第19页。

十三　日伪以奴化教育为核心推行的社会教育

播以及标语等宣传品，对民众进行反动宣传。①

其二，是奴化社会教育的实施机构，主要包括新民学校、新民教育馆、图书馆、阅报处、补习学校、体育场、讲习所、新民茶社、问字问事处、通俗书报社等，借助这些机构在全社会大肆开展奴化社会教育与宣传工作，其目的就是切实将"新民精神"渗透到社会各个层面。据1941年统计，伪山西省社会教育机构821个，其中新民学校444所、新民教育馆11个、图书馆5个、阅报处85个、补习学校68所、体育场17个、讲习所10个、新民茶社4个、问事处173个、通俗书报社2个、壁报1处、日报社1处。②另据1941年统计，全省共有新民学校444所，教职员536人，学员13555人，年经费47052元；1942年共有新民学校457所，教职员501人，学员22980人，年经费24794元。③到1945年上半年，新民学校数增至1829所。可见，新民学校是日伪实施奴化社会教育的重要途径。

据1945年伪山西省教育厅报告，"全省推进社会教育以新民教育馆为活动中心，除省市立新民教育馆办理尚属完善外，各县亦多设立。此外，新民学校、职补学校、通俗书报社、体育馆等，均有单独设立或附设者"④。从1944年开始指定太原、阳曲等7地为推行识字运动实验区；1945年每道增加2个县，共增加榆次等8个实验区。还于1944年冬季举办第二届注音符号师资班，培养师资。并按照伪华北教育总署要求，先后成立社教协进会山西省分会和各道市支会，借以协助推行各地社会教育。⑤

---

① 张全盛、魏卞梅编著：《日本侵晋纪实》，山西人民出版社1992年版，第343页。
② 《民国三十年份山西省统计年编》，伪山西省政府秘书处统计室1942年编印，第510页。
③ 《民国三十一年份山西省统计年鉴》，伪山西省政府秘书处统计室1944年编印，第502页。
④ 《第五次教育行政会议山西省教育状况报告书》，中国第二历史档案馆藏"伪华北政务委员会教育总署档案"，编号：二〇二一②/51。
⑤ 同上。

宣传和镇压双管齐下，以确保其殖民统治

日伪在设置社会教育管理机构的同时，还大肆宣扬"中日提携、共存共荣""睦邻友好""防共反共""建设东亚新秩序"等反动思想，并对反抗的民众进行残酷镇压来确保其殖民统治。由于日本人所实行的奴化社会教育无所不在、无孔不入，导致当时山西社会风气一片乌烟瘴气。

第一，企图运用反动宣传培养大量顺民。首先，日伪大肆宣传"中日亲善"，竭力从历史、地理、文化等方面证明日本是"中国之友邻"。在日伪编印的《山西新青年读本》"中日亲善"一课中所讲："假使没有大和民族我们东亚早就和非洲的黑种人差不多了。你道这大和民族是谁？就是我们的友邦日本啊！可见日本是我东亚的领袖。……从历史上说，在汉唐时期就两相往来，彼此同好；就地理上说，中日只隔一海，唇亡齿寒，关联最切，所以，要想保存中国，须得中日亲善，互相提携，才能实现我们的新中国、新的东亚。"[①] 其实质是要教唆民众对日本侵略者完全不抵抗，做一个"亲善的友人"，从而达到日本侵略者殖民中国的政治目的。其次，提出"建设大东亚共荣圈""建立东亚新秩序"的口号，宣称为了共同的目标，中日应"共存共荣"，以此来达到其奴化教育的目的。日伪山西省公署还编写了《建设大东亚读本》，作为进行奴化社会教育的专门读本。声称"中日满基本条约的成立，中日满三国宣言的发表，世界防共协定之增强与延长，不但是中日满三国真正友善敦睦的试金石，也是建设新东亚新世界所必要的共同信念与行动"[②]。再次，施行"治安强化运动"，强迫沦陷区人民与之共同打击共产党在沦陷区的地下组织。自1941年开始，日军先后在山西沦陷区发动了五次"治安强化运动"，主要通过在

---

① 《中日亲善》，《山西青年读本》，山西省图书馆地方文献阅览室藏书，编号："日伪字第739号"。
② 《建设大东亚读本》，山西省图书馆地方文献阅览室藏书，编号："日伪字第739号"。

十三 日伪以奴化教育为核心推行的社会教育

民众中广泛宣传、到处张贴"实行剿共、巩固治安""肃正思想"等标语,放映电影宣传反共思想,表面上是民众运动,实则借助武力,强迫沦陷区人民与其一起行动,共同打击、破坏共产党在沦陷区的地下党组织和爱国抗日活动。

第二,对反抗民众残酷镇压。由于日伪在沦陷区大肆开展奴化社会教育,可谓无处不在、无孔不入,对此,民众对日军的镇压行为非常愤怒,在太原街头曾流行一个名为"八大天"的民谣:警备队无法无天,宪兵队罪恶滔天,警备厅一手遮天,合作社洪福齐天,急进建设团屁股朝天,新民会一天不如一天,公务员闭门聊天,老百姓叫苦连天。[①]该民谣形象而生动地揭露了日军对沦陷区民众的残酷镇压和凌辱。更让人愤慨的是,仅1937年11月至1938年冬一年的时间,日军就先后在雁北地区进行了6次大屠杀,共计杀害无辜群众3000余人;1941年又以莫须有的罪名捕杀200多名青年知识分子。[②]日军在沦陷区可谓无恶不作。

[①] 胡敬斋:《日伪统治太原时期的民谣(八大天)》,《太原文史资料》(第2辑),太原政协文史资料研究委员会1984年编印,第41页。
[②] 徐增祥:《日寇统治大同记略》,《山西文史资料》(第12辑),山西省政协文史资料研究委员会1965年编印,第116~117页。

十四、培养高级亲日分子的留日教育

进行奴化留日教育是日寇殖民主义教育的一项重要内容。日寇希望通过留日奴化教育为日本在华的殖民统治培养一个汉奸知识分子团体,以便于"以华治华"政策的实施。对此,日伪在留日奴化教育上采取了一系列控制措施,以全面主导留日教育大权。

首先,通过扶持伪政权和笼络留学生,控制留日教育的主导权。为了加强留日学生的预备教育,伪山西省公署从1942年起在太原日本中学设立伪"留日特设班",聘请日本中学教师用日语授课。[①] 除正规课程外,伪特设班还进行"东方遥拜""勤劳奉仕"以及"军事训练"等殖民主义和军国主义教育。留学生赴日前,伪省长亲自设宴欢送,并邀请日本顾问和日军司令参加,在其鼓吹一番"共存共荣"之类的谬论后,还要求留学生回拜辞行,表示"感谢"之意。由此可见,日伪对留日学生的教育不仅深化了奴化教育,还增强了法西斯教育的色彩。

1943年,伪山西省公署以"日晋会"的名义在东京涩谷区购置一座小楼,取名"日晋楼",供山西留学生住宿。先后由中山茂、山内正树负责。在此期间,为了增强留日学生对伪政权的向心力,"日晋会"经常召集山西留日学生举行宴会、游园和参观活动,以笼络留学生。在生活方面也给予一些"照顾"。所谓"日晋会",系由伪山西省公署顾问甲斐拉拢了一些在山西工作过的日本高级官员组成。名为联谊,实际上是企图扩张殖民势力,便于勾结和加强对山西的殖民统

---

① 吴洪成、张华:《血与火的民族抗争——日本侵华时期沦陷区奴化教育史纲》,内蒙古大学出版社2007年版,第159页。

十四 培养高级亲日分子的留日教育

治。对留学生的一些活动,一方面是为了拉拢留学生,以使他们效忠于日本;另一方面,以照顾留学生为名,在日本购置财产,据为己有。太平洋战争爆发后,伪山西省教育厅发表"告本省留学生书",令他们"认识时局、保持镇静,安心求学"①。

其次,通过组织留学考试和增加留日名额,掌控留日教育。1939年,伪山西省公署拟定的《山西省选送留日学生办法》,规定凡山西籍的高中毕业生,年满19周岁的男女均可报考,考试及格者,由伪省公署发给留日官费生证明。伪山西省公署对一年一度的留学考试非常重视。每年七八月考期界临,即组织考选委员会,由伪省长、伪教育厅长分别担任主任委员和副主任委员。聘请学界"名流"担任命题官,考前入围。考试时,由伪省长亲任主考官,披红戴花,对考生逐一点呼,以示隆重。出榜时,在鞭炮声中,将榜高悬于伪省属大门前的照壁上,并将喜报送到中试考生家中。②

由于日伪对留学教育比较重视,伪华北各省的留日学生数量甚至超过了战前。据华北政务委员会教育总署档案记载,1938年到1943年,伪华北各省、市,包括河北、河南、山东、山西、北平、天津、青岛等伪政权,总计派遣留日学生943人,其中官费411人,自费532人。在这个时期,山西在日本的留学人数也较抗战前有所增加。1939年,日伪北京政府分配给太原市5个留日学生名额,但由于当时太原市的中学还没有恢复,就把这几个名额给了河北省。从1941年起,日伪山西省公署连续3年分4批派遣了公费、自费留日学生44名。1941年8月选送了该年度第二批公费留学生10人赴日。1942年又选送了崔汉明、杨明时、宋蓬莱、崔长风、梁崇仁等9人赴日留学。1943年,

---

① 崔汉明:《沦陷时期的山西留日学生》,《山西文史资料》(第56辑),山西省政协文史研究委员会1988年编印,第105页。
② 吴洪成、张华:《血与火的民族抗争——日本侵华时期沦陷区奴化教育史纲》,内蒙古大学出版社2007年版,第159页。

再次送李宜路、杨允丰等12人留学日本。另外，又从在职人员中选派俞钟灵、车湘岚等5人赴日本留学。山西大同、阳高和雁北13县的所谓蒙疆辖区亦选派了部分人员赴日本留学，其中尤以朔县居多。而在抗日期间，真正由国民政府派出的留学人员仅有57人，这其中就有平遥人赵养昌、闻喜人赵理海、右玉人耿耀西等。由日军方面派出的留学人员，如太原的翼城籍留日人员吉人镜等，亦在赴日第二年即利用暑期回国探亲之际，加入共产党领导的八路军，成为民族抗战中的一员。据统计，至1945年日本投降前夕，这些留日学生纷纷通过各种渠道返回国内，在留日山西学生中，滞留日本的仅有罗漾明和杨名时。[①]

[①] 丁天顺：《中国近世暨山西留学教育史概述》，《文史月刊》2007年第8期。

十五、"里红外白"的汾南抗日学校

汾河自源头南流，至侯马向西折，经万荣归入黄河，在这里形成一个三角地带，名曰汾南地区。这里战略位置重要，物产丰饶，历来是兵家必争之地。1941年中条山战役后，日军占领汾南，遂按照日本侵华部署，在汾南施行奴化教育。但是汾南人民以不屈不挠的反抗精神和机智的抗战教育形式，在校园内进行着有效的抗战活动，最终打破了日本侵略者继续殖民山西的妄想。

挂"新民"牌子，办抗战教育

从1939年起，日伪在汾南各学校中实行奴化教育，宣扬"中、日、满三国同文同种""中、日、满三国经济提携""建立东亚共荣圈""建立王道乐土"等政治口号。在课程设置上大力开设日语课。国文内容多是童话和神话内容。音乐课唱"少年队歌"和"今日君离去，何日君再来"等靡靡之音，使青少年学生浑浑噩噩，甚至不知其为中国人。

在新民学校里，青少年勉强学习一些基础文化知识，至于对日本的奴化教育，则为应付门面而已。在学校里建立少年团，打着书有亚字的团旗，开会时点缀门面，应付而已。成立于1940年的万泉县新民小学，均以抓文化课为主，其他课则听之任之。同年成立的荣河县新民高小日语课先后由日本新民会顾问、地下党员孙天明和日语专修毕业生赵敏婕担任。[①]

[①] 屈殿奎：《抗战时期汾南沦陷区教育状况》，《山西文史资料》（第106辑），山西省政协文史研究委员会1996年版，第1021页。

荣河新民高小教职员中有三股势力，第一股为汉奸；第二股为复古派，宣扬"新民主义"、孔孟之道；第三股为进步势力，由历史教员讲授《大众哲学》《读书生活》《申报》等内容。还排练戏曲《国统区农村》《后方学校》，名为讽刺国民党，实则揭露沦陷区。1940年到1941年，荣河县先后又办起四所新民小学，其中庙前高小师资水平高，培养人才质量高，挂"新民"牌子，办抗战教育。校长先后为李友兰、关瑞卿、潘奉先。文史教师郭子源，数学教师潘奉先，地理美术教师王富田都是当时的知名教师。除上述课程外，还有修身、日语等课，要求讲述《中日满亲善》和"新民主义"的奴化内容，老师们实则暗地进行抗日救国内容的教育。薛华蜀在城内新民小学处境困难时，潘奉先出面要走了他，保护了地下党组织的活动。贤胡、北火上的两座新民高小，分别在冯雪堂、余仲声等校长的组织下，名为"新民"学校，实为爱国主义教育的地下学校，为民族和国家培养了人才。[①]

摆日伪教材，讲抗战内容

在城圈以外的广大农村学校则是另一种情况。在中条山、稷王山、孤山及其周围，学校使用两套课本，明的课本是摆设，日伪军来时，让学生朗读，暗的为抗战课本，在日伪不骚扰时或晚上教学生。抗战课本政治常识多为时政内容，国语课本内编了很多抗日内容，如九一八事变、一·二八事变，以及山东抗日专员范筑先、忻口会战牺牲的军长郝梦龄、旅长姜玉贞等事迹，还有平型关、台儿庄抗战和南京大屠杀等内容。应考教师，都有民族自尊心，都是爱国主义分子，课内外，教唱抗日救亡歌曲《义勇军进行曲》《黄河大合唱》《小放牛》《游击队之歌》《大路歌》《我们在太行山上》《工农兵学商一齐

---

① 屈殿奎：《抗战时期汾南沦陷区教育状况》，《山西文史资料》（第106辑），山西省政协文史研究委员会1996年版，第1022页。

十五 "里红外白"的汾南抗日学校

来救亡》等。作文教学,更是可以向学生进行抗战教育的绝好阵地和园地。万泉县黄埔村小学学生,在作文中写出了抗日的内容。日军下乡时,检查出来了,多次派汉奸进村索要这几个学生,因村里拖延,日军曾派兵烧了村长的房院,后来为了对付日军,作文本上一律不写名字,都做了编号。为了防止日军骚扰,往往派学生在各校门口放哨,在校内讲抗日内容。

万泉、荣河、临晋、永济、平陆、芮城、夏县、闻喜等沦陷区城乡教育的情况,一般如此,城里办新民高小、完小,乡村学校都由村办,都称×村小学。连新民的牌子也不挂,只是用日伪"新民"教本应付,实则进行抗战教育。万泉县境内有座稷王山,有识之士利用山丘地形,在沦陷区办了好多学校。这里说的不包括上述乡村办的初级学校。1938年,地处稷王山腰的红庙小学,办起了万泉师资培训班,校长由万泉县长郑尚武兼任,学生百余人。这个训练班为万泉县培养了一批抗战和建设的师资力量,充实了农村小学教育。1939年,万泉县政府建立了四望、李家窑等四座民族革命小学(高小),王鼎山、董警吾等分任校长。1940年,地下党员董警吾利用与稷山县长吴哲之的关系,与曹声宣、秦文玉、张铁民、王云、曹志甫等党员办起属于稷山汾南的西村民革高小,共两个班,70多名学生,培养了一批革命青年。[1]大部分师生都有爱国思想,相信中国不会亡,日本必败。教师常借合法讲台,暗讲爱国抗日道理。

---

[1] 屈殿奎:《抗战时期汾南沦陷区教育状况》,《山西文史资料》(第106辑),山西省政协文史研究委员会1996年版,第1022页。

十六、形式多样的反奴化教育斗争

在抗战的战略相持阶段,日寇对边区进行大"扫荡",所到之处实行"三光政策",对山西的学校和小学生当然也不肯放过。对此,这一阶段的初等教育仍在艰苦斗争中坚持和存在。主要通过办抗日两面小学和地下隐蔽学校,坚持办学,并组织流动巡回教育团,开展小先生运动等。这些经验通过电台、报纸和中共中央文件的形式做了传播,为抗日根据地及敌后教育提供了很好的范例。[①] 广大爱国师生在运用各种巧妙办法对付敌人的同时,机智地结合现实创造了很多应敌的办学形式,并适时地对学生进行抗日教育。可以说,通过积极深入研究反奴化教育斗争,不仅出现了很多可歌可泣的抗战英雄,更展现出中国人民不屈不挠进行抗争的民族传统和爱国情操。

教学形式灵活的抗日两面小学

晋察冀边区的抗日民主小学,从建校开始就是与反日伪奴化教育紧密结合的。1943年,为了应对敌人的封锁沟墙,敌占区的教育工作形成了一个新局面,即在学校组织形式上,产生了两种不同的教学形式——抗日两面小学和抗日隐蔽小学。

在情况十分复杂、斗争非常尖锐的日伪统治区,抗日两面小学经过巧妙的伪装,在外表看来和一般伪小学的设备装饰没有什么两样。学生的书桌里放着伪课本,教桌上放着"不打不记心"的戒尺。除了聘请抗日教师外,多在村上推出一个"应敌教师"。敌人到了学校,应

[①] 刘著:《抗日战争时期晋察冀边区的成人教育》,《河北成人教育》1995年第11期。

十六 形式多样的反奴化教育斗争

敌教师就摆出私塾先生的架子,胡乱教几个字,编一套假话,把敌人支应过去。在距敌过近或日伪据点,日伪经常巡查的小学,就采取另一种办法:一二年级学生识字、念书、唱歌,以掩护三、四年级上抗日课。也有的利用风雨天、早饭前或午睡时,趁日伪不在意,召集儿童和成人报告时事和抗日消息。五专区1944年编写了一本伪装的《四言杂字》,从表面上看和小书摊上的"四书""杂字本"完全一致,但仔细翻阅会发现,除了前两三页外,里面全是一些有关抗日的内容。这种课本在繁峙、灵丘川下,既受欢迎,又没暴露过秘密。另外,繁峙、灵丘的学校还针对日伪编写的最反动的修身课本,编写了一本"反驳课本",用正确的态度,揭露了日伪利用课本欺骗麻痹儿童的阴谋。如在《修身》中讲所谓的"王道乐土"时,就把日军捉住中国人灌凉水、灌辣椒水、喂洋狗、指甲上插竹签以及日本侵略者制造无人区等惨刑毒计都介绍出来。像这样的教材,不但教育了学生,也教育了教师自己。可以说,"两面教员"表面上是给日本人当教员,实际上是在抗日政府的领导下秘密工作的。

抗日隐蔽学校则采用"分组教学"法(又称小先生制、导生制)。主要通过将学生分成若干个小组,每个小组有一个小先生(或曰"导生")。教师先把所学内容讲给小先生,小先生再在小组里复讲。如此坚持一个星期,之后各小组集合起来讲一次课。整个讲课过程都是保密的。而巡回小学则采用游击教学法。简言之,就是上课地点不固定,就像打游击一样,避免敌人的破坏,而上课时间则是约定的。另外,"敌来停课,敌走上课"也是常用的教学形式,还有教师化装成农民、货郎进行教学的,而学生则装成到野外拾粪打柴,坚持学习。总之,这众多独特的办学形式都是广大师生在情况十分复杂的斗争环境中摸索、总结出来的。这些鲜活的事例,不仅表明反奴化教育斗争是一场生死搏斗,也揭示了日寇对小学教育的疯狂摧残,同时体现了广大小学教师和学生的艰苦奋斗精神和宁死不屈的民族气节。

抗战中不曾中断的小学教育

日军侵占河津后，全县各校都被迫停办，整个城镇已听不到上课铃声、看不到背着书包上学的学生，桌椅也成了日寇烧火的劈柴，整个县城一片狼藉，陷入白色恐怖。面对日寇对家乡的侵略，本县少数热心教育人士在偏乡僻壤坚持办学，仍沿用旧制进行教学。例如，上井村人严慎修在家乡沦陷后也没有放弃自己热爱的教育事业，依然极力坚持学校教育，把全村三处小学（王户、杨户、严户）合并，并增设高小班。他不但在异常艰苦的环境下坚持办学，还把学校发展成完全小学。该校200余名男女学生，除按原课程学习外，还有意识地增加了武术体育课。严慎修自编抗战教材，亲任思想教育课，定期向全体师生宣讲中华民族历史上的英雄模范人物，大力号召师生在国难当头之时，同仇敌忾，团结起来，不当背叛祖国的民族败类。[1]北村里完全小学早在抗战前就由村自力创办小学，每年招一个高小班，专供本村及临近村庄青年学习。县城沦陷后，该村依靠沟壑环绕的有利地势，依然坚持办学，从未中断。

常备两套教材的爱国教师

尽管山西各沦陷区都处在日伪的白色恐怖下，但沦陷区人民仍然表现出强烈的民族气节和爱国精神，一些热衷教育事业的普通老师在艰苦的斗争环境中灵活机智地进行着抗日教育。山西省应县罗庄村是应县有名的大村庄，自然条件较好。它北依浑河，南邻恒山山地，浑应公路横贯村南，东去浑源城30公里，西到应县城20公里，是浑源到应县的交通要地，也是近代兵家必争之地。在1938年至1945年期间，罗庄村都处于日本的统治之下。在这段艰苦的斗争岁月里，罗庄村几名教师，虽然不是地下共产党员，可他们的所作所为却表现出

---

[1] 《河津教育志》编纂委员会：《小学教育》，《河津教育志》2006年版，第35页。

十六 形式多样的反奴化教育斗争

了强烈的民族气节和爱国精神。表面上他们受日伪所聘,为日寇教育机构服务,但实际上,他们在利用各种机会进行反奴化教育,开展爱国救国教育。他们的工作较为隐蔽,为抗日救国做出了很大贡献。这些教师先后有葛如兰、杨阔、李景云、贾振奎、胡尚通、袁增毓、徐庆等。① 他们通常准备有两套教材,一套称作明教材,是日伪统一颁发印就的教科书,有《汉文》《算术》《自然》《修身》《历史》《日语》等。另一套为暗教材,即过去私塾用的传统教材,低年级的有《百家姓》《三字经》《千字文》《名贤集》《朱子格言》等;高年级的有《论说精华》《论说指南》《古文释义》《古文观止》《论语》《孟子》《算数分类指南》等。老师们以暗教材为主进行授课。而授课形式则根据学生的程度而定,基本上是多级复式,即与传统的私塾差不多。在具体的教学中,当遇到日伪教育机关的人检查时,就迅速摆上明教材以作应付。检查完毕,就开始讲暗教材,学生和家长对此都非常满意。偶尔遇到伪职人员到校检查时听到学生朗读古文等提出质问,教师们则机智应对,并解释说,这批学生程度较高,光学"课本"满足不了要求,主动要求吃点偏饭,否则家长有意见,学生也不愿来。检查人员看不到抗日内容也就作罢了。而具体到教师的讲授内容,这些老师们常因势利导,抓住时机进行爱国主义教育。例如日伪规定的《汉文》教材,有一课讲的是伪"蒙旗",说什么"红白蓝黄真美丽呀"等等。当学生念完这一课后,教师就给年岁大一些的学生详细讲解《论说指南》中具有针对性的课文《五族共和论》,深刻分析红黄蓝白黑五色旗的意义。使学生懂得了辛亥革命后孙中山先生为强调中华民族大团结,用红黄蓝白黑五种颜色的国旗,象征汉、满、蒙、回、藏五族共和。它是推翻清政府的胜利标志,也寄托着中国人民反帝反封建的最大希望。多数学生在学了这篇文章之后,把原"蒙旗"的内容改读成"蒙旗、蒙

---

① 王谦主编:《晋察冀边区教育资料选编》,河北教育出版社1990年版,第138页。

旗不爱你,爱你就要做奴隶"。老师对此则佯装不知,不予过问。

另据史料记载:历史老师贾振奎在讲解中国历史第一章时,公开对学生们说,要学历史就要弄清楚历史概念。我们是中国人,讲中国历史就要讲中国从古至今的历史。在我们以前的历史书上印的是"中国历史",可现在的课本却是"支那历史"。他说:"我没有听说中国在哪个时期称'支那',只知道有个支那半岛在东南亚。日本人将中国历史称为支那历史,不知道是他们不懂历史,还是故意搞错历史,或者为适应'大东亚共荣圈'的需要,这一点我不明白。不知你们同学是怎么看待这个问题的?"[1]学生对贾老师的这堂课印象极为深刻:贾老师的语言不仅深沉,而且有正确的历史观和爱国精神。这极大地鼓舞了学生的抗日热情,也激发了学生强烈的民族意识。之后,贾老师让学生们思考:为什么中国古代直至汉唐都在世界上居于前列,而在鸦片战争,英、法、俄帝国主义侵略后逐渐衰落?虽然并没有公开讲日本帝国主义对中国的暴行,但学生在亲身经历日本人的所作所为后,也完全明白老师的良苦用心。学生们在听了这节历史课之后,幼小的心灵萌生出对日寇的强烈仇恨和对国家境况的担忧。

愤而弃学赴国难的留学生

七七事变爆发后,我国的留学教育受到极大冲击。据说,当时在日本的留学生就有6000余人,在不到两个月的时间里,主动回国的就达4000余人。到了1937年10月下旬,中国留日学生几乎全部回国。青年学子团结一心,誓死不当亡国奴。共赴国难的爱国热情在留学生中迅速传播,许多青年学子毅然回到灾难深重的祖国,加入抗日救亡的运动中。山西留日学生雷任民、段云、韩明、张磐石、毛掬、仇锐、王祖训、曲宪纯、曲宪南、邢润雨、陈汉英、李长庚、侯俊岩、武新宇、

---

[1] 王谦主编:《晋察冀边区教育资料选编》,河北教育出版社1990年版,第138页。

十六
形式多样的反奴化教育斗争

姚第鸿、赵隐锋等,就是在此期间主动回国,并投身于抗日救亡运动的。此间,滞留日本的山西留学生仅为27人。1938年后又减至12人。[①] 留学欧美的中国学子,此时也共赴国难,纷纷回国。七七事变前,中国在欧美的留学生共有4000余人,1938年5月回国的即达到2000余人。我省沁县籍留美物理学家任之恭,带领他的清华学生200余人,在西南联大从事无线电发报研究,为抗日前线的将士提供无线电通讯服务。

值得一提的,还有首批赴日留学生李庆芳,他曾编制《山西省省政十年建设计划》,并担任高级参议官兼一委员会主任,负责计划编制工作。七七事变后,他返回故乡,避居襄垣山村。一日,李庆芳被日军发现,他用日语痛斥日军,日军知道他与日军板垣司令认识,立刻躬身赔罪,并把他拥至夏店镇日军总部,盛宴款待,意欲诱降。他巧于应付,提出释放被俘八路军战士和民兵的要求。次日日军驻上党关今司令亲自来到夏店镇与他会晤,当即答应释放被俘人员。后来日军想借他的名望来收买人心,聘请他当维持会会长,李庆芳立刻拒绝,并说:"我是中国人,若任斯职,将遭人民唾骂,如何使得?"[②] 日军虽非常愤怒,但碍于情面不好发作。后来伪省长苏体仁致函邀他到太原共商大事,他也未曾就范。河津县上井村人严慎修,清末曾留学日本,卢沟桥事变后他毅然返回故里,召集乡里名流与学者,商讨组织抗敌武装。据记载,当时有一股日伪军冲进村子里,严慎修守住未走,并用流利的日语斥责闯入他家的汉奸为"可耻的民族败类",还用日语呵斥日军。日军见他十分精通日语,也丈二和尚摸不着头脑,"不敢加害于他"[③]。留学生积极参与抗日救国的行为,表现了中国人高尚的民族气节和为国献身的民族气概,让人钦佩!

---

① 丁天顺:《中国近世暨山西留学教育史概述》,《文史月刊》2007年第8期。
② 侯殿龙、孔繁珠编著:《山西百年留学史》,山西人民出版社2005年版,第175页。
③ 同上书,第174页。

参考文献：

一、著作

(1) 第二战区司令长官侍从秘书室编：《阎司令长官抗战复兴言论集》（第1辑），第二战区司令长官侍从秘书室1937年编印。

(2) 李江：《阎伯川先生政治思想之体系》，民族革命出版社1939年版。

(3) 方闻：《阎伯川先生救国言论选集》（第3辑），现代化编译社1945年版。

(4) 民国教育部编：《第二次中国教育年鉴》（第15编·杂录），商务印书馆1948年版。

(5) 李公朴：《华北敌后——晋察冀》，生活·读书·新知三联书店1979年版。

(6) 华中师范大学教育科学研究所编：《陶行知全集》（第1卷），湖南教育出版社1984年版。

(7) 临汾地区教育史志编辑室：《临汾地区教育简志》（1840—1985）。

(8) 黄培业、高开源主编：《代县志》，书目文献出版社1988年版。

(9) 毛礼锐、沈灌群主编：《中国教育通史》，山东教育出版社1988年版。

(10) 中国人民政治协商会议平定县委员会编：《平定文史资料》（第4辑），山西平定印刷厂1988年版。

(11) 王谦主编：《晋察冀边区教育资料选编》，河北教育出版社1990年版。

(12) 陶行知：《陶行知全集》（第2卷），四川教育出版社1991年版。

(13) 中国民国教育部：《第一次中国教育年鉴》（1934年）（丁编·教育统计），台湾宗青图书出版公司1991年影印版。

(14) 张全盛、魏卞梅编著：《日本侵晋纪实》，山西人民出版社1992年版。

（15）抗大一分校校史研究会编：《在敌后的抗大一分校》，中国物价出版社1993年版。

（16）忻州市地方志编纂委员会编：《忻县志》，中国科学技术出版社1993年版。

（17）陈应谦：《阎锡山与家乡》，山西古籍出版社1995年版。

（18）齐武：《晋冀鲁豫边区史》，当代中国出版社1995年版。

（19）侯伍杰主编：《山西历代纪事本末》，商务印书馆1999年版。

（20）浑源县志编纂委员会编：《浑源县志》，方志出版社1999年版。

（21）山西省史志研究院等：《晋绥革命根据地史》，山西古籍出版社1999年版。

（22）山西史志研究院编：《山西通志·教育志》，中华书局1999年版。

（23）山西文史资料编辑部：《山西文史资料全编》（第9卷），内部图书，1999年。

（24）山西大学纪事编纂委员会编：《山西大学百年纪事：1902—2002》，中华书局2002年版。

（25）侯殿龙、孔繁珠编著：《山西百年留学史》，山西人民出版社2005年版。

（26）张成德、孙丽萍主编：《山西抗战口述史》，山西人民出版社2005年版。

（27）庄水明：《日本侵华教育全史》（第4卷），人民教育出版社2005年版。

（28）河津教育志编纂委员会：《河津教育志》豫内资新出发通字〔2006〕75号。

（29）赵俊明：《近代山西留学生史话》，山西春秋电子音像出版社2006年版。

（30）长治市老区建设促进会编：《长治革命老区》，山西人民出版社2007年版。

(31) 吴洪成、张华：《血与火的民族抗争——日本侵华时期沦陷区奴化教育史纲》，内蒙古大学出版社2007年版。

(32) 孙丽萍、雒春普等：《1937—1945山西民众的生存状态》，山西人民出版社2008年版。

(33) 李东福、宋玉岫等主编：《山西教育史》，山西人民出版社2010年版。

(34) 中共山西省委党史办公室编：《抗日战争时期——山西人口伤亡和财产损失课题调研成果》（太原卷），山西人民出版社2010年版。

(35) 李茂盛主编：《民国山西史》，山西人民出版社2011年版。

(36) 山西省地方志办公室：《民国山西史》，山西人民出版社2011年版。

(37) 燕生纲、燕奇荣：《克难坡逸事》，中国国际新闻出版社2011年版。

(38) 申国昌：《抗战时期区域教育研究——以山西为个案》，社会科学文献出版社2014年版。

二、论文

(1) 温济泽：《抗战三年来敌我在教育战线上的斗争》，《边区教育》1940年。

(2) 杜心源：《民国二十九年度教育工作总结》，《行政导报》1941年第2卷第2、3期合刊。

(3) 成仿吾：《争取教育战线上的更大的成绩》，《教育阵地》1943年第1卷第6期。

(4) 孙凤翔：《日伪统治下的太原》，《山西文史资料》（第41辑），山西省政协文史资料研究委员会1985年版。

(5) 崔汉明：《沦陷时期的山西留日学生》，《山西文史资料》（第56辑），山西省政协文史资料研究委员会1988年版。

(6) 马昌启：《日伪时期山西教育的片段情况》，《山西文史资料》（第56辑），山西省政协文史资料研究委员会1988年版。

（7）曾业英：《略论日伪新民会》，《近代史研究》1992年第1期。

（8）唐志勇：《日伪"新民会"始末》，《山东师大学报》1994年第3期。

（9）刘茗：《抗日战争时期晋察冀边区的成人教育》，《河北成人教育》1995年第11期。

（10）杨生江：《可恨的日伪奴化教育》，《山西文史资料》（第97、98辑），山西省政协文史资料研究委员会1995年版。

（11）屈殿奎：《抗战时期汾南沦陷区教育状况》，《山西文史资料》，山西省政协文史资料研究委员会1996年版。

（12）吕俊伟、宋振春：《山东沦陷区研究》，《抗日战争研究》1998年第1期。

（13）丁丁：《大节分明见是非》，《山西文史资料全编》（第80辑），山西文史资料编辑部1999年版。

（14）杜彦兴：《民大建校散记》，《山西文史资料全编》（第43辑），山西文史资料编辑部1999年版。

（15）杜任之：《民族革命大学建校概述》，《山西文史资料全编》（第59辑），山西文史资料编辑部1999年版。

（16）李蓼源：《丹心留三晋风范在人间——写在赵宗复同志逝世26周年纪念的日子里》，《山西文史资料全编》（第80辑），山西文史资料编辑部1999年版。

（17）刘秉良、史瑞林：《华灵中学概况》，《山西文史资料全编》（第65辑），山西文史资料编辑部1999年版。

（18）刘存善：《抗战期间的进山中学》，《山西文史资料全编》（第38辑），山西文史资料编辑部1999年版。

（19）陆济：《抗战初期我在民大、牺盟会的经历》，《山西文史资料全编》（第46辑），山西文史资料编辑部1999年版。

（20）乔新象、赵矿：《进山中学的投枪社》，《山西文史资料全编》（第29辑），山西文史资料编辑部1999年版。

(21) 秦丰川:《民大见闻录》,《山西文史资料全编》(第59辑),山西文史资料编辑部1999年版。

(22) 田中畯:《民大学生反对阎锡山投降活动始末》,《山西文史资料全编》(第43辑),山西文史资料编辑部1999年版。

(23) 王纪堂:《赵宗复与进山中学》,《山西文史资料全编》(第68辑),山西文史资料编辑部1999年版。

(24) 武创辰:《我在民大的两年》,《山西文史资料全编》(第59辑),山西文史资料编辑部1999年版。

(25) 徐崇寿:《阎锡山与民族革命大学》,《山西文史资料全编》(第59辑),山西文史资料编辑部1999年版。

(26) 张理明、张静娴:《日本侵华时期在山西沦陷区的奴化教育》,《沧桑》2000年第6期。

(27) 刘大可:《山东沦陷区新民会及其活动》,《山东社会科学》2001年第3期。

(28) 申海涛:《略论保定日伪新民会的政治活动》,《唐山师范学院学报》2006年第1期。

(29) 丁天顺:《中国近世暨山西留学教育史概述》,《文史月刊》2007年第8期。

(30) 张玉莲:《沦陷区新民会的"民意"协商——以新县新民协议联合会为例》,《山西师大学报》(社会科学版)2010年第37卷第2期。

(31) 瘿公、潘睿:《从抗日教育说到亲日教育》,《大阪日报》(华文版)第7卷第8期,1941年10月15日。

(32) 长松:《华北日伪奴化教育一瞥》,《中央日报》1944年9月18日。

(33) 王成章:《抗战期间吉县教育片断》,载:http://baike.linfen365.com,2009年8月4日。

(34) 于萍:《建立民族革命大学》,载青年在线:http://blog.sina.com.cn/jiajrong,2010年9月1日。

第八篇

资源在疯狂掠夺中惨遭破坏
区域生态平衡遭遇了空前浩劫

山西是农牧结合地区，山川多，土地不平整，农业生产所受限制大。在1932年前，耕地一直保持在6000万亩左右。近代山西森林覆盖率不高，只有北部宁武、岢岚一带，中部交城、方山、静乐等地，南部沁源、安泽一带等天然林区。据1916年勘察，山西探明煤炭储量为1270亿吨，占全国煤炭储量的一半以上。此外，山西还拥有丰富的盐、石膏、铝土、铁矿石等资源，这些都成为日军入侵山西以后破坏和掠夺的对象。

日军侵华期间，山西的农林生态系统遭到了严重破坏。日军在山西制造"无人区"，强征劳动力，滥收苛捐杂税，造成有地无人种、有地不愿种、大量土地荒弃的严重局面。日军在山西大肆砍伐林木，致使森林面积大幅下降，加上旱涝灾害频繁发生，水土流失和荒漠化严重，导致自然生态环境严重恶化失衡。日军在山西肆无忌惮地掠夺自然资源，能拿就拿，拿不走就毁；他们层层设立机构，采取"榨干挤净"的掠夺性生产经营方式，最大限度地掠夺煤铁盐等资源，使山西原本薄弱的工矿业遭到毁灭性打击。

更令人发指的是，日军在战争期间实施了惨无人道的细菌战和毒气战，有毒物质渗入水土，对自然环境造成了严重污染，各种细菌贻害百姓，死伤无数，部分幸存者终生受害、痛苦不堪，遗患无穷。

一、"囚笼政策"与晋东北的"无人区"

土地是一种自然资源,能被人们利用,满足人们生产和生活需要,是一切自然资源可持续利用的基础,也是社会经济可持续发展的关键。土地资源有着极为重要的生态价值,土地利用以及土地覆盖变化对陆地生态系统平衡有着极为重要的影响,土地及其上的生物构成的生态系统具有调节气候、净化环境、维持生物多样性等多方面的价值。然而在日军侵华期间,山西的土地损失极为严重,农业生态遭到残酷破坏,由此而产生的生态环境问题也极为严重。

"囚笼政策"带来的土地损失

1938年10月,广州、武汉失陷以后,日军停止了大规模的战略进攻,而采取以巩固占领区为主的方针,中日战争转入战略相持阶段。从是年10月起,日军开始在华北进行大规模"扫荡",但日军"扫荡"此处,我军跳到彼处,这使日军感到其所控制的地区"实际上仅限于主要交通线两侧的数公里地区之内"。日军认为"仅保持线的占领无任何意义,必须保持面的占领"。[1]

为了保持面的占领,日军提出了"囚笼政策"。1939年9月,多田骏出任日军华北方面军司令官,为配合"扫荡",提出了所谓的"囚笼政策",即"以大据点为中心,将小据点按卫星状态加以部署,构筑连接各小据点的呈放射状的汽车公路。其次小据点再互相连接,形成环状线,而后将据点进一步向外扩大,修筑与上述相同的放射、环状道

---

[1] 日本防卫厅战史室编:《华北治安战》(上),天津人民出版社1982年版,第108页。

路"①。同时实行路旁挖沟法，加高路基，在路的两侧挖掘深沟，沟宽约6米，深约4米。在难以挖掘的山岳地带，设置由自然障碍或石墙构成的隔断墙。由这种点、碉、沟、路、墙构成一个个小块，形成囚笼，然后用武力清剿，达到由点到面的占领。在此方针的指导下，日军开始肆无忌惮地在山西各地大量强征占用土地，以修筑公路、据点、碉堡及封锁沟、封锁墙等。

"迈步上公路，抬头见炮楼。"1940年，日军在榆次强迫百姓修筑北至长凝、南至许曲且宽三丈二尺的公路，共毁耕田百余亩。在太谷修建的环山公路，纵横交叉十余条，计长300余里，毁灭农民耕地300多亩。为了防止抗日军民破坏公路，日军在路两旁还挖掘了所谓的"护路沟"。1941年，仅在赵城县因挖"护路沟"损毁土地就达1000余亩。1942年，在太祁公路两侧挖掘了一条一丈至一丈五尺宽的护路沟，绵延数百里，民间良田被毁者不计其数。日军甚至下令各县将靠近铁路、公路、大道两旁300米以内的庄稼一律割去，谁敢违抗就按"通八路"论罪。例如长治关村飞机场周围原是一片绿油油的田禾，不到几天就变成光秃秃的荒场。日军还特别组织了"突击工作队"，严厉督促老百姓亲手割去自己种植的庄稼。到1942年，晋东日军"因修筑铁路路基而强占之民田达3984亩，白晋路北段路基占1860亩，公路占3535亩，共占9379亩，如每亩以平均产粮一石计算，则晋东敌占区同胞，每年少收食粮9379石"②。太行区8年间日军共修筑据点127座，侵占土地6350亩；修筑碉堡726座，侵占土地7260亩；修筑炮楼2159座，侵占土地6477亩，仅此3项太行区人民就损失土地20087亩。③

---

① 日本防卫厅战史室编：《华北治安战》（上），天津人民出版社1982年版，第148页。
② 《晋东敌寇修路，强占民田九千余亩》，《新华日报》（华北版）1942年2月10日。
③ 《八年来敌伪在太行区修筑碉堡、炮楼耗费民力及土地荒芜统计》，山西革命历史档案馆A128-2-8，山西省档案馆藏。

一 "囚笼政策"与晋东北的"无人区"

为了维护其交通和分割、封锁抗日根据地，割断日伪统治区和抗日根据地两区之间的联系，日军在解放区与敌占区之间和铁路、公路两侧挖掘了宽而深的"封锁沟"，挖出来的泥土就修成"封锁墙"。因此，沦陷区数以万计的房屋和田地被侵占。封锁沟"长度往往达数十里，宽度和深度均在一丈五尺左右，沟底可通汽车，沟沿筑有围墙，沿着沟边五六里远即筑一碉堡，碉堡外并有铁丝网"①。1942年，晋中区太谷各据点之敌，于4月11日起强征民夫万余人，由三台村沿山边至马范村以北，挖筑长达50余里的封锁沟，深宽各一丈，所经之处侵占良田2000余亩，地内麦苗全被毁坏，当地百姓处于饥寒交迫之中。据统计，到1942年，日军在华北强制人民挖掘的封锁沟已达12860公里，等于山海关至张家口、宁夏及外长城线的3倍，这些封锁沟都是以农民失去土地、房屋为代价的。②

八年抗战期间，日军挖掘封锁沟、封锁墙，以及修筑公路、铁路、碉堡、据点等，强征占用了大量的土地和农田。据不完全统计，至1943年日军在华北（包括河北、山东、山西、察哈尔、绥远五省和北平、天津两市）修筑铁路至少占地450平方公里，新修公路至少占地8750平方公里以上，修筑铁路两旁护路沟至少占地1750平方公里以上，修筑公路两旁护路沟至少占地3750平方公里，铁路和公路与护路沟至少占地6250平方公里，修筑封锁墙至少占地1250平方公里，合计占地达22200平方公里以上。山西全省为之损失的土地数目亦很惊人，仅就山西长治、长子、襄垣、屯留、黎城、潞城、壶关、高平、沁水、武乡、榆社、和顺、寿阳、太谷14县的土地受损情形做一统计，因日军修筑封锁沟、墙、碉堡、公路等占地121464.6亩，占14县土地总面积的0.18%，其中襄垣县土地损失占到全县土地总面积的5.6%。这

---

① 《密造封锁沟，暗设陷人井》，《太岳日报》1941年12月15日。
② 裴琴：《华北敌筑万里沟》，《新华日报》（华北版）1942年11月20日。

些土地大部分都是上等好地或老百姓房屋用地。而由此造成的粮食损失也十分惊人，14县仅此一项就减少粮食200万石以上。

晋东北"无人区"造成的土地损失

在大"扫荡"的后期，日军为了封锁、隔绝边区腹地及腹心地区，隔绝晋东北与根据地指挥中枢的联系，沿冀晋边境制造了大片"无人区"，这就是晋东北"无人区"。从平定（北）二区娘子关经一、三区到四区南韩庄，再经盂县东山、定襄东南山区，五台一、二、三区，直至繁峙、灵丘南山，长约500里，宽三四十里的地区，均被日军制造成了"无人区"[1]。

日军在晋东北制造"无人区"的行动始自1941年9月上旬。1941年9月，日军大举"扫荡"合击晋察冀边区腹心地区阜平、平山之际，日军独立混成第3旅团即开始在五台县一、二、三区实行并村。一、二区以长城岭到河口线为界，三区以沙崖到石佛寺为界，在此界内和附近的群众都被赶入敌人所谓的"治安区"[2]。其中三区又被划分成三个区：北黑山屯至兰家庄这一带的老乡被集中于沙崖、兰家庄山下；东峪里、里外河府一带的老乡被集中于东峪口；陡寺以上至南坡一带的老乡则被集中于王城[3]。这样，五台县清水河以东，南起牛道岭，北至长城岭，长达100余里，宽44里左右，遍及100多个村庄，均被制造成了"无人区"。在平定县境内，日军独立混成第4旅团自9月24日起，将巨城至郝家庄与黄大崖的13个村子划为"无人区"，其他为"治安区"，强迫该地区的人民迁入"治安区"内[4]。此后，又在郝家

---

[1] 中共山西省委党史研究室：《晋察冀革命根据地晋东北大事纪（1937.7—1949.9）》，山西人民出版社1991年版，第138页。

[2] 五台县政府：《秋季反"扫荡"初步总结》，1941年12月3日。转引自中央档案馆等编：《日本帝国主义侵华档案资料选编——华北"大扫荡"》，中华书局1998年版，第427页。

[3] 《敌寇"治安强化"下的五台三区》，《晋察冀日报》1941年10月22日。

[4] 《新华日报》1941年11月3日。

一 "囚笼政策"与晋东北的"无人区"

庄、羊圈凹等其他一些村庄制造"无人区",至年底,全县共有57个村庄被毁灭。在盂县境内,9月间,日军决定将盂县东北部沿山一带村庄划为"无人住地带",明确划定第二、三、四区166个村庄为"无人住地带"范围,并规定"烬灭实行时期"为布告发出后一个星期内。要求"凡布告指定各村村民,据依照左记各项迅速完全到指定地外居住",或到亲戚或本族家内暂住;或赶快搬住到治安确立区域附近村庄;或到阳泉、寿阳的日军工厂做工。对于超过规定期间,在指定各村内如有不搬者,或搬出后仍随便来往者,按通匪论,严重处罚。①日军首先在沿山高地实行武装警戒,又以一部分武装配合盂县伪县区政府工作人员及"县指导队",以山北村、东庄头等村庄为据点,每日分头向划定为"无人住地带"的村庄出动,以各种手段强迫、诱逼当地居民搬迁。②这样,盂县东北部与河北平山、井陉接壤的地区共88个村(93个自然村)先后被制造成了"无人区"。此后,日军又在椿树底、御枣口、西南异、进圭社、东汉湖、千佛寺、北下庄、清城、路家峪口、盂北村等地增设据点13处,并恢复了百团大战时被八路军攻克的西烟镇、上社镇、兴道、下社村、会里等7处据点,控制了全县各主要交通大道;同时开始在北部、西部地区制造"无人区",使全县的"无人区"扩大到146个村庄。③

此外,日军在封锁线外的灵丘、阳曲等县也制造了大片"无人区"。在灵丘县境内,1941年秋季大"扫荡"前后,日军分设碉堡于北泉、上寨、下关等地,据点增加到30余处,构筑了三道封锁沟线,其中南山根据地的封锁线东自茶坊岭、西至下关镇,长90余里,日

---

① 《日伪布告》,盂县史志编共委员会编:《盂县县志》,中国方志出版社1995年版,第162页。
② 《史固之检举书》,1954年4月10日,中央档案馆等编:《日本帝国主义侵华档案资料选编——华北"大扫荡"》,中华书局1998年版,第492~494页。
③ 中共山西省委党史研究室:《晋察冀革命根据地晋东北大事纪(1937.7—1949.9)》,山西人民出版社1991年版,第139页。

军四处烧杀、掳掠、"扫荡"及"清剿",于沟外制造"无人区",至1943年,全县93个村庄被制造成了"无人区"。1944年春,灵丘日军为割断南山游击区和川下敌占区的联系,又勒令靠近南山根据地的村庄进行"并村",东起东坡、孤子沟、小顺阳、小梁沟、张旺沟,西到上野窝、西沟等20余个村庄全部搬迁到指定的村庄。① 在阳曲县与定襄县东南部山区相接的东北部山区,也被日军制造成"无人区",并且沿定襄县东部与五台县交界线向南延伸。

为了彻底摧毁"无人区"的一切生存居住条件,日军在"扫荡"中有计划地组织"拆房队""放火队""挖窑队""破坏队""搜索队""拖驮队"及"运输队"等,每到一村,不论房屋、窑洞,一律纵火焚毁,衣服、器具、粮食、牲口等悉数抢光。

由于日军划定"无人区",无数耕地就此荒废,无数村庄因此消失,成千上万同胞为此失去赖以为生的土地而挣扎在死亡的边缘。仅1941年秋季大"扫荡"中,五台43个村荒地490顷,盂县12个村荒地410顷。② 五台县境内"无人区"被毁耕地3万余亩。③ 五台二区屋腔村是一个仅有100余户人家的山沟小村,因日军制造"无人区"荒芜土地竟达1000余亩。据北岳二专区8县340村的不完全统计,8年间因敌制造"无人区"荒弃土地255148亩。

"不能种地"与"不愿种地"

"不能种地"指日军对山西劳力的强征与"扫荡"中对牲口和农具的破坏,使得农民不能耕地。"不愿种地"指日军在沦陷区设立各种名目繁重的苛捐杂税,使得百姓负担过重,导致大片土地无人愿意耕种

---

① 刘庄"三·一"惨案纪念碑文,中央档案馆等编:《日本帝国主义侵华档案资料选编——华北历次大惨案》,中华书局1995年版,第487页;《灵丘文史资料》(第2辑),1992年版,第100~103页。
② 《晋东北无人区的斗争》,北岳区党委战线社编印,1943年8月26日,中央档案馆藏,第615卷。
③ 史料丛书编纂委员会编:《晋察冀抗日根据地》(第2册),中共党史出版社1991年版,第156页。

"囚笼政策"与晋东北的"无人区"

而荒芜。

日军在山西疯狂地强征壮丁,逼迫他们从事各种劳役。日军在山西修筑的封锁沟、封锁墙、碉堡以及铁路、公路等军事和交通运输设施,都是驱使成千上万百姓完成的,即便老人、妇女及儿童,有时亦难幸免,无数同胞因此死于非命。五台县前坪村每人每年平均出工270天,约占全年日数的四分之三,也就是说只有四分之一的时日能够用于农业劳作。1941年,日军大量征调民夫沿各城市、铁道、公路或挖深壑,或筑高墙,或修碉堡炮楼,若男子不够则拉女子服役,民众因之奔逃至根据地者甚多。昔西县敌占区因劳动力缺乏,约有三分之二的土地无人耕种。1943年,日军在新绛附近修筑全长约25公里的"封锁沟",在全县派征或强征苦力达1万人左右。这些苦力长年累月在日伪监工人员的强迫下劳动,稍不如意,轻则拳打脚踢,重则皮鞭木棒、刺刀枪托横加毒打。据统计,中共上党区长治、长子、襄垣、屯留、黎城、潞城、壶关、平顺、高平、沁水、榆社11县民众8年来修筑碉堡、据点、炮楼、公路及封锁沟等耗去人工533129511个,而这11县战前原有人口1461924人,按此计算,8年平均每人出工365个,加之服劳役者大多为青壮劳力,土地由此大片荒芜。[①] 此外,日军为了扩充国防产业,弥补本国和"满洲国"劳动力不足,从山西掠走大批劳工。仅昔西一县在1941年就被抓去壮丁300人,占全县人口千分之五。另外,某20户人家的小村被抓壮丁达17人。[②] "山西株式会社"是几乎囊括当时日占区所有近代厂矿的掠夺机构,是日本侵略势力攫取利润和组织军需生产的重要来源。此前工人逃亡太多,日方感到劳动力不足,于是在太原和各县掀起一场"抓丁狂潮"。太原市由伪省警察署负责通知伪市政府,出面召集适龄商店人员、作坊工人以

---

① 《上党这几年来抗日战争资财损失调查表》,山西革命历史档案A128-4-7,山西省档案馆藏。
② 《晋中敌寇狂暴》,《新华日报》(华北版)1942年2月10日。

及无业市民,到海子边"自省堂"开会,待与会者入场后,突然以伪武装警察包围会场,当场宣布征集令,立即强迫编组,押送营盘。①与此同时,阳曲等县日伪也开始疯狂强征壮丁,仅在向阳镇、板桥、蓝村等4村就强征250人,全县共征1200余人,被抓壮丁家属日夜号哭,惨不忍闻。②据统计,此次全省被抓壮丁约有1万人。随后,日军将这些壮丁分别拨充到太原东山孟家井、寿阳、阳泉等地当矿工。强征壮丁使得农民离家弃田,无暇耕种,使土地大片荒芜。

日军每次"扫荡"出扰,必大量掠夺与屠杀牲畜,凡被劫村庄,死猪、羊、牛等狼藉不堪。"扫荡"过后,村庄人烟稀少,到处残垣断壁,杂草丛生,景象凄凉。幸存下来的人往往食不果腹、衣不蔽体。由于没有牲畜、农具,再加上劳力短缺,土地大面积荒芜。据不完全统计,长治、襄垣、长子、屯留等14个市县战前有牲畜253231头,8年间损失147750头。③左权川口等3村被掠去或屠杀之牲畜1724头,毁农具9785件;太岳二沁(指沁源与沁县)大道及沁源城关附近20里以内村庄耕畜被抢掠殆尽,农具随民房化为乌有;沁源城关1000户人家7000余亩土地仅剩毛驴500头和残废牛两头,农具仅残存7张犁,全城不剩一辆车,急需往地里运送的5000多车粪土没法运。在武乡马牧等10村,仅1944年被拉走和屠杀牛112头、驴163头、骡3头,损失犁、耧、锄等主要农具3359件。④8年间日军在武乡拉去牲口达16690头,特别是七区漆树坡和六区代家垴等十多个村子拉得连一头都未留。而拿不走的则烧,8年间烧毁农具19123380件,特别是段村附近及段村到蟠龙、蟠龙到洪水沿线村所有农具均被烧毁。⑤昔阳县

---

① 《一场大规模的劳力掠夺内幕》,《太原文史资料》(第21辑),太原市政协文史资料委员会1995年编印,第37页。
② 《阳曲敌疯狂抓壮丁,敌占区成恐怖局面》,《抗战日报》1943年12月21日。
③ 《上党区八年抗日战争资财损失调查表(1946年)》,山西革命历史档案馆A128-4-7,山西省档案馆藏。
④ 《八年来晋东南人民被敌蹂躏的一瞥》,山西革命历史档案馆A128-4-8,山西省档案馆藏。
⑤ 《武乡八年来战争损失调查(1946年)》,山西革命历史档案馆A128-4-26,山西省档案馆藏。

一 "囚笼政策"与晋东北的"无人区"

安丰村赵栓家中原有坡地20余亩，因日军在"扫荡"中抢走了牲口和农具，加上缺衣少吃所引起的精力疲衰，土地几乎全部荒芜，秋后仅收麻籽2斗，全家4口人只能在糠菜里掺上几粒麻籽充食。① 在日军"扫荡"之下，农村牲畜、农具、肥料等最基本的农业资本大为减少，此亦是土地荒芜的一个重要因素。

日军在沦陷区设立名目繁重的苛捐杂税，百姓负担过重，导致大片土地无人愿意耕种而荒芜。繁峙县许多村庄负担相当沉重，如1942年正当民众春耕下种之时，日伪不断催款，老百姓只好将种子卖掉交款，许多土地因无种子下种而荒芜。南北洪水，上下台庄2000多亩土地因民众担心受敌盘剥全部被抛荒。② 朔东平川位于同蒲路以东，仅1944年春以来，群众对日伪负担所谓"正款"一项即达15种之多，涉及土地的有地基款、地捐、田赋。另外，还有牲口捐、夏季口粮、储蓄金、门户捐、牛肉捐、车捐、鸡狗税等名目繁多的其他捐税。除了所谓的"正款"外，汉奸特务无限制地敲诈勒索，数字更为惊人。根据川中一个较小村庄夏季3个月的不完全统计，一亩地已摊到银洋4元之多，合粮一大斗，其中白面每亩3斤，马料每亩一小斗，每亩一共消耗银洋1.5元，这还是其中被勒索最少的村庄。由于日伪的苛重压榨，该村耕地面积比战前减少了二分之一以上。③

日军对山西农村土地的掠夺性破坏造成自然生态的严重失衡，农民生存环境日益恶化，正常的农业生产无法进行，农业生产急剧衰落。同时也使山西无数百姓失去生存保障而沦为难民，增加了社会的不安定因素，成为战后政府恢复农村经济需要首先面对的问题。

---

① 《昔阳县关于安丰村典型受灾户的材料》，山西革命历史档案A128-4-8，山西省档案馆藏。
② 署渊：《同是繁峙县 生活绝不同》，《晋察冀日报》1942年9月17日。
③ 耿林：《朔东平川的灾难》，《抗战日报》1944年11月29日。

二、"棉花增产运动"

日军为满足军需、民用并榨取各种利润，在华北推行了所谓的"棉花增产运动"，强迫包括山西在内的华北占领区百姓大量种植棉花。据统计，榆次、平遥、临汾、襄陵（今属襄汾）、汾城（今属襄汾）等18县市1940年棉花种植面积达156942.2亩，1941年达287331.9亩，1942年为384273亩，这些棉田面积的不断扩大是以牺牲农民赖以生存的禾田、麦田为代价的。① 这些土地因不间断地种植棉花而发生了土地退化。日军强迫进行的"棉花增产运动"，造成土地肥力下降，生产力降低，直接影响了之后土地的再利用及粮食作物的生长。

1939年2月，伪华北临时政府将原"河北省棉产改进会"改组为"华北棉产改进会"，在山西、山东、河北、河南各省设立分会以及指导区办事处和分办事处。"华北棉产改进会"是日军在华北实行"棉花增产运动"的主要实施机关，但具体增产事务则主要由伪方负责，而"财团法人日本棉花栽培协会给予技术的及财政的协助"，由此掀起一场"棉花增产运动"。②

日军实施"棉花增产运动"的原因

由于得天独厚的自然条件，华北是中国棉花的主产区。全国抗战爆发前夕，根据中国棉产统计推算，1920年华北五省植棉面积占全国植棉总面积的27%，1923年为42%，1926年为42%，1929年为25%，

---

① 《（山西省建设厅）关于函送二十九年各县调查表的公函》，山西伪政权档案B54-1-14-22；《山西省各县六月份棉田面积调查表》，山西伪政权档案B54-1-15-3，山西省档案馆藏。
② 胡华：《日伪在沦陷区的棉花增产与棉花统制》，《贵州师范大学学报》2003年第1期。

二 "棉花增产运动"

1932年为47%，1935年为45%。华北棉花在全国棉花中所占地位之重要可见一斑。具体到山西，棉花是山西境内的主要经济作物之一。从辛亥革命到全国抗战爆发前夕，随着近代工业的发展以及山西地方当局的日益重视，山西棉花生产在这一时期得到较快的发展，棉区分布由晋南和晋中一带扩展到晋东地区乃至忻定盆地。据《中国实业志·山西省》所载：1934年全省棉田分布于49县，面积达179.6万亩，皮棉总产量为3007.34万公斤，每亩平均16.75公斤，并因品质优良而大部分销往津沪等地。又据《中国经济年鉴》记载：1937年全省种棉县份已达60多个，棉田面积达228万余亩，总产量达31452吨，成为战前山西棉花产量最高的一年。[①] 因此，战前包括山西在内的华北就成为帝国主义国家，特别是日本的原料供应地。青岛和天津是华北地区的棉花加工中心。华北输往天津的棉花有68%出口，其中绝大多数输往日本。另据天津1937年7月2日《申报》报道："华北经济势力，日方独占已。"由此可见，在全国抗战爆发前，日本基本上实现了对华北棉花资源的垄断。全国抗战爆发后，为维持长期侵华战争的需要，日本加强了对华北棉花的掠夺，其中日本开始在华北推行的棉花增产措施就是日本掠夺华北棉花的重要内容。具体原因如下：

第一，维持长期侵华战争的需要。棉纺织业一直是日本重要的支柱产业，但由于日本国内领土狭小，棉花产量十分有限，所产棉花远远不能满足棉纺织业发展的需要。尤其在日本发动全面侵华战争以后，棉花不仅是重要的经济物资，而且也是重要的战略物资。棉花是否充足，直接关系到日军的被服供应，从而关系到日军的后勤保障。对日本而言，只有大量掠夺华北棉花，才能保证日军的被服供应，从而达到维持其长期侵华战争的罪恶目的。全国抗战爆发后，随着华北的沦陷，从1938年开始，华北棉花开始大量减产。据资料统计，华北

[①] 徐文月主编：《山西经济开发史》，山西经济出版社1992年版。

皮棉收获面积比上年减少了50%，皮棉产量减少了51%，其中山西减产最为严重，棉田面积和皮棉产量都比上年减少了80%。①

1939年，华北棉产量继续下降。华北四省平均棉田面积比上年减少53%，皮棉产额比1938年减少55%。1938年减产最严重的山西省，1939年进一步减产，棉田收获面积仅有362100亩，比上年减少21%，皮棉产额为69752担，比上年减产45%。②由此看出，华北棉花减产的趋势更加恶化。华北棉花的大量减产无疑会减少日本对棉花的掠夺量，因此，只有通过实施棉花增产才能满足日本国内和对外战争的需要。

第二，满足日本对棉花的需求。1936年，日本的纺织工业已经超过英国，跃居世界第一位，纺织业成为日本国内重要的轻工业。当年日本工业用棉量高达6亿公斤③，但是日本国内棉花产量有限，据日本商工省、农林省、大藏省等部门对1935年至1937年日本国内生产及主要物资消耗量的调查统计，直到1937年中日战争全国爆发前夕，日本国内棉花的自给率仅为3%。根据陈燕山的统计数据可知，日本纺织业的棉花原料，35.1%来自美国，44.1%来自印度，6.2%来自巴西，4%来自埃及，6%来自中国。④

1941年12月太平洋战争的爆发，使日本与美国的贸易中断，日本的海上运输线也被盟军切断。日本无法从美国、印度、埃及等地得到棉花，而日本占领的伪满洲国和许多地区由于气候原因，棉花产量较少，同时这些地区农业生产的重点是进行粮食生产，以满足日本在战争中的军粮供给。因此，此时的华北成为日本棉花的主要供应地。日本华北方面军参谋部在1942年9月的一份文件中称："华北的棉花，由于从

---

① 马仲起：《近年来华北棉产之概况》，《中联银行月刊》1943年第5卷第3期。
② 同上。
③ 王钧：《华北棉产问题之今后与前瞻》，《中国公论》1940年第2卷第5期。
④ 《华北政务委员会施政纪要·实业总署》，华北政务委员会1942年。

二 "棉花增产运动"

第三国输入棉花的途径已被完全断绝,它成了日本纺织业所必需的重要来源。另外,由南方各地购进必要物资需以棉纱布匹等交换,因此,对华北棉花的需要就越发增大了。"①但是,此时日本唯一棉花来源的华北,棉花大量减产。为此,日本也迫切需要在华北推行棉花增产,以满足国内棉纺织业的棉花供应。

棉花增产计划

为了完成增产的目标,日伪准备从以下三方面来提高棉花产量:(1)增加棉田面积。恢复日寇进犯之后的废耕棉田,此外,实行土地改良、垦荒等方法来扩充棉田面积。(2)增加单位面积之生产量。通过普及优良品种、改良栽培方法、充实水利设施、防除病虫害等方法来提高单位面积产量,使每亩皮棉产量平均能达35斤左右。(3)改良棉花品质。对于中棉,根据时常需要数量酌量奖励,或限制其种植面积,并使其品质趋于纯洁。对于美棉,则奖励种植,并改良其品质。改良的标准,应使其绒长增至八分之七寸以迄一又四分之一寸,其间各级长度棉花之生产数量,则随时视国内外需要量及各地风光情形而定之。所谓"视国内外需要量"而定,其实就是视日本的需要而定。棉花生产数量的多与寡由日本对棉花的需要而定,日军的侵略与掠夺本质由此可见一斑。

华北棉产改进会成立后具体执行该计划,出乎日伪的意料,棉花增产计划第一年便遭受挫折,华北棉花产量不但没有增加反而降低了。具体到山西,由于1939—1940年山西广大农村发生水、旱、虫、雹等严重自然灾害,灾情遍及46县市,灾民达50余万人,灾情严重的晋中地区收获仅一二成,略轻的晋南也只有五六成,严重影响了棉花生产。加之,中共抗日根据地政府提倡"多种粮食,少

---

① 《华北政务委员会施政纪要·河北省公署》,华北政务委员会1942年。

种棉花"以打击日伪的掠夺政策,使得1939年山西棉花产量骤减,较之1938年减少近45%,日伪的增产计划在这一时期并未见效。不得已日伪当局重新修订了计划,1940年日本兴亚院技术部长宫本武之辅制定了《华北产业开发五年计划综合调整要纲》。该要纲把华北棉花增产的目标定为使日本纺织业能够获得原料为主要任务。规定1941—1945年华北棉花增产指标以1941年棉产估算163万担为基准,到1945年扩大24%,达到566万担,比最初的计划到1946年产棉1000万担,减少了近50%,基本上恢复到战前华北棉产的水平。为了实现上述华北棉花增产的计划,日伪当局还规定,华北以往荒废的棉田必须恢复植棉,在八路军抗日根据地内无法恢复的棉田,可由铁道两侧、公路水路两侧、飞机场、县城及重要乡镇周围各100米内禁止高秆作物,必须植棉来补足;到1941年除计划新耕棉田18000亩外,还必须从战前华北小麦种植面积中抽520万亩、小米种植面积中抽236万亩、玉米种植面积中抽260万亩,共计1016万亩改种棉花,来进一步扩大植棉面积,使棉田总面积扩大1017.8万亩,以强行"开发"扩大华北棉产,达到完成其棉花增产计划,便于其扩大掠夺的目的。[①]

1941年日寇为应付大规模战事,对于各项资源的需要愈感迫切,兴亚院华北联络部于本年9月制订了"生产力扩充五年计划"。该计划规定,自1942年起,5年之间大致恢复日寇进犯前的棉田面积,同时力谋提高单位面积的生产量,至第五年度华北全体生产皮棉约计960万担。该计划实行后,每年除采种圃面积尚与该计划数相符外,其余部分每年均由兴亚院华北联络部编定《华北农产物对策要纲》,棉花增产亦根据该要纲拟订计划付诸实行。

[①] 居之芬、张利民主编:《日本在华北经济统制掠夺史》,天津古籍出版社1997年版,第231~232页。

二 "棉花增产运动"

增产的措施

伪华北棉产改进会是日伪棉花增产运动的主要实施机关,该会主要任务就是实现华北棉花增产计划的目标,积极执行兴亚院华北联络部制订的棉花增产计划。伪华北棉产改进会1939年2月6日创立于北平,另于华北四省设立分会以及指导区办事处、分办事处。山西省划为2个指导区,设区办事处2处,分办事处8处。山西省2个指导区及所推广县份如下:分会直辖:平遥、榆次、汾阳;临汾区:侯马、洪洞;运城区:临晋(今临猗)、新绛、闻喜。

为完成"普及改良华北棉作及增进种棉之利益"[1]这一目的,该会积极举办下列事项:棉花栽培之指导奖励;采种圃及委托采种圃之经营;棉花种子之配给;棉田水利之普及奖励;棉产合作事业之指导奖励;棉产金融之斡旋;棉花运销之斡旋;关于棉产之调查研究;其他应办之事业。[2]可见,凡是有关棉花生产经营的事项,均属该会管辖范围之内。

伪华北棉产改进会在山西等地的棉花增产主要通过扩展棉田、组织"宣抚班"宣传植棉、发放植棉贷款等方式进行:(1)增加棉田面积。伪华北棉产改进会计划将原来种植小麦、小米、玉米的部分农田强迫农民改种棉花;规定华北以往荒废的棉田必须恢复植棉,在八路军抗日根据地内无法恢复的棉田则由铁道两侧、公路和水路两侧、飞机厂与县城及重要乡镇周围300米内禁植高秆作物的地方植棉补充。[3]日军计划使华北四省(晋、冀、鲁、豫)棉田总面积达到3600万亩,占耕地总面积的9%(华北四省耕地总面积为38763万亩)。[4]例如,同蒲路南端闻喜县系日军规模较大的一个据点,1942年四边田地大部分

---

[1] 《华北棉产改进会章程》,《华北棉产汇报》1939年第1卷第1期。
[2] 同上。
[3] 居之芬、张利民主编:《日本在华北经济统制掠夺史》,天津古籍出版社1997年版,第231~232页。
[4] 曾业英:《日伪统治下的华北农村经济》,《近代史研究》1998年第3期。

被日伪勒令种植棉花及罂粟。①(2)组织"宣抚班"宣传植棉。日伪华北棉产改进会山西分会为了鼓励棉农种棉以满足战争需要,不惜花大力气到沦陷区宣传植棉。专门成立所谓"宣抚班",向农民宣传植棉的好处,并发放种子给农民,让他们试种,许诺收成之后以高价收买。而待农民乐于种棉且广大农田变棉田之后,日伪则压低棉价,致使广大农民陷于破产。1940年2月,伪山西省分会专门委派太原铁路分局的"爱路列车"到同蒲路南段各站宣传植棉达20天,所到之处召集"爱路"村长、村民开会,由局长"将种植美棉利益为村民等讲说",随后"将所带各项宣传品按出席人数多寡酌量分送,并与村长等谈询各地之植棉概况"。据统计,这次宣传集会人数近2万人,分发《植棉日历》160份、《种植美棉浅说》80册、《劝棉农棉商鼓词》160册。②这一时期,一些地方的农民被迫开始植棉,日军在达到棉花增产目的之后,以低价强制收买棉花。1942年,日军所定收购每斤棉花的平均价格为0.91元,而当时汾阳市场价每斤棉花平均价格则为1.90元,收购价仅为市场出售价的47.98%,农民利益受到重大损失。(3)发放植棉贷款。日伪当局为了迫使农民种植棉花,不惜贷款给农民。1940年,临汾、运城、曲沃三县发放贷款37500元,整个华北到1940年年底由伪华北棉产改进会发放贷款计750万元。③但日伪毕竟财力有限,棉贷只能是杯水车薪。

除上述"棉花增产运动"外,日伪还于1941—1942年间连续发动五次残酷的"治安强化运动",对中国共产党领导的敌后抗日根据地实行大规模的"扫荡""清剿"和"三光"作战,使得抗日根据地面积大为缩小。据统计,到1942年年底,雁北地区基本变为敌占区,地处忻县、岚县、离石、汾阳之间的第八分区仅剩17个行政村,忻

---

① 《闻喜粮荒》,《太岳日报》1942年4月21日。
② 《关于呈报奉派随同爱路列车宣传植棉情况的呈文》,山西伪政权档案B54-1-14-22,山西省档案馆藏。
③ 胡华:《日伪在沦陷区的棉花增产与棉花统制》,《贵州师范大学学报》2003年第1期。

二 "棉花增产运动"

（县）静（乐）公路以南和汾河两岸地区大部分村庄被日军占领，日伪"治安区"则相对扩大。因此，1941—1942年山西棉产得到较大幅度恢复，棉田面积亦有所扩大。①如祁县1942年比1941年增加了152.8%，18县1941年的棉田面积比1940年增加了130389.7亩，增加近83%，1942年则比1940年增加了34%。山西棉产量也大幅增长。据统计，1940年棉产量为3460吨，而1941年则增加到7780吨；1942年棉产量为9070吨，比1941年多出1290吨。

1942年6月，日军在中途岛海战中战败，开始丧失了中太平洋地区的战略主动权，太平洋战争发生转折。随后从1942年8月到1943年2月，日军在与美军争夺瓜达尔卡纳尔岛时再次告败，从而转攻为守。到1943年7月，美国已在太平洋战场转入反攻，日本所谓的"大东亚经济共荣圈"宣告破产，开始节节败退。由于逐步丧失东南亚粮食的输入和连续几年的棉花增产运动，许多生产粮食的田地被大片棉田占据，沦陷区粮荒日益严重，一般人民只能以很少的山药粉拌大量糠皮充饥，有些地方甚至出现人吃人的惨剧。为解决粮食问题，日伪乃调整棉花策略，从"棉花增产"逐步转变为对棉花的"全面统制"。1943年2月13日，汪伪政府公布"战时经济政策纲领"，宣称要"改进农业技术，兴修水利，拓辟耕地，以求食粮及其他战时主要农产品之充分的增产"，并在北方确立"以新粮食政策为中心的华北战时经济体制"。汪伪政府特别强调："为顾虑棉田大量扩增足以影响粮食之自给自足，增产棉花置重点于棉田单位面积产量之增加，而对扩增棉田采取缓进方针。"②这一时期，日伪的棉花增产运动尽管仍在继续，但增产重心已转移到粮食方面。

1943年，日伪将华北棉花公司、华北棉业工会、华北棉产改进会

---

① 军事科学院军事历史研究部编著：《中国抗日战争史》（下），解放军出版社1994年版，第79页。
② 山西省地方志编纂委员会编：《山西通志·农业志》，中华书局1994年版，第17页。

889

统一整合为"华北纤维公司",对华北棉麻原料保管、采买、配发、进出口实行一元化统制。不过,日伪尽管采取了各种各样的手段,但山西棉花产量和棉田面积从 1943 年起又开始呈下降走势。1943 年山西沦陷区各县植棉面积大幅度收缩,其中平遥、临汾、解县等县下降 50% 以上,新绛、稷山等县下降幅度更大。1944 年,日军因发动豫湘桂战役从华北抽调了大量兵力,抗日武装则乘机配合盟军在太平洋战场发动全面反攻,将日军占领区压缩到大小城市、铁路沿线,而沦陷区农民又竭力抵制种植棉花,以致 1944—1945 年山西沦陷区植棉面积及棉花产量持续下降。从 1943 年开始,山西沦陷区棉花产量呈逐年下降趋势,其中 1943 年棉产量仅为 1942 年的 58%。到 1945 年,棉田面积仅 184042 亩,产量为 3200 吨,约为战前的三分之一。[①]

[①] 徐文月主编:《山西经济开发史》,山西经济出版社1992年版,第457页。

三、日本在山西强迫种植罂粟

日军侵晋期间，日伪强迫山西沦陷区人民废弃麦田、稻田而大量种植罂粟，使得原来种植粮食作物的大批良田被侵占。同时，罂粟还与传统农作物争夺人力、水肥资源，成为稼禾致命之敌。种植罂粟会造成土地肥力下降，生产力降低。在种植罂粟之前与之后，纵使同一亩土地种植同一种农作物，其产量却极不相同，单位面积产量随罂粟的广种日趋衰减，直接影响了土地的再利用。

开始种烟

1937年日军侵入山西之后明目张胆地推行鸦片政策，每占领一个城市与交通重要区域即准许公开贩卖和吸食鸦片、吗啡、海洛因等毒品，在占领区内竭尽所能地使鸦片政策合法化、公开化。晋北伪政权成立之初即强令各区村庄种植罂粟，规定水田每亩应割烟50两、旱田每亩割烟30两，各种烟户应照额径交烟土实物，收购价特等烟每两29元（较市价低30元）、头等烟收购价每两22元（较市价低22元）、二等烟收购价每两16元（较市价低19元）、三等烟收购价每两14元（较市价低15元）。伪"晋北自治政府"（1937年10月15日在大同成立，1939年9月1日伪"蒙疆联合自治政府"成立后则改组成其下属的"晋北政厅"）和伪山西省公署即划定雁北13县及冀宁边9县为种烟地带。[1]

---

[1] 魏宏运：《三四十年代日本的鸦片侵华政策》，张海鹏主编：《第二届近百年中日关系史国际研讨会论文集》，中华书局1995年版，第73页。

1939年，伪山西省政府民政厅厅长宋澈、财政厅厅长宋启秀向伪省公署（1938年7月在太原正式成立）提交《罂粟增产计划》，经伪省长苏体仁同意之后即派参事赵汝扬到日本陆军特务机关请求此事。征得省公署顾问室顾问、太原陆军特务机关长谷荻那华雄许可之后，伪省公署下令在日占区普遍种植罂粟。[①] 并规定每种烟1亩以"罚款"名义征税20元，另需交纳省附加、县附加等项变相税捐。1939年，山西有30多个县500万亩良田种植罂粟，仅"罚款"一项就掠夺民财上亿元。在霍县，日伪"运来大批烟子，每斤售12元，在铁路沿线各村，有许多贪利的分子已经栽种"。在白晋路沿线，日伪规定铁路沿线10里以内禁止种五谷，只准种植罂粟和棉花。[②] 在大同，日军从东北运入一批数量可观的罂粟种子，分给各地播种。农村富户为了牟取暴利而选择肥沃土地种植，贫苦人家则为了摆脱困境而租地种植，也有农户被迫将栽种黄花菜的耕地改种罂粟，整个大同地区的水浇地基本都种上了罂粟。当时只要走出大同城，满眼便是"洋烟花"，无数中国百姓做了"洋烟花"的冤鬼。据统计，仅大同县583个自然村就有近百个村庄种上了罂粟，占全部水浇地的95%。与此相反，粮食种植面积和产量却锐减，农业经济陷入畸形状态。1940年，日伪又在同蒲路沿线地区强迫民众拔掉禾苗改种大烟。据日伪组织观察员统计，仅霍县因此种烟5000余亩，收割烟土25万两，每亩抽烟税以51元（伪钞）计，每年抽税25万余元。[③]

假意禁烟

1940年秋，日军在伪华北政务委员会之下设置华北禁烟总局

---

① 〔日〕内田知行：《山西省日军侵占区的鸦片管理政策》，刘春芳译，《山西文史资料全编》（第9卷），山西文史资料编辑部2002年编印，第160页。
② 《敌迫种烟棉》，《新华日报》（华北版）1940年4月15日。
③ 玉甲、李牛：《在敌寇毒化下已成人间炼狱》，《太岳日报》1940年9月23日。

三 日本在山西强迫种植罂粟

（华北日军占领区内管理鸦片的最高机关），在山西太原设禁烟分局。同年8月31日，伪华北政务委员会发布了一系列有关鸦片的法令法规，如《华北禁烟暂行办法》《华北禁烟暂行办法施行细则》《华北禁烟总局组织暂行规程》《华北禁烟分局组织暂行规程》《华北药业公会规则》《华北禁烟缉私规则》《华北查获私土奖励规则》《华北禁烟总局征费规则》等，从字面上看，日伪是要"禁烟"，而事实上却是要对鸦片种植、买卖、流通等开始实行统制。例如，《华北禁烟暂行办法》规定："非经主管官署的许可，不得栽种罂粟。""经主管官署许可的罂粟栽种者，其所产之未加工鸦片应卖给主管官署指定的人。"《华北禁烟暂行办法施行细则》则规定："罂粟栽种人应于每年1月31日以前向禁烟总局递交申请，写明姓名、年龄、原籍、住址以及栽种的场所、面积，才能发给栽种许可证。"据此，伪山西省公署于1941年2月相应地制定了生产和管理鸦片的基本政策，并将制订的"五年禁烟计划"下达到各伪县政府或伪县治安维持会执行，指出"我省禁种罂粟于事变前（1937年7月以前）已付实施，事变后由于从严查禁，恐使民众误解。本省有鉴于此，从去年开始采取了禁种罂粟、收取罚款的办法，并制订了五年禁绝计划，每年减少播种数量，期望最后禁绝，俾使遵守村令而抒民困。值此春耕期间，务须认真实施计划，以达目的。除此之外，兹附发五年禁烟计划，仰该知事、会长，一体遵照实施"。"五年禁烟计划"（1941年1月实施）规定"（民国）三十年的种植面积不得超过二十九年，三十一年削减至八成，三十二年削减至五成，三十三年削减至二成，三十四年必须禁绝"。表面上堂而皇之地要禁绝鸦片，事实上伪山西省公署对罂粟种植却采取了放任态度。例如，1941年6月伪山西省公署发出《本年度各县超种烟草暂免铲除的训令》，指出："据各委员查报，鉴于人民生活困难，各县知事对超种烟亩予救济，且栽种罂粟已花去相当费用，该种其他作物已误农时，故铲除很困难。各县知事未能注意事前限制栽种，待罂粟成长以后强行铲除则极其困难……"1942年伪山西省公署顾问室又出台《关于罂粟栽培及鸦片收购》文件，称："民国二十九年八月三十一日，各项禁烟法规公布、禁烟局成立、统一管制栽种罂粟、确立特定收购制度、设立华北土药业公会……"①从中可见，伪山西省公署亦遵从伪华北政务委员会公布的各项鸦片法规，实行鸦片统制。不过，罂粟栽种亩数是由伪华北政务委员会进行分配，由禁烟总局下达训令，各省禁烟分局则负责登记管理栽种量。1941年分配给山西的栽种面积为10万亩，而当时实种5万亩，依照配额则需要增加播种面积且违背了所谓的"五年禁烟计划"。《华北禁烟暂行办法施行细则》第21条及第22条规定由禁烟总局指定收购人，罂粟栽种户生产的未加工鸦片由指定的收购人垄断，按收购价格收回。山西则由伪太原禁烟分局指定并监督特定收购人，伪省公署监视收购情况。当时山西的特定收购人有晋北地区的陶菊圃和晋中地区的郭定览等人。同时，在公务员奖金发给办法中又规定："督励药草栽种的各级公务员能够圆满完成任务，且无不轨行为时，依照以下各项发给奖金：每收集一两土药，发给村公务员奖金一元五角；每收集一两土药，发给区公务员奖金二元；每收集一两土药，发给县公务员奖金一元。"②文件在提法上虽谓"督励"，实则是在日伪军政控制下以行政权限为支撑强制推行。或者说，名为"禁烟"，实则鼓励或强迫百姓种烟。

强迫种烟

1941年，伪山西省公署勒令广种罂粟。1942年，更划定26县部分地区为鸦片专门种植区，强迫老百姓栽种。以太谷县为例，是

---

① 〔日〕内田知行：《山西省日军侵占区的鸦片管理政策》，刘春芳译，《山西文史资料全编》（第9卷），山西文史资料编辑部2002年编印，第161、164页。
② 同上书，第161、165页。

三 日本在山西强迫种植罂粟

年种烟竟达 6000 余亩。① 而晋北伪繁峙县公署则于当年命令种烟 4000 亩；伪应县公署当年征收鸦片实物税 1300 两，并向农民制发了种烟许可证和《种烟规约》。在晋西北偏关县，日军从外地运来罂粟种子强迫民众大量种植，收割后所熬制的生鸦片则由官膏局收买，并引诱老百姓吸食，使得该县县城和楼沟堡附近 10 里之内种烟面积高达 450 亩，有些村庄嗜食鸦片的村民竟占全村人的三分之二。在交城县，据郭家寨村郭建宁老人所述："当时村子周围种植的鸦片一大片一大片的，到了每年 4 月份，地里白茫茫的，雪白雪白的，日本人都要征税的，而且征得很多，一亩约烟土 20 两。"在晋南地区的赵城县，日军强迫百姓种烟不能少于 2000 亩，并下令每亩勒索现金 60 元，限 4 月底前交清，如限期不交者则立刻剥夺该土地之耕种权。在日军的威逼利诱下，山西整个沦陷区罂粟种植面积不断扩大。1942 年经伪山西省公署许可栽种罂粟的县份有 26 个，原计划栽种 41550 亩，实际栽种 32561.18 亩，实际栽种虽比计划减少 22%，但离石、榆次、忻县、代县 4 县的实际栽种面积均超过许可面积，4 县合计达 11389 亩，超出许可面积的 17%。其中，离石罂粟栽种面积占 1941 年耕地面积的 1.3%，离石、交城、汾阳、文水、阳曲、静乐、岚县、崞县、宁武、神池、五寨 11 县罂粟栽种面积占到了耕地总面积的 0.68%。

1943 年，日本"大东亚省"（原"兴亚院"）北京事务所及所谓"日本驻中国大使馆"合议改组"华北土药业公会"，并指定山西省为特许罂粟栽培省份，拟推广种烟面积至 40 万亩，以生产鸦片 1000 多万两（一说 800 万两）。② 1942—1944 年，方山县日军强迫该县百姓种植鸦片，全县沿川和大沟 4000 余亩水地被迫改种鸦片，占全县水地面积的

---

① 王德溥：《日本在中国占领区内使用麻醉毒品戕害中国人民的罪行》(1946 年)，郦玉明译，《民国档案》1994 年第 1 期；《国民政府内政部就伪山西省公署划定种烟区域事致外交部电》(1942 年 1 月 2 日)，马模贞主编：《中国禁毒史资料（1729—1949）》，天津人民出版社 1998 年版，第 1548~1549 页。
② 李恩涵：《战时日本贩毒与"三光作战"研究》，江苏人民出版社 1999 年版，第 87~88 页。

80%以上，致使该县万余人沾染吸食毒品的恶习，占到种烟区成年人的70%以上。[①]1944年以后，随着日军在太平洋战场的失利以及中国军队的局部反攻，日占区日渐萎缩，山西罂粟栽种县的数量也相应减少，但栽种面积却扩大了。与1942年相比，1945年山西日占区栽种罂粟的县明显减少，计有13县，但实际栽种面积却扩大了，如1942年26县栽种32561.18亩，而1945年13县就达66181.56亩。由此可见，此时日军占领区在抗日军民打击下尽管不断缩小，而罂粟栽种面积却进一步扩大。究其原因，乃在于日伪的强制和利诱，某些伪地方政府"公务员"受到所谓"奖金"的刺激，不断奔走以"督励""药草"（1945年日伪将罂粟更名为"药草"）栽种。

总而言之，抗战期间，日伪强迫山西沦陷区人民废弃麦田、稻田而大量种植罂粟，使得粮食播种指数大幅下降，加重了沦陷区人民的粮食危机，阻滞了各地农业及农村经济的发展。同时，广种罂粟还破坏了农业生产发展的基础，扭曲了正常的发展趋势，使农业经济呈现出畸形状态。山西广大农村原本地瘠民贫，由于大种罂粟，百姓生活更加艰辛和困苦。例如，日军侵占应县第二年，即1938年，日伪应县县政府便下令强制百姓种植罂粟，人们起初只在水利比较充足的五峪水口流域、浑河灌溉区，如西南乡的下马峪、东安峪、大营以至沿南山坡各村，东南乡的北楼口、罗庄、大临河、小大石口、下礼、南河种、门宅，东北乡的南马庄、义城、三门城等村，以及南乡的王宜庄、南泉等村种植，当年全县种植罂粟5000亩左右。从1939—1945年，在日伪政权的逼迫下，应县农民不仅在水地和湿地种植罂粟，有的甚至开始挖掘旱井蓄水浇地种植。据统计，其间，北楼口村每年平均种植120亩，罗庄村每年平均种植800余亩，大临河村每年平均种植400余亩，大石口村每年平均种植400余亩，王宜庄村每年平均种植

[①] 章伯锋、庄建平主编：《抗日战争·日军暴行》，四川大学出版社1997年版，第103页。

300余亩,南马庄一带十几个自然村每年平均种植5000多亩,南马庄庆玉堂一个村就年均种植7000—8000亩,全县每年平均至少种植1万亩以上。① 日伪强迫沦陷区人民大量种植罂粟,一方面加重了沦陷区人民的粮食危机,使人民生活更加困苦;另一方面,因其大力推销"料面",使许多人染上毒瘾,山西民众的生理与心理受到极大伤害。

---

① 葛如兰:《日伪时期鸦片在应县的泛滥》,《山西文史资料全编》(第5卷),山西文史资料编辑部2002年编印,第845~846页。

四、日军"四三木厂"与森林资源掠夺

森林是地球之肺，是自然界的绿色宝库，是生态平衡的支柱。它的作用主要体现在：涵养水源，阻止水土流失；调节气候，大面积森林可改变空气流通情况；防风、防沙，茂密森林的巨大树冠和树身能阻挡大风，降低风速；消除污染，净化环境；保护物种，防止洪水泛滥，等等。

山西森林广袤，木材储量丰富，太行、太岳、中条、吕梁、芦芽等高山区森林茂盛，浅山丘陵区林木广阔，就连汾、涑平原区也林草浓郁。但日军在侵晋期间，大肆砍伐森林，使各地森林遭到极大破坏。据山西省林业部门估算，日军侵占期间，山西林业木材损失8.4亿立方米，估计直接损失42亿元，间接损失25亿元。

山西产业株式会社与"四三木厂"

为了掠夺山西物资，1942年3月31日，由北支那开发株式会社（1938年11月1日在太原成立，这是一家在山西投资开发规模最大的日本企业）等13家日本企业出资在山西设立了山西产业株式会社，综合经营煤、铁、水泥、木材采伐等37个部门。[1] 1942年4月开始营业。日本财阀大仓矿业株式会社太田文雄出任第一任社长。1943年7月，河本大作任山西产业株式会社社长。

山西产业株式会社表面上是一个企业实体，实际上是日本军国主义对华进行军事侵略和经济掠夺的组织，为日本政府的"国策公司"。

---

[1] 日本2007年10月13日：《日华事变と山西省年表（1937年～1945年）》。

四 日军"四三木厂"与森林资源掠夺

所谓国策公司,是指二战时期受命于日本政府,直接为日本军国主义政府经济、政治、军事等国家利益服务的公司。这种类型的公司,代行日本国策,所以被称为国策会社,又叫"国策公司"。山西产业株式会社下设30多家工厂,其中大部分是强夺了战前山西阎锡山创立的西北实业公司资产。涉及行业有煤矿、钢铁、电力、机械、木材、化工、纺织、食品等50余种。山西产业株式会社总部地址设立在太原市典膳所街十号,资本金总额3000万元,社员(职员以上)435名,准职员997名,嘱托(特务)23名,常佣工21038名。[1]

河本大作上任以后,将该社30余个工厂编为军方管理工厂。以此为基础,组成一个统一管辖山西省境内进行军需生产的"国策公司",并扩大生产品种和规模。他多次在各厂长参加的会议上强调:"本会不是赢利性企业,而是经济军团司令部,要进一步加强生产,以贡献于大东亚战争。"他亲自组织"山西急进建设团",强行征募和驱使大量青年劳工为日本掠夺包括木材在内的物产卖命。他还伙同日军第1军经理部、伪山西省政府日军顾问室,征集19至21岁的中国壮丁,押送到山西产业社所辖46个工厂和矿山,强迫进行高强度劳役,为日军实行"现地自活体制"卖命。在武力的支持下,日军对包括木材在内的山西丰富的矿产资源进行了疯狂的掠夺。

"四三木厂"又叫"宁武木厂",是日军在宁武县筹建的一家企业。因为在宁武主要经营木材,所以叫宁武木厂。木厂于1939年11月投入生产。主项经营:木材采伐、煤炭开采及上述产品的运输和销售。1943年9月隶属于山西产业株式会社山西采矿所管理,改全称为山西产业株式会社宁武第43工厂,是日军掠夺管涔山森林的专门机构。工厂本部(亦称大柜)设在宁武城内东稍门外。机构设置有:业务课、劳务课、统计课、财务课、技术课、庶务课、警备队。同时在东

---

[1] 日本昭和十八年(1943)七月山西产业株式会社:《第一回事业报告书》。

寨还设有分部（二柜），并有一所"四三木厂"小学。下设有木材采伐队、工程队、上余庄接运站、榆树坪铁矿场、硫磺沟煤矿场、家具厂、运煤队、诊疗所、场警队、矿警队。常佣工 800—1000 名。[①]

"四三木厂"对管涔山森林资源的掠夺

"四三木厂"成立后，日军不断扩大其规模，以适应经济掠夺的需要。"四三木厂"除了直接供应驻山西的日军军需外，还将大量的煤炭、木材源源不断地运回日本国内。据不完全统计，"四三木厂"在 6 年内共掠夺木材 4.5 万立方米，约占日军侵华期间掠盗我国木材总量的 4.5%。该厂以收购为幌子，大肆掠伐管涔山的林木。

如此大规模的开采和掠夺资源，导致劳动力资源严重不足。为了解决这个问题，日本承包商东田勾结日本山西派遣军司令部和山西省政府的日本顾问，强制征用山西省 19—21 岁的青壮劳力。这些人都被押往"四三木厂"的采伐队和矿山，在皮鞭和刺刀的威逼下，在极其危险和艰苦的环境下，没日没夜地劳作。

然而就是这样也满足不了侵略者的贪欲，他们还以招收民工为名，欺骗河北、河南等地的贫苦农民到山西的煤矿、木材采伐队和铁矿做工。这些贫苦农民被强迫进行长时间的禁闭劳动，在十分恶劣的劳动条件与生产安全毫无保障的情况下，大批中国矿工被迫害致死。

他们还强迫战俘到"四三木厂"参加采伐队生产。据日本青江舜二郎 1942 年的《大日本军宣抚官有青春的记录》："9 月，本月队员（战俘，作者注）的活动情况：宁武木场（分配战俘，作者注）：200 名，从事森林的伐木作业；队外劳役扩展人员：922 名（从事太原市公署道路修补作业，或在各部队服杂役）；队内劳役：剩下的人员（从事农耕作业，或从事准备冬营的工程作业）；再转属：161 名，在转入第一野战运输队的

[①] 宁武县志编办主编：《宁武县志》，山西人民出版社1985年版，第210页。

四 日军"四三木厂"与森林资源掠夺

人员里边,完成补给道路的作业后,再将这些人转入宁武木厂,从事林木的采伐作业。"[1]

宁武蘑菇营的刘双喜回忆,日本人在我们西山上砍了很多木头,还跟老百姓要木头,老百姓就扛着给他们送。到了冬天从山上伐下木头,就从冰上拉来木头。从宁武到这儿,专门修了一条小铁路(1938年10月,日军为掠夺宁武管涔山木材资源,在宁武修筑了宁武县至东寨镇小铁路六十华里,强迫战俘砍伐、推运木材)运木头。上坡推上,下坡就放野车,就推那车也死了可多人了,很多人都在下面站着,车扣了就压着了。日本人抓的劳工(干)。日本人从进村以后就砍上了。1937年就去了,在宁武日本人专门有四个伐木厂,就是伐木头的。宁武山上红皮松树弄了好多,咱也弄不清砍了有多少,抗战八年,起码也有个六七年。那时候没有人管,管不了,由人家了,部队带你进山里砍,然后往上送。宁武再没有(其他)资源,他就是弄这个木头。[2]

据岢岚县的何洪计回忆(管涔山森林区一部分在岢岚县),1939年日本人来的时候,把北山的西坡给烧了,把那上面的树全给烧了。那山上的树可多了,咱准确的也不知道,反正那一座山,还没几百亩、上千亩?日本人见了树林子就点着了。[3]

日军对山西森林资源的破坏,使得山西的一些地区气候干旱,降雨量明显减少,旱灾频繁发生;使得林区土壤的蓄水能力大大下降,造成了洪灾的经常发生;使得林区的土地裸露面积扩大,恶化了山西的水土流失,加速了土地荒漠化的进程;同时由于大量森林被毁坏,一些野生动植物失去了繁衍生息的场所,一些物种灭绝,一些物种失去了原来的自然保护,被迫迁徙或濒临灭绝。

总之,日军的侵略使得山西的土地大量损失、土地的肥力和生产

---

[1] 〔日〕青江舜二郎:《大日本军宣抚官ある青春の记录》,芙蓉书房1970年版。
[2] 张成德、孙丽萍主编:《山西抗战口述史》(第1部),山西人民出版社2005年版,第364~366页。
[3] 同上书,第366页。

力持续下降，森林面积大幅下降，造成了粮食作物的短缺、旱灾涝灾的频繁发生、土地的荒漠化和水土流失，整个山西农林生态系统遭到了严重的破坏。

五、日军华北开发公司的掠夺计划

日本是一个资源严重匮乏的太平洋岛国，特别是煤、铁等矿产资源，只能靠进口来满足工业发展的需要，所以近代以来日本的对外战争，始终以领土扩张和经济掠夺为主要目的。而隔海相邻的中国地博物丰，日本觊觎已久。

日军对山西矿藏的前期调查

在日军发起侵华战争之前，已多次派人来山西考察资源储藏情况，这些资料既为日军侵入山西之后有计划地掠夺该地区的资源提供了可靠的数据或情报，同时亦使日本认识到"山西省以及以山西为根据地，跨蒙疆、陕西、甘肃的中国西北地区，对于大东亚建设而言，确是个重要地区"[①]。

早在1903年，日本天津驻屯军司令官主持编写的《天津志》就对山西当时的经济状况做了详细的描述。之后，日方不断派人来晋调查当地矿产资源、社会经济、风土人情，并根据所收集到的资料撰写了许多有关山西经济状况的调查报告，如1918年，日本临时产业局工程师门仓三能就受命来大同调查煤炭资源状况，历时4个月之久，并写出《大同炭田地质调查报告》，成为日后日本侵略者制订掠夺大同煤炭计划的依据。1923年，日本的上野、太田等人，以考察为名，在大同进行了长时间的秘密活动，盗走不少地质资料。1929年，晋北矿务

[①] 中央档案馆、中国第二历史档案馆等编：《河本大作与日军山西"残留"》（日本帝国主义侵华档案资料选编），中华书局1995年版，第142页。

局成立以后，日本军国主义者则利用阎锡山及晋北矿务局局长梁上椿给予的方便条件，打着"参观访问"的幌子，经常在大同地区活动。

1933年11月，日本对华侵略机构南满洲铁道株式会社就制订了《华北经济调整计划》和《对华北经济调查机关设立案》。同年12月，满铁经济调查会在天津、青岛等地设立了分会，又在北平、山海关、滦州、张家口、太原、济南等地设立了办事处，专门调查开滦煤矿、井陉煤矿和冀东、山西、山东等地的工矿业与华北各种资源的供求关系等情况。[①]

1934年10月，日本的中国驻屯军司令部制定了《华北重要资源调查之方针及要领》，其中提出要助长帝国发展对华经济，使战时日本国际贸易资源易于补充，同时扶植和增强帝国在华北的经济势力并促成日、满、华北经济圈，准备组成"日满华北经济集团"。调查要项中把矿业资源放在重要地位，尤其重视的是煤炭。理由是：第一，华北"煤炭的质和量及分布关系有更大的价值"，为解决日本"一百年的燃料问题"，由日本来"开发"华北煤矿是"绝对的要求"；第二，"利用对煤矿的投资"最有利于日本在华北经济势力的确立。[②]

1935年7月，中国驻屯军制定了《关于华北新政权产生之相应经济指导案》，提出应利用一切机会，促进对交通、资源及金融等方面的投资。其后，日本在华的掠夺性投资发展极快，其重点在华北。以1936年为例，日本在华的矿业投资支配资产额为2090.7万元，其中华北2078.9万元，占99%，在矿业投资中煤炭又占主要地位。[③]满铁调查科还于1936年编写了《山西省产业与贸易情况》。

1936年冬，日本关东军驻北平特务机关长松宝孝良少将在给关东军的秘密情报《华北经济对策》中说："是以对于新原料之觅求，乃帝国荣瘁攸关之重大事业，……然则帝国原料与市场问题解决，实不能不注

---

① 〔日〕中村隆英：《战时日本在华北的经济统治》，山川出版社1983年版，第15页。
② 〔日〕浅田乔二：《日本帝国主义统治下的中国》，乐游书房1981年版，第208～210页。
③ 吕秀琴：《日寇对大同煤炭资源的野蛮掠夺》，《党史文汇》2007年第2期。

五　日军华北开发公司的掠夺计划

视,易于进攻的中国华北。……华北为全华原料中心地,物产为丰富之煤、铁、小麦、棉花、石油。据调查统计,山西一省煤炭埋藏即占全国半数,当抚顺之百二十倍。铁约埋藏二亿吨。小麦,晋鲁冀察四省合计年产一亿一千万石。棉花,约三百三十万石。大豆,五千万石。将来我帝国有计划之指导与经营,则原料产量当能增加三倍……故华北诚为我帝国最好新殖民地。"更有日本人发表关于《华北煤炭及铁矿资源的开发问题》的文章,公开指出:"山西省不但是中国的宝库,而且也是东洋的宝库……这个地方,今后成为日本的势力范围,在同一地域生产铁和煤炭,可以说是得天独厚,更不用说要善用这里的物产了。"①

七七事变之后,日本侵略者毫不掩饰地宣称"华北正是大东亚共荣圈内战争资源之中核地带",把大同煤矿称为"东亚热源""大东亚共荣圈的主要燃料基地"。满铁产业部将掠夺大同煤炭看作是华北产业开发的中心目标,两次派人对大同煤田的储存状况进行调查,分别写出《山西省大同煤田北东部地质调查报告》和《华北矿山调查报告》。报告中写道,"山西省的煤炭储量为1271亿吨,这是一个天文学的惊人数字","据有识之士估计,昭和十三年(公元1938年),日本缺煤将达到1200万吨,而抚顺煤的对日输出,今后10年将每年止于300万吨,新邱煤即使在条件好转的情况下,每年也不过可望输出200万吨,因此,这两个煤矿绝难满足日本的需要",而大同煤矿则是日本最好的掠夺目标。②

华北开发公司的设立

日军侵入山西后,迅速对省内的所有产业和矿区实行军事占领。随即,指定随军财阀商社代表负责经营,这些财阀商社主要有兴中公司、大仓矿业株式会社等。其中,兴中公司是日本掠夺华北资源的最

---

① 张全盛、魏卞梅编著:《日本侵晋纪实》,山西人民出版社1992年版,第162页。
② 吕秀琴:《日寇对大同煤炭资源的野蛮掠夺》,《党史文汇》2007年第2期。

初总机关，日军侵入太原后，它对山西各大工矿企业大肆接管，成为掠夺山西产业的元凶。1938年10月，日本政府又在兴中公司的基础上成立了更大的掠夺组织——华北开发公司。主要由日本政府和三菱、三井、住友等大财阀出资，一切听命于日本政府，其所经营的业务完全从日本的需要出发。并在山西建立了许多子公司：华北交通株式会社太原铁路局、华北电力株式会社太原支店、山西炭矿株式会社等。华北开发公司在山西的经营范围涉及交通、电业、矿产等各个方面，形成了一个庞大的经济掠夺网。

日军"开发"华北资源面临着两难困境，即"开发对象涉及农、工、商、交等各个方面，如图谋一举解决，从我国对外投资余力薄弱来看是不可能的事。但另一方面，目前的政治形势使我们在加强国防、扩大生产力以及确保其必要国防资源方面一日也不能疏忽"。因此，最好的解决方法就是"贯注主要力量获得日满经济区所缺乏的重要矿产资源"，同时消除企业的滥立和资本的滥用，在"国策会社"的统一领导下完成对华北经济的统制工作。①1942年4月，日本13家财阀成立了"山西产业株式会社"，把原来的军管理工厂全部纳入其中，统一经营管理，对各厂进行更加残酷的榨取和掠夺，成为日本帝国主义在山西最高的经济掠夺机构。②日本成立的这些"国策会社"是日军对占领地企业实行军管委托经营的主要承担者，对其在占领区恢复生产，掠夺资源，实现"以战养战"方针具有不可或缺的作用，充当了日本掠夺山西资源的主角。

华北开发公司成立过程 自甲午战争后，日本帝国主义对中国的政治、经济、军事侵略一步步加深。1907年日本成立了"南满铁道株式会社"，作为掠夺中国东北及整个大陆资源的最高机构。在日本政府扶植和"南满铁道株式会社"的援助下，1935年12月成立了掠夺

---

① 〔日〕依田熹家：《日本帝国主义的本质及其对中国的侵略》，中国国际广播出版社1993年版，第108页。
② 阎文彬：《山西工业发展概述》，山西省地方志编撰委员会办公室1983年。

五 日军华北开发公司的掠夺计划

华北资源的最初总机关——兴中公司。该公司不但是满铁的延伸，而且是华北开发公司的前身。

总部设在大连，并在天津、济南、上海、广州等地分设事务所。兴中公司的设立是日本帝国主义对华北进行经济侵略的重要步骤。它是日本政府、军队和满铁密切合作的产物，是在日本关东军与华北日军的直接支持下对华北进行经济侵略的统一决策机关。

在"紧密结合日满华北经济，促进华北经济开发、以图华北的繁荣并期我国防经济力的强化"宗旨下，日本于1938年3月成立统一华北"掠夺"事业的"国策会社"——"华北开发公司"，希图以之实现对华北各地经济的统一"开发"与"管理"，并更好地"体现举国一致的精神和全国产业动员的宗旨"[①]。1938年1月，日本第73届帝国议会通过了华北开发公司设立法。同年3月15日，实际上由日本陆军省军务课制定的设立公司章程草案经阁议通过，规定新设国策公司的名称为"华北开发公司"。4月30日日本内阁任命了筹备委员会委员，委员长为乡诚之助。筹备委员除各省次官、两院议员各5名外，还网罗了日本大中财阀、特种银行、民间金融机关及各产业的代表，满铁总裁松冈洋右和兴中公司理事长十河信二也在其内。[②]1938年11月7日，华北开发公司任命了总裁以下职员，10日，公司正式登记成立。华北开发公司成立后，接收了兴中公司的业务。兴中公司的全部股份由满铁让渡给了华北开发公司。

日本设立华北开发公司的最大目的，不仅在于掠取华北富有的煤、铁、盐、电力等资源，而且更重要的在于，使华北"转向亲日，以确立中日提携的永久基础，同时，并可充裕日本国防资源，以补充日本的经济力，得强大的伸展"[③]。华北开发会社作为投资融资的国策机

[①] 岳谦厚、田明：《抗战时期日本对山西工矿业的掠夺与破坏》，《抗日战争研究》2010年第4期。
[②] 〔日〕中村隆英：《战时日本在华北的经济统治》，山川出版社1983年版，第162~168页。
[③] 陈真等：《中国近代工业史资料》（第2辑），生活·读书·新知三联书店1958年版，第537页。

构,是日本政府对华北经济统制的大本营。通过该会社把日本国家资本、满铁等殖民会社、银行和日本各财阀的资金,最大限度地聚集起来,投向华北的战略物资生产运销,形成对华北经济的垄断,共同疯狂地掠夺华北资源。

增设子公司 华北开发公司广泛吸收日本私人资本,由"一业一社主义"改为实行"一业数社主义",这就使在华日本国家垄断资本独占沦陷区经济的"军管理",转变为与日本私人资本(可"自由进出中国")合伙掠夺沦陷区。这一变化,反映了日本侵华战争拖长后,日本军阀集团渴望得到国内资产阶级的协助。[①] 华北开发公司为了充分发挥"国策会社"之效用并最大限度地掠夺华北资源,不断在各省增设子公司,用以直接"开发"各省之重要产业。到1944年,华北开发公司的子公司和孙公司已有六七十个以上,形成了一个庞大的经济掠夺网,实现了对华北工矿业的统制性掠夺。

其中涉及山西工矿产业的公司设立情形详见下表:

华北开发公司有关山西工矿业所属子公司情形

公司名称	设立时间	出资额(万日元)
华北电力股份有限公司	1940年2月1日	17700
蒙疆电业公司	1938年5月26日	4240
大同煤矿公司	1940年1月10日	4800
山西煤矿股份有限公司	1938年2月9日	—
蒙疆矿业销售股份有限公司	1940年12月20日	400
华北制铁公司	1942年12月17日	5000
华北素肥料股份有限公司	1942年9月1日	2050
山西产业公司(山西产业株式公社)	1942年4月1日	3000

表格来源:岳谦厚、田明:《抗战时期日本对山西工矿业的掠夺与破坏》,《抗日战争研究》2010年第4期。

[①] 王士花:《日本侵华战争时期对华北工矿资源的控制和掠夺》,《抗日战争研究》1993年第1期。

五 日军华北开发公司的掠夺计划

表中显示，日本在山西形成了以煤炭为中心的多门类"开发"体系，企图通过这些子公司将山西资源"尽收囊中"，进而满足其军国主义需要。这种体系的建立，必然会导致山西经济出现畸形发展态势，进而阻碍该地区社会经济的整体成长。

掠夺开发计划 早在华北开发公司成立之前，日本企划院就在《华北开发公司设立意见书》中拟订了具体的掠夺计划。在这个计划中，日寇以确保重要军需资源（煤、铁、盐、碱及棉花）为中心，重视抢占铁路、港口、电力等基本事业。为了实现此目的，日寇对沦陷区各种企业采取了"军管理""委任经营""中日合办"等掠夺手段。

华北开发公司设置之后，相继制订了《华北产业开发第一次五年计划》和《华北第二次五年计划》，以期在统一领导下完成对华北经济的完全控制，并使华北经济纳入日"满"经济圈，"从而扩充日满两国广义的国防生产力"。从该机构设置与主旨可以看出，日本将华北视为重要的殖民地和提供经济"共荣"的主要基地，而有关华北两次五年"开发"计划的修订则正是其主旨及战事发展的具体体现。华北开发公司的"开发"对象均是与战争密切相关的战略物资，而关系华北百姓生产生活的其他行业、产品则依据"轻重缓急"的"经营理念"变得无足轻重。[①]

"第一次五年计划"关于煤炭生产，乃是着眼于"改良过去之开发方法，实施计划之开采。至其所需资金及设备，得将日本国内煤产计划所规定的一部分资金及设备移至华北"，以加强对该地区各煤矿之投资力度和机械设备之改进。例如，大同煤矿于1940年为加快采煤速度，引进链式割煤机4台、泉式1.51–P型煤电机315台。并在此基础上制订了大同煤矿生产"十年计划"，计划第一年（从1938年4月至1939年3月）产煤100万吨，第二年产煤215万吨，第三年产煤370万吨，第四

[①] 岳谦厚、田明：《抗战时期日本对山西工矿业的掠夺与破坏》，《抗日战争研究》2010年第4期。

年产煤 700 万吨，第五年产煤 1000 万吨，第十年则达到 3000 万吨。太原西山煤矿则计划从 1940 年起逐年增加 10 万吨，到 1943 年时由原来的 40 万吨增至 70 万吨。阳泉煤矿从 1938 年至 1941 年煤产量逐年增加，计划到"第一次五年计划"结束时年产量上升至 120 万吨。同期，华北煤产量须在 5 年之内达到年产 3000 万吨，比 1937 年增加 127.5%，并投资 1.44 亿日元增加发电能力，以保证工业用电。①

1941 年制订的"第二次五年计划"则因日军即将"南进"以及战场扩大，对所谓"国防资源"需求更加紧迫，遂推行"重点主义的开发"政策，要求煤、铁等资源年产量必须大幅增长。同时，为强化矿产资源的"开发"，对华北电业也进行了必要的调整，要求电业建设"应以确立供给煤炭增产所需的电力为目标来调整其计划"。据此，日军在华北各地积极"开拓"电业资源。就山西而言，为了大规模地开采和掠夺大同煤炭资源，日伪所属蒙疆电业公司先后侵占大同面粉公司电灯厂、大同义记电灯股份有限公司、兴农酒精厂电灯部，并相继兴建了装机总容量为 1.15 万千瓦的岩岭 3 个发电所，以及容量达 1.7 万千瓦的平旺发电厂。华北电业公司也先后在寿阳黄丹沟煤矿、阳泉蔡洼、灵石富家滩煤矿、长治西关等地修建发电厂，其中规模最大的阳泉蔡洼电厂经两次改建扩建后，年最高输出电量达 3.5 万千瓦。由此可见，日军对华北资源所采取的是一种"掠夺式开发"，根本不顾及厂矿机器设备的生产能力，特别是对军工生产所需的重要原料如钢铁等的掠夺尤甚，生产能力在不到 5 年时间内竟增长了近 14 倍。②

阳泉煤矿亦即山西军管理第 4 工厂，也拟订了 1938 年至 1941 年开采计划，测绘了 1:50000 矿区地质地形图，计划 1941 年产量达到 120 万吨，并设想在 50 年内使年产量逐步递增到 850 万吨。日本华北

---

① 岳谦厚、田明：《抗战时期日本对山西工矿业的掠夺与破坏》，《抗日战争研究》2010 年第 4 期。
② 同上。

五 日军华北开发公司的掠夺计划

开发股份有限公司于1940年5月成立了"北支那开发调查局",派出5个组,全面调查华北地区的煤炭资源,汇编了《北支那炭矿概要》一书,1942年又制订了五年开采计划,测绘了1:10000地形图以及远景规划图,计划在1947年使年产量达到3000万吨,并将其中的三分之一运回日本。[①]

此外,在"山西产业公司"发展计划中还设想利用汾河沿岸的石膏资源生产硫氨、硫酸、速凝水泥和其他建筑材料,开采忻县以南系舟山等地优质石灰石发展电石工业,"开发"石灰用于火力发电,运用黄河之水在壶口等地修建水力发电站等。[②]

[①] 刘玉太:《侵华日军对阳泉煤矿资源的掠夺》,《沧桑》2000年第6期。
[②] 中央档案馆、中国第一历史档案馆等编:《河本大作与日军山西"残留"》(日本帝国主义侵华档案资料选编),中华书局1995年版,第120~121页。

六、日军以"国防资源的有效获得"
为借口的掠夺性开发

日寇对山西工矿企业的工人、设备及地下资源采取挤净榨干式的掠夺性生产经营方式,生产任务完全服从其侵略战争的需要。他们不仅疯狂掠夺矿产资源、人力资源,而且还将大批生产设备拆卸下来,运回被日军占领的东北及日本本土。山西的工矿企业在日本侵略中国的八年里,遭到了毁灭性的破坏。归纳其掠夺手段,有以下三种:一是广开坑口,扩大矿区,不考虑矿井布局,任意破坏;二是吃肥丢瘦,乱采乱挖,不考虑矿工死伤,一切以高产量为宗旨;三是疯狂掠夺劳动力,对矿工实行惨无人性的血腥统治和奴役。

抢占工矿

日寇入侵山西后,大肆抢占垂涎已久的工矿企业,将山西大部分厂矿控制在自己手中。1937年10月,日军抢占大同煤矿和轩岗煤矿,委托南满洲铁道株式会社经营。1938年3月,日军将劫夺的保晋公司和建昌公司改为山西军管理第4工厂,委托兴中公司经营。山西军管理第4工厂将原保晋公司的第一、二、三、四矿厂,改称第一、二、三、四分所,将建昌公司改称第五所。1940年12月,兴中公司改组扩大华北开发株式会社后,又改称为"阳泉采炭所",隶属于"山西炭矿矿业所"之下。1940年12月1日,由"山西炭矿矿业所"接手后改为"西山采炭所"。1942年4月1日,山西产业株式会社成立后,"西山采炭所"归其管辖。由于日军的入侵,阳泉煤矿的职员和矿工四处逃生,煤矿生产一时陷入停顿。于是,在日军阳泉兵站支部长岩本中佐的策动下,拼凑了一个"阳

六 日军以"国防资源的有效获得"为借口的掠夺性开发

泉保晋公司管理委员会",该委员会在日军的操纵下,统治了整个阳泉煤矿。1937年12月,日军抢占了太原西山煤矿和富家滩等煤矿,改称为军管理山西第5工厂,委托兴中公司经营。1938年成立了大同炭矿株式会社,将此区域内的大小煤矿和煤窑悉数劫夺。到1938年年初,山西沦陷区官办和私营煤矿大多落入日本强盗之手,其中主要工矿企业有44个,在太原的有23个,在其他地方的有21个。在日寇侵占的44座军管理工厂中,煤矿占了9座。另外,还有1座被"大同炭矿株式会社"侵占的大同煤矿,再加上未及编入军管理工厂的"黄沙岭采炭所",共抢占山西大煤矿11座。日寇为防止西山煤矿一旦遭到空袭停产而不致中断用煤,遂抢占了太原东山杨家峪附近的黑砂平民窑,改名为军管理山西第39工厂,但还未及建成投产,就告战败。1943年,日寇侵占潞安地区的石圪煤矿和小河堡煤矿后,将两矿合并,改称"山西炭矿黄沙岭采炭所"。

抢占工矿企业后,日军将加大开采力度作为首要目标。一方面强力开发原有矿井,另一方面不断发掘新矿区,相继在大同新建同家梁、白洞、宝藏及怀仁鹅毛口"昭和矿",在阳泉投资建成"东亚矿""小南矿""邻善矿""共荣矿"等,在太原西山开凿高家河、松树坑、大勇、杜儿坪等矿井及东山黑沙坪立井等,采掘区域比以前扩大3倍左右。[1]

日本政府规定,须将开采煤量的65%运回日本。据不完全统计,1938年至1945年,从山西盗运至日本的原煤达140万吨。1941年到1945年开采的原煤达1094万吨。而这些煤,又用到了屠杀中国人民的侵华战争中。

乱采乱挖

西北煤矿第一厂在战后呈文中指出:"日人占领西山期间,专顾出煤,井下工程多有未尽合理者,有之采薄至五米以下者,严重破坏了地

---

[1] 徐月文主编:《山西经济开发史》,山西经济出版社1992年版,第483页。

下资源","井下遭到非法采掘,不唯巷道难保安全,且多塌陷无法进展,以致大好宝藏弃于地,不能进行采取,诚最堪痛惜者也。"[1]日军在采掘过程中,多采取只采厚煤层而不采薄煤层、只取煤块而不要煤末儿的方式,致使煤田受到极大损坏。

为加快开采速度,日军在各矿区增置机器设备,其中在阳泉煤矿使用总功率达1045马力蒸汽绞车13台,并使日生产能力提升到4421吨、年生产能力提升到150万吨左右,在大同及太原等地新建的各煤矿中安装单滚筒电绞车,在矿区建设用于矿井提升和运输的发电厂,使单井年生产规模达20多万吨。在此情势下,全省1942年煤炭年产高达621万吨。这些均是通过大量人力物力的过度损耗实现的。

日本占领期间,不仅破坏了山西原有的工业体系,而且对各工厂设备超度使用亦大大削弱了各企业的生产能力。以西北实业公司为例,日军除将大部分机器劫掠运走外,所余300多部机器经"八年超度使用,超龄者有之,损坏者有之,亦已大半陈旧不堪使用,而厂房建筑亦坍塌破漏之极"。"山西产业公司""赶供军需,任意使用",致使所留机器"损失毁坏十之八九,以致胜利前夕各厂产量锐减"。[2]

总之,日军对山西工矿业的侵夺计划具有明显的倾向性,即以"国防资源的有效获得"为基本目标。这种畸形开发"国防资源"的做法,导致了其他产业的严重萎缩。以1942年为例,该年度可以说是日本对山西乃至整个华北各地产业"开发"最有力的年份,但"山西产业公司"下属各厂实际产量却大多低于设计能力。例如,太原窑厂设计能力为年产耐火砖2万吨、红砖1000万块,而当年实际产量分别为5388吨、867.3万块;太原卷烟厂同类相比为4.2万箱和2.6614万箱;太原印刷厂同类相比为40万元和38.631万元;太原纺织厂设计生产

---

[1] 《山西煤炭工业志》编委会编:《山西煤炭工业志》,煤炭工业出版社1991年版,第133、147、161页。
[2] 岳谦厚、田明:《抗战时期日本对山西工矿业的掠夺与破坏》,《抗日战争研究》2010年第4期。

六 日军以"国防资源的有效获得"为借口的掠夺性开发

棉纱3750捆、棉布15.1万匹,实际仅产棉布7.8892万匹。① 由此可见,产业结构的畸形态势已制约了整个产业链的良性发展,且这种状况随战争进程越来越突出。

垄断煤炭销售

日方为了加强对山西及华北煤炭的控制,专门成立诸如"蒙疆矿业销售股份有限公司""华北煤炭贩卖公司"等机构,实施煤炭价格"统制",统一经销华北地区的所有垄断集团和民营煤矿生产的煤炭。日方规定"内地卖价要近于各种费用及运费合计的原价",以便"以稳定的价格大量供给日本内地及中国特别是前者及中国国内的统制企业"。

日军对煤价实行"区别对待"政策,如1937年西山煤矿规定铁路、军管工厂用煤每吨块煤6.5元、碎煤5元、末煤2元,军用煤每吨块煤5.5元、碎煤4元、末煤1.5元,民用煤每吨块煤7元、碎煤6.5元、末煤2.5元。② 由此可见,日军通过压低价格的做法降低自己的"经营"和占领成本,而"开发"煤矿的成本差额则由抬高民用煤价格实现。

日军为达到进一步增产和"降低"生产成本目标,对各地小煤窑亦施行了相应的统制措施。如日伪不仅全面掌控了襄垣县65座小窑口中的半数和辽县65座小煤矿中的55座,且下令"凡是小煤窑的煤炭,一律不准自行售出,须全部由'华北煤炭贩卖公司'收买或向军管理工厂缴售"。售出价格远远低于市场价。为防范小煤矿偷卖,"华北煤炭贩卖公司"在各地设"贩卖部",并在各矿区路口设"煤栈",以通过对煤价及煤炭生产的强力控制,实现日本政府的"总体战"战略。③

---

① 中央档案馆、中国第二历史档案馆等编:《河本大作与日军山西"残留"》(日本帝国主义侵华档案资料选编),中华书局1995年版,第133~138页。
② 《山西煤炭工业志》编委会编:《山西煤炭工业志》,煤炭工业出版社1991年版,第277页。
③ 岳谦厚、田明:《抗战时期日本对山西工矿业的掠夺与破坏》,《抗日战争研究》2010年第4期。

日军通过各种手段不断强化煤炭开采力度,并有计划地运往日"满"等地。日本政府曾明确指示:"煤炭的运日数量……必须达到65%。尽管华北煤荒日益严重,对日煤炭输出总数也不能减少。"据统计,1938年太原西山、阳泉煤矿分别产煤132023吨、98761吨,其中运往日本的为128152吨、73370吨,分别占其总产量的97.1%和74.3%;1939年两矿年产煤分别为214179吨、341880吨,输日原煤207005吨、297400吨,各占总量的96.7%和87%。就华北占领区各煤矿而言,日本希望在1941年和1946年分别向日输入煤炭800万吨和3000万吨。实际上,1941年华北各矿向日输煤863万吨,超额完成了预定任务。①

据史料记载,日军侵占阳泉后,1938年阳泉煤炭总产量为98761吨,被掠往日本的数量为73370吨,占年产量的74.3%;销往各地的只有3496吨,占总数的3.5%;日军自用的为21895吨,占总数的22.2%。翌年,总产量为349750吨,被掠往日本的煤炭为297287吨,占总产量的85%;销往各地的为1399吨,占总数的0.4%;日军自用的52112吨,占总数的14.9%。据统计,从1937年日军侵占阳泉,到1945年日本战败投降,在这长达8年的时间里,阳泉总共生产煤炭480万吨,其中被掠往日本的有200万吨,占总产量的41.6%,在中国的主要销售地是北京、天津、保定、济南、石家庄以及东北和华南等地的大城市,少量的碎煤销往太原。②

对其他资源的掠夺

在诸产业中,日本尤重视钢铁等的生产,战争初期日军以军管理方式接管西北实业公司下属各钢铁厂,随着战事发展,日军由于对钢

---

① 中央档案馆、中国第二历史档案馆等编:《河本大作与日军山西"残留"》(日本帝国主义侵华档案资料选编),中华书局1995年版,第133~138页。
② 刘玉太:《侵华日军对阳泉煤矿资源的掠夺》,《沧桑》2000年第6期。

六 日军以"国防资源的有效获得"为借口的掠夺性开发

铁需求剧增,决定在华北紧急建设一批中小型重工企业,以就地加工华北资源并向日"满"输送成品或半成品。为此,在太原、阳泉增设小型炼铁高炉3台,计划年生产能力12385吨。① 据统计,仅太原钢铁厂在1940—1945年就生产生铁154972吨、平炉钢34630吨、中型钢材32249吨、冶金焦120532吨。② 在晋城、阳城、高平等产铁地区则指派生产"铁砖",并将其集中运回日本。此外,1944—1945年两年间还利用土法炼铁向日本本土输送土法铁约2万吨、铁屑300吨,并将新绛纺织厂部分机械300吨作为废铁运往日本。③ 在加大对产铁地区掠夺力度的同时,日军还在沦陷区"强迫伪村间长征集农家的破铜烂铁及妇女的首饰"。如晋城1940—1945年间被掠夺生铁5万吨以上,寿阳被掠夺铜585吨、铁204吨。这种残酷的掠夺政策是以牺牲人民正常生产生活为代价的。以关系百姓切身生活的轻工业为例,西北毛织厂日占时期仅生产军用毛毯和哔叽,而日伪太原卷烟厂8种品牌卷烟有5种供给军用,且全部产品在1939年和1940年分别有40.6%和74%用于日军消费。到1943年,沦陷区轻工业总产值下降到579万元,比战前下降71.62%。④ 由于日军的掠夺与破坏,山西诸类工业产品产量到战争结束时,已根本无法与战前同日而语。

  由于战争要消耗大量的铜、铁,因此日军加紧了搜刮。在没收原有铁厂、实行军管理的同时,在晋城、高平、阳城等产铁县按原有炉数,指派生产"铁砖",并统一规格,每块重40—50斤,由日本洋行按时收缴。炼铁户完成任务后,只配给少量粮、油、布、纸烟和煤等生活必需品。收缴时,由各伪县政府派民夫无偿挑送至长治集中,再转

---

① 居之芬、张利民主编:《日本在华北经济统制掠夺史》,天津古籍出版社1997年版,第274页。
② 山西省史志研究院编:《日本侵晋实录》,山西人民出版社2005年版,第130页。
③ 中央档案馆、中国第二历史档案馆等编:《河本大作与日军山西"残留"》(日本帝国主义侵华档案资料选编),中华书局1995年版,第118页。
④ 山西省史志研究院编:《山西通志·轻工业志》,中华书局1998年版,第2、195页。

邯郸，然后运往日本。[1]据《晋城县志》记载："日寇……在晋城设立洋行，勒令全县四十多个炉户，铸造铁板。计自1940—1945年，日寇掠夺我县的生铁约在0.5亿公斤以上。特别是在运送铁板中，人民在饥寒交迫的情况下，受尽了日寇汉奸的欺凌鞭打，甚至有冻死饿死的。"

日军除赤裸裸地勒索、掠夺铁资源外，还指使三井、三菱等公司出面，连续3年发动"献铜献铁"运动。强迫每人必须无偿上缴若干铜、铁，且限以时日。逼得人们只得揭火口、剜饰件，把所用的铜、铁农具、家具交出来以应付征用，不足部分甚至花钱去买。在运动中，不仅寺庙的古钟、佛像、庙门和衙门前的铁狮子都被搬走，就连太原文瀛湖公园周围的铁栏杆也被拆了个干净。到日军投降前，山西铜圆已基本绝迹。[2]

日军占领灵石后，随即在县城西岸开采石膏，通过高空索道运至西门，然后由人力或畜力拉到水头车站，运往日本。石墨是日军资源掠夺链条上一个不可或缺的环节，1941年日军在大同堡子湾投资兴建石墨矿，计划生产军事装备的重要产品石墨电极。该厂于1943年投产，至日本投降时共生产石墨70吨，全部运往日本。[3]

---

[1] 刘建生：《山西近代经济史》，山西经济出版社1995年版，第807页。
[2] 山西省史志研究院编：《山西通志·冶金工业志》，中华书局1999年版，第352页。
[3] 同上。

七、"以人换煤"的血腥政策

日军为加强采掘力度，大量"招募"矿工，实行"以人换煤"的血腥政策。日本统治大同煤矿8年间，仅1941年就死亡矿工869名，占在籍人员6934名的12.5%，受伤者2983名，负伤率达44%，两项合计死伤率高达56.5%。据统计，8年中，大同煤矿约有6万矿工死亡，即每开采1000吨煤就有4个中国矿工死亡，每1吨煤炭都渗透着中国矿工的鲜血和生命。[①] 日本帝国主义对山西煤炭资源的掠夺，是建立在众多矿工的累累白骨之上的。"昔日矿山悲歌多，矿工血泪染成河，只见煤车天天走，不见矿工几个活"，这是日寇"以人换煤"血腥政策的真实写照。

恶劣的生活与劳动环境

据当时的《晋察冀日报》报道："矿工们每天在星斗满天的时候便下煤窑，一直操作到星斗满天的时候才停工，他们除吃饭的半个小时可以接触新鲜空气与阳光外，他们是整日整年被黑暗碳酸气围绕着。由于营养不足，工人们多数是面黄肌瘦，带有菜色。矿工们住的地方，简直和囚犯住的监狱一样，三十多个人挤在一个长两丈宽八尺的长条屋里，室内除了长炕之外，就只容一个人行走的狭路，炕上很挤，工人们睡觉时只能侧着身子，臭虫到处横行……，日本工头往往借小事而处罚工人，亦是极普遍的事情。"[②] 在日寇的铁蹄下，矿工们过着

[①] 张全盛、魏下梅编著：《日本侵晋纪实》，山西人民出版社1992年版，第171、173、195页。
[②] 《晋察冀日报》1942年1月15日。

食不果腹、衣不遮体、朝不保夕、牛马不如的非人生活。日寇为瓦解和扑灭矿工的抗日斗志,把毒品、赌博、妓女等腐败没落的东西引进矿区,使广大矿工陷入了更加悲惨的绝境。

日寇对大同煤炭资源采取赤裸裸的掠夺政策,以多产、迅速为宗旨,强迫工人在恶劣的生产条件下出煤。为降低开采成本,日军大量削减安全设施投入,井下通风设备普遍不良。以永定矿为例,一、二号井入风口风量仅每分1200立方英尺,人均不足1.6立方米,从而造成事故频发,仅西山煤矿二号井等3个坑口在1939—1945年间就发生了12次重大事故,死亡121人。①

日本人通过延长劳动时间、提高劳动强度等方式完成煤炭资源"开发"任务,每月设定一日为"努力出煤日",这天工人的工作时间往往会延长8—12小时。平日工人每天在井下劳作12小时,而在"努力出煤日"这一天,要劳动20多个小时。日寇为满足其掠夺欲望,不顾开采规程,吃肥丢瘦,取易撇难,甚至于连掌子面煤柱、大巷煤壁也盗采一空,致使许多掌子面不等采完就冒了大顶。"1938年4月7日,煤峪口矿南沟井下发生恶性透水事故,100名矿工丧生。""1941年9月,白洞矿西坑掌子面发生大面积塌顶,70余名矿工遇难。"②1942年,大同、阳泉、富家滩煤矿接连发生3次冒顶和透水事故,死亡300余人。③

采煤方法的改变,尤其是高落式残柱采煤法的使用,使冒顶事故的发生率超过历史上任何时期。使用高落式残柱采煤法,很容易造成顶板破裂,由于顶板破裂,瓦斯气体大量涌出,使瓦斯爆炸和燃烧不断发生,仅1942年10月保晋二矿井下发生的瓦斯爆炸事故,就死伤矿工100多人。两年后该矿又一次发生瓦斯爆炸,有60多名矿工遇

---

① 张全盛、魏下梅编著:《日本侵晋纪实》,山西人民出版社1992年版,第171、173、195页。
② 吕秀琴:《日寇对大同煤炭资源的野蛮掠夺》,《党史文汇》2007年第2期。
③ 岳谦厚、田明:《抗战时期日本对山西工矿业的掠夺与破坏》,《抗日战争研究》2010年第4期。

七 "以人换煤"的血腥政策

难。短短几年,阳泉煤矿就发生过4次瓦斯爆炸事故,致使矿工伤亡惨重。①

强征劳动力

随着太平洋战争的爆发,日本牺牲民利以求资源获取的策略日益明显。为了使煤矿尽快恢复生产,急需大批劳工,因此在实施煤炭掠夺计划的同时,日寇对劳动力资源进行了大肆掠夺。1942年,山西各煤矿产煤621万吨,全华北煤炭产量达2511余万吨,成为日占时期煤炭产量最高年份。这些数字基本不是依靠技术提高或设备更新,而是凭借所谓"人海战术"实现的,以致矿工伤残病死率相当高。②日寇在投资上是悭吝的,而在使用劳力上是非常"大方"且不择手段的。他们用种种残酷卑劣的手段扩充劳动力,主要有如下五种:

第一,用欺骗手段招收工人。日寇在北方各沦陷区广设招工事务所,打着"挽救失业工人"的幌子招收矿工。这些人大多是原西北实业公司各厂的工人。同时,日寇还命令把头③在北方各沦陷区诱骗流离失所、生活无依的百姓,网罗汉奸,组织民友会、煤友会和维持会等进行欺骗。1941年至1944年间,仅在河北、河南及长治等地就骗招1166名百姓。日寇还经常以盖房、筑路为名,在山东、江苏、河北、河南、安徽、天津、北京、山西等地哄骗大批破产农民、失业手工业者等到大同矿山当劳工。招工的人往往信口雌黄,说大同煤矿工钱多、吃得好,等等。仅1940年6月一次,日寇就从河北保定一带骗招来800多名劳工。

第二,通过伪政权向农村摊派民夫。1943年后,日伪华北各煤矿纷纷出现"人荒"现象,煤炭生产"难尽人意"。为了解决这一问题,

---

① 刘玉太:《侵华日军对阳泉煤矿资源的掠夺》,《沧桑》2000年第6期。
② 日本防卫厅战史室编:《华北治安战》(下),天津人民出版社1982年版,第358页。
③ 日军推行"以华制华"政策,网罗一批流氓败类充当把头,统治和欺压矿工。

华北各地日军及伪政权可谓"绞尽脑汁",其中驻扎山西的日军第1军于1943年12月8日成立"山西急进建设团",强征省内19—21岁的青壮劳力从事运煤,开采煤矿、铁矿等事项,"以此克服劳动力不足……期望能大量增加生产"。

日寇以组织"勤劳报国青年队"的名义向各县各村强征青年到煤矿做工,规定每六个月一期,每期3000人。大批被骗来的矿工,一到矿山,就被矿警队关到阴森恐怖的大房子里,当作"囚犯"一样看管起来,失去了一切人身自由。1940年,左云县王村一次就派到大同煤矿400—500人,结果一个也没回去。日寇还串通地方日伪组织,每年在平定、太原煤矿附近的农村,按村庄大小摊派民夫,每次都在300人以上,每个村子20到30人不等。1942年,日本人成田曾带着"工人取缔队"到太原附近摊派,按村庄大小,每村分摊20—30人,仅此一举就"要"来了400多名民工。

第三,滥抓百姓,充当苦力。日寇还常到各县各村去抓捕农民百姓,强迫他们下井当矿工。1943年春,日本人成田带日本士兵和"工人取缔队"以"剿匪"为名,到平定县偷袭农村,抓到多名农民,其中有12—13岁的男孩和年过六旬的老人。1944年冬,从定襄县抓到西山煤矿120多人。另外,日寇还先后到昔阳、和顺、左权、盂县以及河北邢台等地疯狂地抓捕大批农民充当井下劳工。

第四,押送战俘和囚犯做矿工。为了扩充劳动力,日寇还经常把战场上的战俘、监狱里的"囚犯"押解到矿上,另行看守,为其出煤。据当年老人回忆,1943年曾要到西山500名战俘,1944年又要了200名,同年冬季还从太原监狱要了50多名"犯人"。仅此三次,就得到750多名无偿劳力。1941年,日军向中条山"扫荡",大批溃败的国民党军队官兵被俘,他们被押到阳泉煤矿,在日军的严加管制下,有的下井挖煤,有的背煤装车,过着非人的生活。

第五,搜罗童工。除残酷压榨矿工外,日军还将魔爪伸向矿工子

七 "以人换煤"的血腥政策

弟,毫不怜惜中国儿童的发育与成长,当时童工占矿工总数的30%以上。尚未成年的孩子们被日军逼迫着从事拨道岔、关风门、赶车、挂小钩、拴煤牌、往坑外拾炭、拾石头、推空车、机器房加油等工作。1939年,9岁的王锁小为生活所迫,不得已跟父亲下了窑,充顶大人劳动。1944年,王锁小10岁的弟弟也被日寇搜罗到大炭场捡石头。当时仅松树坑转车路的坑口转盘一个地方,除了4个成年矿工外,就用了12个10—12岁的童工。[①]

日军就是这样用大批廉价(或无偿)劳动力来代替机器为他们生产煤炭的。西山煤矿第一厂战前工人最多时不过970人,而1940年增至2842人,到1944年左右又猛增至4000多人。1942年阳泉煤矿矿工人数已相对稳定在8700人左右。日军占领大同期间,大同煤矿工人最多达到18000多人。如此众多的劳力也难以满足掠夺者的需要,他们竟在井下设食堂、工棚,把矿工长年禁闭在井下为他们卖命,直到力尽人死为止。

"万人坑"——日军掠夺煤矿资源的铁证

日本帝国主义侵华期间,在煤矿上推行"以人换煤"的"人肉开采"政策,大批矿工由于非人的待遇、超强的劳动、矿井的各种事故死亡,还有部分矿工因丧失劳动能力或疾病染身而被日军虐杀。在矿区的山谷、沟壑和废旧矿井中,矿工尸骨堆积,形成了"万人坑",留下了日军残杀中国矿工的铁证。日寇在矿区建立了法西斯统治网,利用宪兵队、矿警队、督察队等疯狂地镇压矿工。还设立"隔离所""拉尸队",把大批被他们折磨得丧失了劳动能力的矿工拉进"隔离所"横加摧残,直到奄奄一息的时候,由"拉尸队"扔到荒郊野外,最终在矿区的河沟、山谷、废旧矿井形成了一个个大大小小的万人坑。

[①] 张全盛、魏下梅编著:《日本侵晋纪实》,山西人民出版社1992年版,第170、171页。

根据老矿工的回忆和大同煤矿"万人坑"二战历史研究会的考察核实,矿矿都有"万人坑",其中较大的竟有20处之多。这些"万人坑"是:煤峪口矿的"南山万人坑"(上、下洞)、"台山下一道沟万人坑""半沟万人坑";永定庄矿的"瓦渣沟万人坑""烧人场""大小南湾麻地万人坑""后沟万人坑";同家梁矿的"黄草洼万人坑""井寺沟(油场沟)万人坑""凡水湾万人坑";四老沟矿的"城陛庙万人坑""烧人场""东西窑沟万人坑""井沟万人坑""生井沟万人坑";忻州窑矿的"南山沟万人坑""南山梁万人坑""杨树湾万人坑";白洞矿的"九洋沟(石人湾)万人坑""小店窑沟万人坑""郑家沟万人坑";白土窑矿的"后店窑沟万人坑"等。

其中,煤峪口矿的"南山万人坑"保存比较完整,位于煤峪口矿南沟的北山坡上,分为上、下两个洞坑。上洞宽5至6米,深40米;下洞宽3至4米,深70米。这两个洞坑中堆满了横七竖八、层层叠叠的死人骨骸,其中有些遗体还相当完整地变成了干尸。从坑内尸骨的姿态来看,有相当一部分矿工是活着被扔进"万人坑"的。"他们死前的状态还在,甚至还保留着临死前痛苦的惨状,面部表情尚存,有坐的、有躺的、有抱着肚子的、有爬的,有想往起站的,有仰头张大嘴的;有的相互抱作一团,扭曲变形的尸体显出异常痛苦的样子;有的向前伸出手臂,还有渴望求生前倾的头颅;还有几个仍在挣扎着,用尽最后一丝力气,终于还是倒下了;有的头颅被击穿,有的四肢被砍掉,有的被铁丝捆绑着",这些惨状令人心惊胆战、目不忍视。[①]

1966年12月,中国科学院考古研究所等4个单位集中当时国内最权威的考古学、人体解剖学、病理分析学等相关专业的王振江、王予予等18位专家组成调查组和工作队,到煤峪口矿"南山万人坑"进行考察、遗骨整理和鉴定,到1967年1月20日结束,"确定了188具

---

① 大同矿务局矿史党史征编办公室:《大同煤矿史》,人民出版社1989年版,第149、150页。

七 "以人换煤"的血腥政策

完全风干（因为这里海拔高、山风大、气候干燥、尸体没有腐烂，甚至衣服也没有风化）的尸体，死亡年限在20世纪30—40年代，死亡年龄最大的53岁，最小的只有14岁"。"科学家最终得出的结论是：'万人坑'中的尸骨为日本侵略者占领大同煤矿时所抛弃，其中的绝大多数为非正常死亡。"[①]1967年5月，中科院专家对煤峪口矿"万人坑"的研究告一段落后，根据老矿工和当地人的要求，又挖掘了忻州窑杨树湾的"万人坑"。

1967年5月14日，中科院考古所大同工作队试掘了杨树湾山谷平地的"万人坑"。"任选一地，在20米乘20米的探方中，即发现横七竖八抛埋的矿工有数百人之多。深度不到一米最稠密处尸骸压有五六层，此处为大同最大的一处露天'万人坑'，1938—1945年，这里被日本人虐死的中国矿工达3万人之多，野狗成群，大雨后人头如浮瓜，山野腥臭，路人断绝。"[②]

据《大同煤矿史》记载：大同煤矿除"万人坑"外，还有"烧人场"和"炼人坑"，残害荼毒矿工。"烧人场"长10多米，宽八九米，场里架起炭火，把人扔在里面。"炼人坑"3米多深，把人扔进去，浇上汽油，然后点火烧。当时永定庄料炭沟、忻州窑的小南沟都有"烧人场"和"炼人坑"，被烧死的多是活人。1942年夏天，大同矿区发生瘟疫。当时，忻州窑每天都要烧掉几十人，但病人仍成倍增加。后来，凡是认为有病的，就一律烧死。有一次，忻州窑整整烧了4天。

日寇的残暴统治给大同矿区人民造成深重灾难。日军侵占大同煤矿8年间，6万名矿工死于非命。1940年10月19日《晋绥日报》上有一篇文章写道："黄土沟是人们去阳泉的一条捷径，往年路上的行人总是络绎不绝，今年这条路上几乎断绝了行人，抑或有人走，也

---

① 大同矿务局矿史党史征编办公室：《大同煤矿史》，人民出版社1989年版，第149~150页。
② 同上。

是寥寥无几,原因是黄土沟的死人臭气太大了,每天总有三五个死人从阳泉煤矿抬到黄土沟,不是病死的,便是自缢的或被打死的煤矿工人,总是浑身被剥得一丝不挂,赤条条地躺在那里,让野狗野狼信口大嚼,咬得血肉狼藉。有脚无手或有腿无头,伤心惨目,莫过于是……"这样的精神和肉体的摧残在人类文明史上是罕见的,而日本法西斯主义者在中国制造的这种惨绝人寰的人间悲剧何止几百次、几千次![1]

---

[1] 吕秀琴:《日寇对大同煤炭资源的野蛮掠夺》,《党史文汇》2007年第2期。

八、日军不择手段地抢夺盐业资源

山西自古盐铁富饶，制盐历史悠久，产量丰富。位于运城市境内的运城盐池长约30公里，宽约5公里，是天然盐池胜地，也是中国著名的13个产盐区之一。运城盐池里含有大量的食盐和芒硝，此外，还有钾、钙、镁、溴、硼、矾、岩盐等多种元素，这些都是化工生产和工业的重要原料。日本对山西运城盐池觊觎已久，早在侵华之初，就拟定了所谓的"华北盐业股份公司"，策划开发长芦、山东等地的海盐，以及运城河东池盐。1938年3月5日，日军占领运城后，盐池也落入敌手。

建立盐务管理机构

日寇占领盐区后，为了顺利地接管盐场并保证盐场迅速恢复生产，同时为了压制广大盐工的反抗，总是先设立伪政权，利用伪政权和汉奸达到其掠夺中国盐资源的目的。为了便于对山西运城盐池进行掠夺，日寇对盐池实行军事管制，并命名为军管理42厂，交由"山西盐务管理局"管理，该局在运城设立"山西盐务管理局河东分局"，统辖盐池各盐场，把持盐政，大肆掠夺盐池资源。

多种多样的掠夺手段

日本帝国主义掠夺山西盐资源的手段有以下几种：

第一，公开劫掠。1938年3月，日军占领山西运城后，就对河东盐池进行了一次公开抢劫。日军在汉奸、伪军的配合下，开着汽车、驾着马车到盐池抢盐，共抢食盐10万多吨，甚至连生产工具、器材也都成了他们抢夺的对象。经过这次强盗性的劫掠，盐场物资损失殆尽，生产难以为继，致使1938年生产陷于停顿，整整一年粒盐未收。而在占领盐池的几年中，日寇借办化工厂为名，动用大批人力、物力、财力，四季不辍地抢运硝板等重要化工原料，总计又运走硝板达数十万吨。①

第二，强制推行食盐配给制。日寇在山西强制推行民众食用盐的配给制度，以压低民众食用盐的数量，保证向日本输出盐资源的数量不断增加。特别是在盐产量不足、食盐供应紧张时，日本侵略者便以牺牲民众食用盐来满足其发展军事工业的需要。自1941年开始，日本在华北的中小城镇强制实行民众食用盐统制和配给政策。最初规定每人每月配给食盐1市斤，但实际上，配给数远远达不到这个标准，后又由于种种原因，配给数不断减少，最后甚至完全停止，这给民众食盐造成极大困难。②食盐配销制政策的实施过程中，日寇一方面直接操纵了广大人民的食盐，从中进行大量的掠夺，同时还对抗日根据地军民实行经济封锁，造成食盐恐慌，妄想以此使抗日军民屈服；另一方面又操纵盐价，导致盐业资本家亏本破产。

第三，统一行销，控制盐价。为了便于全面控制河东盐池，使尽可能多的池盐为日伪政权掠夺，日寇取消了过去食盐由商人自由贩运的办法，盐池所产潞盐全部由伪河东盐务局统一收购，然后分配给日伪各个"合作社"进行配销，在原食盐配给制的基础上实行食盐配销制。在1938年10月11日，日军所拟关于中国盐务行政改革的方案中即提出"逐渐培植盐专卖之基础"。这实质上是一种盐官卖制度，日寇不仅掌握了供应，而且控制了盐价。③

第四，增设税目，强征重税。山西盐务管理局对运城盐池征勒的税收项目有：潞盐、精盐、土盐、工业盐、芒硝等正副税、督销费、牌照费等，上述各税收，仅1942年便勒得20.06万元。由于盐税不断增

---

① 中共党史研究室：《日军侵华罪行纪实》，中共党史出版社1995年版，第393页。
② 同上书，第388、393页。
③ 杨彩丹：《抗日战争时期日本对河东盐池的掠夺》，《盐业史研究》2005年第3期。

八 日军不择手段地抢夺盐业资源

加，盐主只得抬高盐价，而每次抬高盐价，盐场主都得先给盐局送一笔巨额"运动费"，才能得到批准。

第五，巧立名目，多方搜刮。日寇在占领运城期间，曾大量强索免税的所谓"军用盐"，供日军人马食用，还为其工厂强征工业用盐，仅1943年就达2000吨。另在庆祝所谓日本帝国建立2600周年时，向盐商摊派"吃机献金"，各盐商被迫"上缴"400吨盐，日伪盐务局还强迫河东盐池为日军捐献飞机一架。仅1944年日军就用各种名目从运城盐池白白刮走了食盐2000多吨。盐池成了日本侵略战争中的一个名副其实的物资供应站。

日寇对山西盐资源的强盗式的掠夺，不仅使山西盐业损失了大批资源，而且对生产和人民生活造成了巨大破坏。长期以来，秦、晋、豫等省的食用盐都仰赖河东盐池供应，日军侵占期间，因日寇对潞盐的控制和掠夺，使盐的供应大幅度削减。据统计，1937年实放潞盐472956担，1938年减少到133545担，1939年则仅有65担。结果使得邻省得不到最低限度的食盐供应，常常被迫淡食，即使是产盐的山西省也不得不到外省运盐，以解不时之需。日寇的掠夺破坏了山西盐业的正常生产秩序，使潞盐生产受到了毁灭性的打击，到抗战胜利时，盐池各场基本上都没有继续生产的能力，整个盐池生产奄奄一息了。[①]

日军侵晋，首要目标便是掠夺山西的矿产资源，用以支持侵华战争和保障日本本土工业的发展。日军在战前就制订了详细的掠夺计划，侵入山西后迅速抢占工矿企业，把采矿权牢牢握在手中。在资源开采过程中，更是不惜以人力为代价，采取一切手段来达成掠夺目标，对矿产资源的劫掠规模浩大、数量惊人。日军的强制性掠夺不仅使得山西矿产资源被浪费、毁坏，而且严重遏制了山西工矿业的发展进程。同时，日军无视中国人的生命，滥杀无辜，民众在日军的铁蹄下生活困苦、饱受折磨。

[①] 李春凤：《抗日战争时期日本对山西盐资源的掠夺》，《晋中师范高等专科学校学报》1999年第3期。

九、惨绝人寰的生物战

　　生物战（或称细菌战）指的是在战争期间，一个国家或战争集团对敌方的特定地区使用生物（或称细菌）武器，导致敌方人员、动物与植物大规模致病与死亡的一种战争形式。生物武器是从实验室与工厂中生产出来的可以致人、动物与植物生病死亡的各种细菌与病毒，以及受细菌与病毒感染的物质，包括炭疽病、霍乱、天花、梅毒、伤寒、痢疾、鼠疫等五花八门的细菌或病毒。它被公认为"世界三大毁灭性武器"（即生物武器、核武器和化学武器）之首。

　　生物武器虽然杀伤力很大，但生产和使用的技术却比较简单，费用也比较低，又只杀伤人、畜，不毁坏物资。日本生物战头子石井四郎曾说过："生物武器的第一个特点是威力大，钢铁制造的炮弹只能杀伤其周围一定数量的人，生物制剂具有传染性，可以从人再传染给人，从农村传播到城市，其杀伤力不仅远比炮弹更广，而且死亡率非常高。第二个特点是使用少量经费即可制成，这对钢铁较少的日本来说尤为适合。"[①]生物武器的这两个特点，使得日军在第二次侵华战争期间，冒天下之大不韪，公然违反国际公法，以"缺乏资源的日本要想取胜，只能依靠生物战"的策略，丧心病狂地对中国人民实施了大规模生物战。

1855部队本部和太原分部

　　1936年，日本参谋本部和陆军省，在哈尔滨成立了臭名昭著、被称为食人魔窟的"满洲第731部队"，他们大肆进行生物武器的研制和

[①] 郭成周、廖应昌：《侵华日军细菌战纪实》，燕山出版社1997年版，第40页。

九 惨绝人寰的生物战

生物战的实践活动，充当了对华生物战的急先锋。七七事变后，日本急于征服中国，但731部队的生物武器尚不能满足日军大规模生物战的需要。因此，七七事变后不久，日军即展开组建华北"甲"第1855部队的活动，"其总部位于天坛（北京），具体开设日期当在1938年1月之前"[①]。部队直辖于华北方面军司令部，陆军军医大佐西村英二任部队长，[②] 对外称第151兵站医院，又称西村部队，它是继731部队之后在中国建立的第二支生物战部队。

1855部队本部的任务是，一方面负责日军的防疫给水，另一方面研究和生产生物武器，同时要统辖和领导分部及办事处的生物战业务。本部下设三个分遣队，后来改为课，定员1500人。第一课，卫生检验课，由小森源一少佐任课长，实际上是研究生物战剂的专门机构。第二课，细菌生产课，平野晟少佐任课长，下设第一细菌生产、第二细菌生产、血清、检索、培养基等6个室，是日军生产大规模生物战剂的机构。第三课，生物武器研究所，课长篠田统技师，下设生产室、研究室、特别研究室、事务室及诊疗、资料、经理等科，主要生产跳蚤、鼠疫等生物武器。

1855部队除在北平城内设本部外，先后在天津、塘沽、张家口、保定、石门、太原、大同、运城、济南、青岛、郑州、新乡、开封、包头、徐州、碓山16个城市设立了办事处、支部或分遣队。各支部或办事处都担负着研究、生产生物战剂和实施生物战的任务。同时，为配合日军野战之需要，1855生物部队在野战师团配属了防疫给水——生物战班，其人数不等，少则十余人，多时达三四十人。其名义上是担负所在部队的防疫给水任务，实质上是准备和实施生物战的特殊机关。特别是到了战争后期，它的业务奉命扩张，设有制备培养器室、

[①] 徐勇：《侵华日军驻北平及华北各地细菌部队研究概论》，《抗日战争研究》2002年第1期。
[②] 〔日〕西野留美子：《解说北京甲一八五五部队》，七三一研究会编：《细菌战部队》，晚声社1997年版，第180页。

培养细菌室、检索细菌室、小鼠室、检查水质室、整备培养器材室等部门，具备了一定的生物战剂生产能力。① 此外，华北各地的日军陆军医院与1855部队也有着密不可分的联系。它们常常打着救治伤员、收容战俘的幌子配合该部队进行采集细菌、研制、检验生物战剂等活动，其中就包括进行活体解剖手术。"非常多的军医、护士和卫生兵都参加过活体解剖手术，也许是几万人。当时只觉得在杀一条狗，那种事几乎是家常便饭。仅华北方面日军就有40—50万人，下面约有20所陆军医院。"②

1855部队太原分部，建立于1938年5月，地址在太原市西羊市街12号，称为"太原防疫给水部"。1945年8月日本投降时，潞安日陆军医院与其合并。内部设有防疫给水生物战教育室、生物检查室、生物培养室、解剖室、特殊实验室、消毒所等部门。太原防疫给水生物战分部部长，前期为军医少佐近藤，后期为军医少佐桥本。据汤浅谦③笔供：太原防疫给水部（即太原分部）隶属于北京防疫给水部（1855部队）并受其命令，协助第1军的作战，但非第1军所属，只在业务上和第1军军医部长协助，可事实上曾经接受第1军军医部长的指示。在石井四郎来太原后，我听说太原防疫给水部曾接受石井的命令，实验过冻伤及研究霍乱。太原防疫给水部负有第1军所辖地区的防疫给水及特殊研究任务，如下述：1.山西发生传染病时，曾研究其病源、传染路径、预防方法……3.平时该部收容的传染病患者，研究治疗法及检查法等，日帝投降时，我去该部，曾有肠伤寒、巴兰伤寒、赤痢细生物患者约50名……6.进行对中国人的生体解剖手术……

---

① 〔日〕西野留美子：《北京（甲）1855部队的验证》；谢忠厚：《华北（甲）1855细菌部队之研究》，《抗日战争研究》2002年第1期。
② 郭成周、廖应昌：《侵华日军细菌战纪实》，燕山出版社1997年版，第71页。
③ 汤浅谦，原名汤谦，日本东京都人，医科大学毕业，1942年1月24日侵入中国，同年2月至1945年8月在山西省潞安，历任日本华北方面军第1军潞安陆军医院中尉军医、庶务科长及大尉军医等职，日本投降后，又参加了阎锡山集团，1951年1月22日在阳泉市被太原市人民政府公安局逮捕。

九 惨绝人寰的生物战

7. 使用中国人的生体实行医学实验。①

活人实验和活体解剖

1855部队太原分部为了尽快就近研制和使用生物武器，对付山西的八路军和抗日人民，进行了大量人体实验。1855部队太原分部的人体实验相当分散、十分广泛，但更加丧心病狂。其办法是把鼠疫菌、霍乱菌、伤寒菌等恶性传染病菌，直接注射到活人身上，或用带这些病菌的老鼠、跳蚤、虱子等传染给人，或掺入食物中让人吃下，然后进行活体解剖，以实验细菌的传染杀伤效力。日陆军医院也进行了细菌效力的人体实验。据中岛京子1953年9月3日笔供，1939年7月，她在山西潞安陆军医院任护士，"奉小岛军医之命，将鼠疫菌800毫升，注射在一个年约20岁的抗日军俘虏的胸部。几分钟后，此俘虏面部发紫，出黑斑，嘴唇变黑，呼吸困难，很快就死亡了。尸体由小岛军医等做了解剖。这个俘虏是中村军医带来的4个俘虏中的1个"②。

1855部队太原分部经常使用活人进行医学解剖。在太原分部，据战犯汤浅谦供述，1942年4月初，他和驻山西军医共20名，奉命接受防疫给水生物战训练，在太原市小东门街第1军工程队（俘虏收容所），由太原陆军医院院长佐藤中佐指导，分为4组，将4名抗日军战俘用子弹打伤，绑在手术台上，进行了解剖。有的剖腹取子弹，有的切断四肢。③同年8月，石井四郎担任第1军军医部长后，大大加强了生体实验，包括演练手术和医学解剖实验。据中村三郎④1953年2

---

① 汤浅谦1953年1月31日的笔供，原件存中央档案馆，卷宗119-2-81-2-19。
② 中岛京子1953年9月3日的笔供，原件存中央档案馆，卷宗119-2-53-1-5。
③ 汤浅谦1954年11月20日的笔供，原件存中央档案馆，卷宗119-2-81-1-7。
④ 中村三郎，生物战犯，华名钟兆民，日本秋田人，1943年9月毕业于日本东京都帝国大学医科，1944年1月起任侵华日军驻山西省太原市陆军第1军司令部军医中尉，同年2月赴北京陆军医院东城分院受北支那方面军新任军医集中训练，同年4月3日调任山西宁武县独立混成第3旅团第7大队军医中尉，同月下旬移驻五寨县即出发到河南作战一个月，11月又移驻宁武县，1945年8月15日升任大尉军医。

月2日的笔供,1944年1月,由石井四郎军医部长和太原防疫给水支部的支部长亲自督导,第1军所属军医约20人,在太原防疫给水支部进行生体手术实习教育,宣布"这是军事机密,不可说于别人"。在3天内,分为4组,用中国战俘8名,进行了活人解剖实习。解剖手术种类有:盲肠炎、虫样切除术、疝气手术、气管切开术、动脉结扎术、粪漏形成术、四肢切断术。在实习中,各组互换顺序进行。当时只做了局部麻醉,七项手术实习完后,人虽然无四肢,但还活着。中村三郎说:在实习手术中,因麻醉性弱,俘虏身动、出声,这时又加以麻醉,更在皮下注入吗啡,使其继续麻醉。俘虏经过各种手术后,四肢已无,但尚未死。对此,又以石碳酸原液在俘虏的腰椎或头部注入,转眼间俘虏便死亡。太原防疫给水部的笠中尉、井河中尉二人,将死者的头盖骨切开取出脑髓,又将胸膛切开取出心脏,还能看见心脏尚在跳动。①

据战俘汤浅谦的供述,山西潞安日陆军医院为本院和驻潞安第36师团的军医举办了一个叫作"潞安军医教育班"的研究会,研究所谓"战争医学"。为了提高青年军医的手术水平,每年都进行四五次以俘虏为材料的活体解剖。在位于医院内运动场一角有血淋淋的解剖室,在这里还排列着露天火葬场和灵堂,附近一带埋满了通过解剖而杀害的尸体,几乎再也没有挖新坑的余地了。不时地可以看到,野犬将泥土挠开,在咬食尸体。1942年3月至1945年3月,汤浅谦在该病院亲自参与的生体解剖就有8次之多,活活解剖杀害了18名中国人。他还亲自做了1944年度和1945年度的军医教育计划,规定每年用活人演习手术6次,每次解剖活人2名。

山西潞安日陆军医院不仅有计划地用活生生的战俘做解剖,甚至随意抓捕普通居民、老人和儿童进行活人解剖。据郭金富的母亲朱大姐、裴胖狗的哥哥裴喜狗等人向人民政府提起的控诉:1942年阴历

---

① 中村三郎1953年2月2日的笔供,原件存中央档案馆,卷宗119-2-1105-2-15。

九 惨绝人寰的生物战

十月初二，郭金富、裴胖狗、黄有成三人在潞安日陆军医院附近干活、玩耍，被该医院日军抓去，活活解剖。汤浅谦在此铁证面前，写下了如下认罪书：

> 以上第九号2页至10页之朱大姐（女）、裴喜狗二人控诉与对证之马海水的讯问笔录，经翻译用日语读给我听过。我于1942年11月（阴历十月初二日）清晨，在山西省长治市前日军第1军潞安陆军医院坐汽车，去前日军潞安宪兵队，将朱大姐之子郭金富、裴喜狗之弟裴胖狗和黄有成三人带回医院解剖室，全部活体解剖。……我将这三名和平居民中的两名，亲自进行了气管切开、上肢切断术等的活体解剖。其余一名，我协助院长酒井满斩杀了。我对此事件应负亲自和参与的责任。①

汤浅谦看了记录他在潞安日陆军医院活体解剖10名俘虏和5名普通居民的照片后，又写下了如下一段话：此照片，我已阅过。此照片确实是日军第1军潞安日陆军医院，自1942—1945年将10名抗日军俘虏与5名和平居民进行了活体解剖和斩杀之遗骸中的2名。我亲自进行了此种活体解剖又参加了斩杀。故此照片能证明我亲自进行活体解剖和参与斩杀的罪行。②

据中岛京子的笔供，1939年7月，她作为日陆军医院西村部队的特殊志愿护士，参加了潞安作战。一天，有4名抗日军俘虏被押送到潞安医院。其中一名，年约二十二三岁，容貌端正，已被日军用糜烂性毒气弄得全身溃烂，右脚尤为严重，根本不能行走。3天间，这名俘虏又受尽折磨，溃烂的腿上和粪便上落满了苍蝇，蛆虫到处乱爬。这时，小岛军医决定用这名抗日俘虏做生体手术演习。按照他的命令，

---

① 汤浅谦1955年6月9日的笔供，原件存中央档案馆，卷宗119-2-81-1-8。
② 同上。

中岛京子等5人将这一青年绑到手术台上。远藤军医只是简单地做了局部麻醉，便用手术刀割开皮肤，切开肌肉，做截肢手术。中岛京子写道：由于做的是局部麻醉，青年人痛得大声喊叫，一名士兵和一名护士，两个人按住他被绑着的腿，他仍然扭动着身体，迟迟锯不下来。我嫌他讨厌，便在他嘴里塞满了纱布，让他喊不出声来。青年人由于痛苦和愤恨，咬着牙，用可怕的眼神瞪着我。由于没有充分地止血，因此每当他呼吸或扭动身体的时候，鲜血便从刀口咕嘟咕嘟地喷射出来。截断这一根骨头竟用去了40分钟。从手术开始到全部结束整整用了2个小时。然后，便把青年抬回病房。军医要中岛京子"先注射8毫升B，过五六分钟后，如没有变化，再注射5毫升A，注意观察情况"。她给注射了B，不到3分钟，只见他痛苦得满床乱滚，从弃腔中流出通红的鲜血，开始挣扎，但已发不出呻吟声了。当注射后12分钟左右，这个年轻人便断气了。根据注射后急剧发生的变化和A、B这两种使用代号的药名，中岛京子意识到这就是当时由潞安日陆军医院研制的细菌液。后来，这个青年又被军医们作为研究材料解剖了。[①]

根据侵华日军华北方面军的机密命令，各师团为进行军医教学，一年做两次手术演习，而生物实验可随时向部队或宪兵要求送来活体以供使用，于是在毫不知情的情况下大量无辜平民"神秘"失踪。一位母亲得知自己的儿子被活活解剖的实情后，悲痛欲绝，几乎哭瞎了眼睛。她得知实施解剖的军医汤浅谦被抓后，要求对他进行严惩。实际上，究竟有多少善良的母亲被日军的手术刀夺去了亲生骨肉的鲜活生命，实在难以计数。

在战场上大规模地使用生物武器

日军进行活人实验和活体解剖，是为了在战场上大规模地使用生

[①] 中岛京子1956年的罪行笔述，原件存中央档案馆，卷宗119-1-174。

九
惨绝人寰的生物战

物武器。抗日战争期间,山西是敌后战场,敌我力量、敌我势力范围处于一种相互胶着的状态,中国共产党领导的抗日根据地与日军占领区犬牙交错,远不如东北地区和南方地区那样界限分明。在这样的一种敌我态势下,日军一般很难直接采用如飞机、炮弹投掷病毒,来屠杀我广大地区的人民,也似乎并不具备实施大规模生物作战的条件。然而,事实上日军正是利用了华北地区的这一特点,使得生物战进行得更加频繁,也更加多样化,更加隐蔽化。日军常常与历次大大小小的"扫荡""围剿"相配合,由其所谓的"防疫给水"部队或派间谍实施生物作战,其方式、方法主要有:所到之处向日常用具、粮食、食器、水井或附近河流中涂抹、投放,暗中向村落中施放注射过病菌的疫鼠等;其散播范围小则一个或数个村庄,大则数十个县。

大量事实和文献证明,日军在山西曾大量使用生物武器作为进攻的重要手段,并造成了极为严重的后果。

1938年秋,山西榆社县河峪镇辉教村遭遇了日军飞机撒毒,有200余人中毒,占全村人口的一半。辉教村的孟全明、白守银、何润四、石友杰、石新华等几位老人,至今还清楚地记得这场灾难:"当时辉教村有400多人,90多户。日军来了以后,每年来'扫荡'几次……杀死村里人共20多人,房子烧得只剩下一户。1938年秋天日军飞机来过,人们以为下雨了,后来(7至8天)有人身上出现症状,起小水泡,又痒又疼,出黄水。有200人中毒,占全村人的一半。……飞机是从太谷来的,飞机来时是中午12点前后,三架飞机飞得不高,就跟喷雾飞机一样,显得雾腾腾的,有一点点,也不是哗哗地下,看见像下雨似的,不是下雨,有烟雾,有味,不知是什么味,呛人呢。当时闻了没有感觉,就是走了以后有两个最厉害的中毒事情,一个是起疙瘩,一个是长癞头。当时生这种病的人很多,十个中就有八九个,还传染,我有你无,咱俩住两日,你就有了。最开始是红的,然后变黑,白点点一抠就是脓。白的鼓起来,像是农药中毒。我们几乎都起过,全村有 300 多人起，有的一家人都起。也没有大夫治，什么时候好了什么时候算。""有个叫李眉成的起了泡就不能动了，日本人进来后，把他当八路军活活杀死，起泡烂得最厉害的没有鼻子了。"①

1938 年 7 月 29 日，据中央社郑州电称，盘踞夏县以南的日军，在撤退时，向各村水井投毒甚多。饮此井水，六七小时后即出现头晕、呕吐和腹泻等症状，12 小时后，则面色发黑，24 小时后，则不能行动，因中毒而死者，亦不知凡几。同年 9 月 19 日，朱德、彭德怀致滕代远电称，最近日军在晋东南利用汉奸收买大批乞讨的小孩和流氓，开办培训班，让他们训练探术、防毒和从事阴谋活动等，然后将他们派往各地，以种种方法混入我军，充当勤务员，以便从事间谍或投毒等罪恶活动。

据山西盂县活川口人韩承杰回忆，1941 年秋，日寇除不断向我根据地进行大"扫荡"外，竟施用了杀人不见血的灭绝人性的生物战，活川口群众因此遭受了一次大灾难，全村因日寇施放细菌而死于伤寒等病的就有 141 人。

据国民政府战时防疫联合办事处 1942 年 3 月中旬（第 2 号）疫情报称：绥远、宁夏、陕西、山西四省发现鼠疫，自 2 月 14 日至 3 月 2 日，五原死亡 205 人，河西死亡 82 人，碛口第五乡死亡 21 人，陕西府谷县村民俞二安全家 14 口三日内死亡 13 口。②

从日军战俘的口供中，也可证实日军在山西进行了残酷的生物战。据菊地修一③口供：1942 年 9 月中旬到 9 月下旬之间，第 1 军派遣来的细菌组人员，到五台县苏子坡散布细菌老鼠 2 只，居民 12 名患

---

① 高晓燕：《日军在山西的毒气战》，《文史月刊》2002年第5期。
② 中央档案馆等单位合编：《细菌战与毒气战》，中华书局1989年版，第341页。
③ 菊地修一，化名李永章，日本宫城县人，1937年4月28日至1938年1月10日第一次侵入中国东北，1938年7月1日至1945年日本投降第二次侵入中国华北。历任日本华北派遣军独立混成第3旅团步兵第7大队附、第7大队第3中队少尉小队长、第3中队附、步兵中尉、第7大队部附、第1中队中队长、第7大队大尉中队长、独立混成第3旅团炮兵大尉大队长。日本投降后，又参加了阎锡山匪军。

九 惨绝人寰的生物战

病，死亡者3名；细菌组人员于五台县东长畛和麻子岗，各放出细菌鼠2只，患病居民60余名，死亡者30余名。①据住冈义一笔供：1942年2月，独立混成第4旅团以破坏太谷、榆社、和顺、昔阳4县八路军根据地为目的进行"扫荡"，大队本部医务室曾跟军医大尉以下约10人散布伤寒菌和霍乱菌。我的小队和中队一起占领山西榆社、和顺县境的龙门村、官池堂、阳乐庄等村，在民房中向碗、筷、菜刀、面杖、面板、桌子等食器，又向水缸、水井及附近河中投放伤寒、霍乱菌。②

  日军生物部队在山西进行的活人实验、活体解剖和生物战争，给山西军民造成大量伤亡的同时，也对山西的空气、水、土壤产生了污染。首先，造成了空气污染。日军生物战给山西大气造成污染和破坏的主要菌种是鼠疫杆菌。鼠疫是日本生物战部队生产的主要菌种之一，也是一种传播迅速、病情严重、死亡率极高的急性传染病。大量的地面投放造成鼠疫患者激增，从而空气中鼠疫杆菌含量也随之增加。而空气中该病菌含量越多，健康人被感染的概率也就越大，如此反复，形成一种恶性循环。日军生物战部队还直接用飞机空投各种有害细菌，特别是鼠疫杆菌，直接造成空气污染。第二，造成了水污染。日本生物战对山西水的污染可谓比比皆是，几乎可以说每一次使用生物武器，水首当其冲受到污染。霍乱、伤寒及副伤寒、赤痢这几种病菌是生物战分子研制和使用的几种主要毒菌，它们都是在水里生活的，而水又是人类日常生活的必需品。日军生物战分子正是看中了这些特点，而利用这些毒菌来为他们的侵略目的服务。更令人发指的是，日本侵略者还利用洪水泛滥机会大肆撒播霍乱等毒菌，有意地进一步污染水体，致使水中微生物系统的自然生态平衡遭受严重破坏，水中霍乱等毒菌肆虐。这些被人为污染的地表水必然进一步影响

---

① 谢忠厚：《华北甲第一八五五细菌战部队之研究》，《抗日战争研究》2002年第1期。
② 中央档案馆等单位合编：《细菌战与毒气战》，中华书局1989年版，第366页。

地下水、影响土壤、影响大气；同时，水中的毒菌依附于农作物的根、茎、叶、花、果实内，最终影响中国居民的生命安全。第三，造成了土壤污染。日本侵晋期间的生物武器造成了山西部分土地的污染和破坏。因为任何生物都离不开土壤这一物质基础，生物的污染必然导致土壤的污染。土壤受污后，有毒物质会残留于农作物的根、茎、叶、花、果实内，最终通过食物链或地下水影响人类健康乃至生存。

十、令人发指的化学战

日军除了进行惨绝人寰的生物战,还发动了令人发指的化学(毒气)战。化学(毒气)战,是指使用各种化学毒气武器用于战争的行为。化学(毒气)武器,是利用各种化学毒剂对人类和其他生物进行大规模杀伤的武器。由于化学武器在第一次世界大战中曾给人类带来了极大的灾难,因此禁止在战争中使用,早已成为1925年日内瓦国际公约的基本原则。

日本是第二次世界大战期间唯一同时使用生物武器和化学武器的国家。日本从第一次世界大战中看到了化学武器具有特殊杀伤效果,认为这是在"未来的战争中取胜的秘诀之一",遂走上了快速准备化学战的道路。到1936年,日本已储备上千吨毒剂,并且大部分装填为弹药,同时培训了大批人员,完成了侵华战争的化学战准备。

日军化学部队涌入山西

1937年7月7日,日本帝国主义制造了卢沟桥事变。11日,日本政府发表了《关于向中国华北派兵的政府声明》,接着就向中国派出了独立混成第1和独立混成第11旅团以及第20师团,27日又增派第5、6、10师团。随同这些部队行动的,还有第一批组建的日本化学部队。在这以后不久,又向中国增派了以下几批化学部队:

部队番号	组建时间	派往部队番号
迫击第3大队	1937年7月27日	第8师团
迫击第5大队	1937年7月27日	第14师团
第1野战化学部	1937年7月27日	第1师团
第3野战化学部	1937年8月24日	第1师团

(续表)

部队番号	组建时间	派往部队番号
4号野战瓦斯厂	1937年7月27日	第16师团
7号野战瓦斯厂	1937年7月27日	第14师团
野战瓦斯第13中队（乙）	1937年8月14日	第7师团
野战瓦斯第6小队	1937年8月14日	第7师团
野战瓦斯第8小队	1937年8月14日	第7师团
野战瓦斯第5中队（乙）	1937年8月14日	第2师团
2号野战瓦斯队本部	1937年9月1日	第2师团

在组建这些化学部队的同时，日军中枢机构向各部队发出了一系列关于使用化学武器的指令，从而正式拉开了在中国进行残暴的化学战的序幕。

山西是华北敌后抗日根据地，太行山区是八路军总部和中共中央北方局据以领导与指挥华北敌后武装力量对日作战的"中枢神经"，加上山西省东西两侧是太行山、吕梁山，南北两端有中条山和恒山，山区面积占80%以上，有利于日军使用化学武器，所以日本就不惜违背国际公约，肆无忌惮地使用化学武器。

日军在山西实施化学战的三个阶段

日军在山西实施的化学战，大体上可分为三个阶段：实验性阶段、高潮阶段和尾声阶段。

实验性阶段（1937年至1938年年末）

日军向中国战场部署了化学战部队，下达了使用化学武器的命令，为部队配发了毒气弹药。但是，日军以往没有化学战的实战经验，各部队包括化学部队都需要一个认识、掌握的过程。因此，在战争的第一年，主要是个别、零星地使用，规模不大，次数不多。通过这些使用，以教育部队，总结经验，检验武器效能，带有试验性质。

在1937年9月攻打天镇的战役中，日军首次在山西使用毒气。

十 令人发指的化学战

我军第400团防守天镇盘山。9月6日，战斗开始，日军首先以绝对优势的步兵和炮兵联合猛攻我军第3连阵地。7日展开全面进攻。敌军用飞机轮番轰炸，炮兵进行排炮射击，掩护步兵前进。敌人射击的炮弹中，有一部分是催泪性毒气弹。[①]

同年9月，日军第2师团在飞机、火炮的支援下，对驻守在原平的中国军队第196旅发动袭击。由于久攻不下，日军遂于10月11日投掷毒气手榴弹，最终中国守军全军覆没，原平陷落。据安部四郎1954年9月10日的口供：1937年10月上旬，奉第30联队栗饭原大佐之命，我指挥分队攻打原平县城，打死两名抗日军。队长武田哲也发现一地下室里有十几名抗日军及普通居民，便向地下室投放了一个毒气弹，于是从里面跑出抗日军3名，我用刺刀将其刺死，后又投入两枚手榴弹，炸死10名。[②]

日军在山西忻口、晋西南、晋东南战役中也反复用毒，频率越来越高。[③]从1937年10月13日至11月2日，历时21天的忻口战役中，日军久攻不下，遂多次使用毒瓦斯、烧夷弹助攻。在国民党正面战场：10月13日，日军占领南怀化后，14日又向南怀化东北高地我第1057团阵地攻击。当晚8时许，敌又发起进攻，以猛烈炮弹、燃烧弹、瓦斯弹向我军覆盖。10月17日夜至22日，中日军队在官庄、南怀化一带激战五昼夜。日军伤亡约3000人。日军竟以烟幕、毒气、燃烧弹实施攻击，掩护步兵前进。[④]我军第85师于10月21日向夺占官村以南诸高地的日军反攻。敌施放呕吐、催泪性毒气弹及燃烧弹。[⑤]10月

[①] 陈长捷、韩伯琴等：《晋绥抗战》，中国文史出版社2010年版，第14页。
[②] 安部四郎1954年9月10日的口供，原件存中央档案馆，卷宗119-2-829-1-4。
[③] 中国抗日战争史学会、中国人民抗日战争纪念馆：《侵华日军的毒气战》，北京出版社1995年版，第76~79页。
[④] 《申报》1937年10月26日。
[⑤] 中国第二历史档案馆编：《抗日战争正面战场》，江苏古籍出版社1987年版，第500页。

22日午后，敌在南怀化附近使用催泪性毒气。我阵地一部被占。[1] 10月23日敌军使用催泪弹、烟幕弹、燃烧弹、达姆弹，并添大口径炮集中射击。忻口敌军大量使用毒气，致我军损失重大。[2]

为了配合忻口战役，八路军在敌之两翼和后方，发动了广泛的游击战争，给敌人造成了很大的困难。八路军光复雁门关后，于10月18日与日军增援部队遭遇，双方激战终日。日军以飞机轰炸八路军的同时，施放毒气。[3] 19日晚，八路军袭击阳明堡日军临时机场后，日军又施用毒气向八路军及其他部队进攻。

1938年发生在晋西南的曲沃战役，是战争初期日军在山西大量使用化学武器的典型战役。这一年4月11日，日军大本营发布《大陆指第110号》命令时规定："可在下列范围内使用赤筒和轻迫击炮用赤弹：1. 使用目的：对盘踞在山区地带的敌匪'扫荡'时。2. 使用区域：山西省及与之相邻地区。3. 使用方法：尽量与烟混用，以严格隐匿用毒事实，注意不留痕迹。"[4]

6月15日，日本侵华军第1军司令官梅津美治郎下达了"作命第263号"准许使用红筒的命令。第20师团接到命令后，配属了第1至第4特种指导班和迫击炮第3大队，准备红筒18000个，按照命令部署在主力攻击进行急袭时使用。

战役在曲沃附近的浍河两岸展开。7月4日，曲沃之敌向国军秦岗镇驻地进犯，发射了毒剂炮弹。7月5日，日军第20师团用火炮、迫击炮向驻守在盈村、南下村国军阵地发射毒剂炮弹390发，造成3.3公里正面的毒区。7月6日晨又以35门火炮向西阳村、白水村、西明

---

[1] 1937年10月22日介景和致黄绍竑电。
[2] 1937年10月23日卫立煌致蒋介石电；1937年10月23日国民政府军委会第一部情报组电。
[3] 《救国时报》1937年10月25日。
[4] 日本防卫厅战史室编纂，天津市政协编译委员会译：《大本营陆军部〈大陆令〉〈大陆指〉总集成》（第2卷），四川人民出版社1987年版，第188页。

十 令人发指的化学战

德一带国军阵地发射毒剂炮弹约1600余发。5时20分,日军在曲沃东南向浍河南岸的仪门村、北樊村一带其4—5公里正面施放喷嚏性毒剂筒6000—7000个。其时风速每秒1.7米,毒烟借助东风吹向中国守军阵地,随着毒烟的弥漫,守军激烈的射击声渐渐停止了。据统计,中国军队约500人中毒,无力抵抗,日军步兵趁机发起进攻,一举突入纵深约3公里,守军被迫撤退。7月7日拂晓,日军在东韩村至南吉村一线约3公里正面施放毒剂筒5600个,6日夜里守军还在猛烈还击,到毒烟攻击后只得迅速撤退,日军步兵得以顺利前进。[1] 日军第20师团使用毒气弹进攻得逞,当中国守军中毒惨重,被迫撤退之时,敌军开始转入追击,很快地重新占领了运城,曲沃战役结束。

日军在战斗之后的总结中提到:由于使用了化学武器,部队的进攻速度大大加快,伤亡急剧减少,原来占领一个村平均伤亡30—40人,而使用毒气后,仅有10人左右的损失。相反,未使用毒气的部队受到的抵抗则十分强烈。

战役发生后,《新华日报》对日军在此战役中使用化学武器进行了报道:闻喜、曲沃、垣曲之役,敌以久疲之师,遭我生力部队包围歼击,屡战屡败,于羞恼之余,乃不顾公法人道,使用极剧烈之糜烂性及催泪性瓦斯向我军放射。我军虽事先早有防备,牺牲并不甚大,然敌寇之残虐暴行,则实堪发指。[2]

在晋东南,日军在阳城西北之町店义城战斗中,使用了毒气。1938年7月23日,朱德、彭德怀致电阎锡山、卫立煌:"本月六日,职路徐海东旅在阳城西北之町店义城战斗,伤亡约五百余人,前已具报。该批伤员近日运回后方,重伤甚多,殊难医治。考其原因,多为敌之达姆弹射害所致。查达姆弹久为国际公法所禁用,日寇毒辣,惨

---

[1] 步平、高晓燕:《阳光下的罪恶——侵华日军毒气战实录》,黑龙江人民出版社1999年版,第133~134页。
[2] 《新华日报》1938年7月22日。

用毒弹，请向外广为披露，更多揭发日寇之惨无人道之行为。"在晋东南，日军还向无辜的平民使用毒气。1938年4月14日，日军在阳城城关，对躲藏在10余个地洞内的群众施放火、烟和毒气，致使700人丧生。① 4月15日，日军在山西制造了骇人听闻的武乡西营惨案。该镇有千余户，226人被杀，还有70余名百姓逃避进入一个山洞里，日军竟用毒瓦斯把他们熏死在里面。②

通过日军化学战亲历者的回忆，也可证实日军在这一时期使用了化学战。家住山西定襄县城郊王进村131号的李书林老人，是当年日军化学战亲历者，现已83岁。据他回忆，1937年日本人占领了定襄县。（阎锡山）新第2师腊月来的这个村，住一个营，五六百人。新第2师在西北角挖了一条从龙门村（南）到崔家庄（北）的战壕，底宽一丈五，面宽两丈多，丈数来深，长20公里，里面有掩体，地底下有扎扎头。1938年八月初七，日本飞机从五台飞来，在空中侦察了一天。第二天拂晓，日本人来了，很远就听到噼啪打起来了，双方打得很激烈。（村）门口安有一个营部……日本人没有打过去，就返回去了。一会儿又来了，他们冲过来，（这时候）太阳上来了，我们就逃走了，父子俩相跟着到了村边外头，遇见个人说要放毒瓦斯，闻上就不行了，要是碰上就赶快尿点尿，不管男人还是女人的，把嘴扎进尿里就死不了。一会儿（炮弹爆炸后形成灰色的烟雾）像云彩一样来了，闻上呛人，像辣椒那味儿，吐的是黄彤彤的。后来人们瞎说是辣椒气，实际上是毒气。因为新第2师宣传过用尿防毒，人们闻到这又麻又辣、让人流泪打喷嚏的烟，便用尿浸湿衣服掩住口鼻。毒烟是灰色的，面积很大，笼罩着王进村。新第2师伤亡惨重，士兵们因中毒晕了，失去战斗力，被日军用刺刀活活挑死的多，村子被日军占领。村子里的人

---

① 纪学仁编著：《侵华日军毒气战事例集》，社会科学文献出版社2008年版，第44页。
② 中央档案馆等单位合编：《细菌战与毒气战》，中华书局1989年版，第509页。

十 令人发指的化学战

一早就多数逃走,所以死的人不多,只有一个叫李善义的60多岁老汉中毒死了。毒烟大约持续两个来小时才散,中毒的人吐了许多黄水,第二年村里的树都没发芽。①

据统计,日军在定襄战斗中使用特重筒2548个,毒袭宽度2700米。日本战俘安田清笔供:"1938年7月初旬,第109师团步兵第107联队、山炮兵第109联队,于山西省五台山作战中,在定襄县城附近村庄与4000名八路军交战约1小时,山炮联队对八路军阵地发射窒息性、催泪性、喷嚏性瓦斯弹及榴弹100发以上,炮杀、毒杀八路军战士100名,农民20名。这次战斗,有数百名八路军战士被杀伤。"②

发生在定襄县附近的这次化学战,究竟中国部队是八路军还是新第2师有待考证,但日军在此使用毒气是确凿无疑的。

通过日军战俘的回忆也能证实日军在山西使用了毒气。据泽昌利供认,尽管国际法上禁止使用毒瓦斯,但侵华日军却在中国战场上多次使用。

泽昌利回忆,日军在沁源作战时就使用过化学武器。1939年8月10日前后,日军半夜在山区急行军中,部队突然停止前进,原因是和八路军一个旅的主力部队遭遇了。这是一场激烈的遭遇战,并且是在漆黑的半夜里发生的,情况完全不清楚。这样下去,有可能使日军无法按预定的时间到达指定地点。于是金森大队长下令使用了化学武器,随着毒气的施放,浓重气体烟雾滚滚地从地面升起,覆盖着敌方阵地。虽然不知道给八路军带去了多大损失,但没有多长时间,前面的八路军就撤退了。于是,我们又以急行军前进。我是日军使用毒瓦斯的活证人。③

通过使用化学武器,日军看到了中国军队对于化学武器的防护

---

① 高晓燕:《日军在山西的毒气战》,《文史月刊》2002年第5期。
② 同上。
③ 山西文史资料编辑部编:《山西文史资料全编》(第10卷),2001年,第1139~1141页。

装备极差，认为"对中国军队使用化学武器是极为有效的"。于是从1939年后，在对山西抗日根据地的"扫荡"中，多次使用毒气，使化学战进入了高潮。

高潮阶段（1939年至1943年）

在这个阶段，日军把化学战推向高潮，并高度评价化学武器为"决胜瓦斯"。日军在此后各次战役、会战中，几乎每战必用、每天必用。

1939年和1940年，日军在山西作战中加强了毒气攻击的支援，由主要使用催泪性、喷嚏性等刺激性毒气，扩大为全面使用包括糜烂性、窒息性在内的各种毒气，还在军、师团、联队中组建了各种临时毒气队，将化学武器大量配备给步兵部队、中队、小队乃至士兵。1939年5月13日发布的《大陆指第452号》，明确指示使用糜烂性毒剂（黄剂）："1. 华北方面军司令官可在当地作战时使用黄剂等特种资材，以研究其在作战方面的价值。2. 上述研究应在以下范围中进行：（1）严格保守秘密，绝不要伤及第三国人；（2）尽量减少对中国军队以外的平民的伤害；（3）在山西实施时尽量选择偏僻地区，以利保密……"[①]

1997年日本出版的《关于化学战资料》一书的第51号资料《春季晋东南作战之教训》中，详细记述了1940年以后在山西使用糜烂性毒剂的情况。同时还指出："（因中国军队）毒气防护装备极差，将暂时性和持久性毒气混合使用效果极好，可能给其以相当大的精神压力。"这里的暂时性与持久性毒气，即指赤剂和黄剂，可见是并用了两种毒气。

第52号资料《第九中队好地北侧高地附近战斗详报》，记载了第

---

① 《大本营陆军部〈大陆令〉〈大陆指〉总集成》（第2卷），第145页。

十 令人发指的化学战

36团第224连队第9中队在山西省的战斗,使用迫击炮发射了25发"伊塔克"炮弹,"进行了撒毒,收效甚好"。所谓"伊塔克"弹就是迫击炮黄弹,"撒毒"就是撒黄剂。

下面是调查到的日军这一时期用毒的三个事例:

沁水县西山村化学武器杀人案 1940年4月12日,日军第41师团有岗部侵占了沁水城后,侵略者把魔爪伸到了西山村。这年7月9日上午8时左右,天下着雨,驻在县城的5个日军,由汉奸便衣队领路,携带着毒气弹、防毒面具和枪支,杀气腾腾地闯进西山村。这天,在西山避难的有西关、廉坡、杨山等村的群众80余人,整个院子的各个房间里都住满了难民。日军一进村,立即架起了机枪将大门封锁,3名日军冲进院内,在大庭广众之下,竟对一些妇女进行强奸。目睹日军的兽行,院内几十名群众无不愤慨,气得咬牙切齿。3个日军兽性发泄后,戴上了防毒面具,把被奸者驱赶进人群,然后便在院子里投放了两枚毒气弹。顿时,窒息性的毒气充满了院内各个房间,呛得人们透不过气来。这时,全副武装的日军像恶狼一样号叫着,不许人们走出房间。一些受不住毒气熏呛的群众刚刚跑出房门,就被敌人用刺刀捅死。各个房间毒气滚滚,可怜的群众在死亡线上挣扎,有的人用湿布捂住口鼻,日军就冲进房内抢去湿布扔在院里。当时廉坡村崔凤安的妻子马喜凤带着12岁的小女儿躲在牛圈里。母女俩被毒气呛得喘不上气来,只好用湿牛粪堵住鼻子。日军看见了,就恶狠狠地用脚踢她们,还用枪托砸她们,强迫母女俩放下湿牛粪。马喜凤拼死相抗,日军就在她身上连刺三刀,又对其女儿肚子猛刺一刀,这个女孩惨叫一声倒在血泊中。

惨无人道的日军用毒气把人们熏得气息奄奄,但他们并没有就此罢休,几个日军挨着房间搜捕,不论男女老幼,逢人便刺。西山村的房东老二和妻子正在炕上全力抢救被毒气熏得奄奄一息的婴儿,凶残的日军闯进去,用刺刀戳透了这对年轻夫妇的胸膛,可怜的小生命躺在父母的血泊中挣扎着。被日军困在西山院里的廉坡村崔凤国一家7口人,已被杀死5口,其妻拖着受伤的身躯,拉着8岁的儿子崔学恭,不顾一切地向院门口跑去,刚跑出大门,就被把门的日军一刺刀捅死在地上。崔学恭吓得跑回房后,和一个姓张的老汉钻进了谷草堆,日军两次来草堆上乱戳,崔学恭被刺伤。

午后,穷凶极恶的日军开始纵火烧房,霎时间,浓烟滚滚,火光冲天,中毒、受伤未死的群众在熊熊的火堆中呻吟着,挣扎着,大都被活活烧死。大火一直烧了几个小时,直到全院几十间房子全都化为灰烬,日军才扬长而去。

在这次惨绝人寰的血案中,从出世几天的婴儿到年逾古稀的老人,从身强力壮的男子到温柔善良的妇女,被杀人不眨眼的日军毒死、刺死、烧死的共80多人,只有崔学恭等3人死里逃生,幸存下来。[1]

襄垣县西营乡化学武器杀人 1954年7月27日,在审判日本战争罪犯的国际法庭上,宣读了西营乡农民任有毅的控诉书:"民国二十九年9月13日,日本军在我村'扫荡',我叔父全家逃到大沟地的土窑洞里。日本人发现后,向洞内放毒瓦斯,结果任和尚、任治、任锦洪、任先保、李二口、刘来子、赵小叶、任保存、任小爱、马圭女、孟存弟、李三口、任臭旦13人被毒死。"

1999年8月22日,任有毅的儿子任国宝谈起了这一事件:"当时为躲避日军侵扰,家家打洞,或者几家合起来挖洞,有在自己家院子里挖的,有在井下挖的。这个地洞是我父亲挖的自家窑洞,里面藏的尽是本家亲属。是韩炳生被俘后带日本人来找到的,日军往洞里放毒气,洞分两层,上层被堵上了,没有熏着人,下层死的人很多,死者有我哥哥任光宝(2岁)和姐姐任小爱(1岁多),他们死后才有的我。被毒气熏的人东倒西歪,头朝下吐黄水,小孩当场就死了。韩炳生进洞

---

[1] 步平、高晓燕:《阳光下的罪恶——侵华日军毒气战实录》,黑龙江人民出版社1999年版,第173~174页。

十 令人发指的化学战

也被熏死了。1954年最高人民法院来人做调查，我父亲做了证。"①

日军在今榆社县第八中学旧址与八路军战斗中使用化学武器 1940年9月23日夜，八路军第386旅第772团和第16团对榆社发起攻击，攻占了西关城外部分阵地。24日发动第二次进攻，日军出动飞机低空轰炸扫射，并施放大量毒气。八路军当夜组织第三次强攻，用云梯登上30米高的峭壁，突破日军阵地。残余日军退守榆社中学，依托一座高大碉堡和围墙负隅顽抗，不断施放毒气。时值深夜，气流稳定，气压低，毒剂长时间滞留不散，指挥员陈赓和处于下风的第722团第3营指战员全部中毒。一个个感到头晕眼花，咳嗽流泪，疼痛难忍，被迫停止攻击。25日，八路军第四次进攻，冲进中学，日军在突围中再次施放毒剂，八路军冒毒坚持战斗，终于全歼日军。在这次战役中，八路军伤亡及中毒者400余人。②

1941和1942年是山西抗日战争最困难的时期，日军进入了更加残酷地实施毒气攻击的作战阶段，由主要针对部队转变为主要针对民众，由间隔使用为主转变为经常使用为主，由较小规模使用为主转变为大规模使用为主。

下面是日军这一时期用毒的五个事例：

山西省定襄县上零山化学武器杀人案 1941年2月8日晨，日本侵略者包围了山西省定襄县上零山。当时全村人正在清晨的甜梦中，听闻日军来袭，大家纷纷夺门而出，往村外跑，哪知每个要道和路口都已被敌人卡死，逃出村的人全被日军抓了回来，押着向学校走去。

日军把一百多名群众驱赶进学校的两间教室，把门从外面紧紧地关住。突然，人们发现窗口外的日军戴上了一种奇怪的面具。紧接着，一个敌人手提一个一尺多长、七八寸宽、四五寸厚的木匣子走进

---

① 高晓燕：《日军在山西的毒气战》，《文史月刊》2002年第5期。
② 同上。

教室来，从匣子内取出一个圆筒筒，用火点燃，霎时，屋内浓烟滚滚，一种异样的气味钻进了人们的喉咙，屋里咳嗽声、叫骂声响成一片，瓦斯中毒的群众不约而同地朝门和窗子拥来。但是，门紧关着，窗子紧闭着，哪能跑得出去。突然，有人看到教室内有一个烧水的灶，急中生智，冒着毒烟的熏呛，急忙把毒气筒塞进了灶门。但是，很快就被屋外监视的日军发现了，敌人第二次进入教室，从灶内抽出了毒气筒。有的人中毒晕倒了，过了一会儿，中毒晕倒的人越来越多了。眼看屋里的人没有活命了，日军开始向院外撤走。濒临绝境，生命垂危的人们用尽最后一点力气，冲破门窗，向院外涌去，可是，由于中毒过深，拥到院外的人们呼吸极度困难，浑身好像被烈火燃烧，有的人把衣服撕破，有的人在地上打滚，然而，这并不能减轻一丝痛苦，人们痛苦地嘶嚎，在生命线上挣扎着。

敌人走后，村里未被劫持的人们赶来，把中毒的人一个个背出毒区，进行急救。但45名群众终因中毒过重，抢救无效身亡。[①]

沁源县韩洪镇韩洪村化学武器杀人事件　1941年秋，日军在废矿井中两次施放毒气，致使韩洪村抗日军民180多人死亡，现立有纪念碑永志亭。段世昌和杨金生两位老人是日军施放毒气的见证人。

据杨金生老人回忆：1941年阴历八月十七日，八路军太行指挥部（第38团）正往煤窑沟废矿井里寄放棉花、干辣椒等东西的时候日本人来了，老百姓没地方躲就钻进窑了。日本人把窑口的棉花点着，把辣椒放在上面，往窑里熏烟，在风口前头的人都死了，后面还有没死的。进去200多人，跑出来有七八十个，现在活着的有一个叫杨爱生，身体不行了，瘫痪了。有一个叫张成江的老汉，他儿子原来是村长，当时没熏死，后来敌人走了，洞里还剩下一些马屁泡（圆蘑菇，止血用的），他进去拿，让敌人发现给打死的。

[①] 中共山西省委党史研究室主编：《侵华日军在山西的暴行》，山西人民出版社1986年版，第132页。

十 令人发指的化学战

据段世昌老人回忆：1941年阴历十月，日军来进攻，在韩洪村山梁上住了十来天，每天在村边的山上寻人。寻到离村子二里多地的桃卜沟，发现这里有个废煤窑，我们村40多个村民和3个民兵、3个洪赵部队的战士在里面躲藏。那天大约早晨七八点的时候，来了7个日本人，他们一手拿蜡烛，一手拿刺刀，从入风口进了洞，叫着"统统出去""不怕不怕"。藏在输煤道的40多个老百姓都出去了，我们3个民兵和洪赵部队的战士在最里面，穿的衣服和一般人不一样，赶紧把手榴弹埋了，躲到通风口处没有出去。洞口小，日本鬼子不敢爬进来，就打进臭炮熏，把人都快熏死了，当时是死死不了，活活不了，又流鼻涕又流泪，半个多小时才醒过来。①

黎城县东崖底黄烟洞战役日军使用化学武器 黄烟洞也叫黄崖洞，位于黎城县西北山区，海拔1650米，下有山洞高25米，宽20米，深40米，该处是八路军最大的前方军工生产基地。1941年10月中旬，日军华北方面军司令官冈村宁次下令进攻黄崖洞。在进攻受阻时大量施放毒剂，致使黄崖洞守军八路军总部特务团欧致富团长等70余人中毒。

据黎城县东崖底镇下赤峪村的张书香老人回忆：1939年八路军在黄崖洞建立兵工厂，造小钢炮、马尾弹、地雷等，大约有1000多工人。那时我18岁，是个民兵。1941年阴历九月二十三日，5000名日军攻打黄崖洞，八路军从山头上往下扔马尾弹，日本人往后退，退到了雷区，地雷炸死敌人200多。连长叫彭志海，打得很硬，日本人上不去，就用炮轰。我军退进洞里，在山头往下扔马尾弹。日军用14门山炮打桃花寨，最后用山炮发射了喷火器、燃烧弹、毒瓦斯，这是我亲眼看到的，尤其是喷火器，离很远就看见在烧。我看到过受伤的人，被烧得不成样子了。因打毒气弹，人们用毛巾尿上尿捂住嘴。听

---

① 高晓燕：《日军在山西的毒气战》，《文史月刊》2002年第5期。

说守黄烟洞的团长欧致富（广西壮族人）一天中了两次毒。后来日军上了桃花寨，往西北走，占领了营部。我军被迫撤离，这一仗打得十分悲壮。

左权县桐峪镇武军寺村日军撒毒 抗日战争时期，武军寺曾是八路军军部所在地，彭德怀等就居住在这里。因此日军经常来"扫荡"，一般是在夏、秋收获季节和年关时节。

1942年2月，日本华北方面军第1军及方面军直属部队共3万余人，再次对中共中央北方局及八路军总部所在地的太行根据地，发起大规模的"扫荡"，八路军组织领导机关及主力部队转移。日军奔袭扑空后，所到之处实行"三光政策"，进行烧杀抢掠并布撒糜烂性毒剂。日军负责布毒的是第36师团特种作业队，布撒毒剂范围涉及辽县、黎城、武乡、涉县各地，毒剂布撒在沿途村庄房屋的门窗、炕席、家具、粮食、草料上及水井内。由于中国军民在日军撤退后很快返回住地，因此中毒者甚多。这次撒毒据日军称：有数千人中毒，其中约半数死亡。《解放日报》对这次日军放毒进行了报道："敌此次扫荡晋东南中心地，烧杀之惨，亘古未有……尤惨者为敌在武军寺一小村中，散放糜烂性毒气，居民无论男女老幼，皆中毒气，满身红肿，继而糜烂，痛苦呻吟，辗转床褥。"[①]

3月14日，八路军总参谋部致电各兵团，通报了日军用毒情况："本年入春以来，敌人对华北之分区'扫荡'，除继续以往大肆烧杀、奸淫、掠夺外，并施放糜烂性毒剂。中毒者全身红肿、溃烂、排液，至血肉裂口脱落而死。亦有因吸芥子气而窒息以及腹肿、头疼。八路军总部机关驻地也有百余人中毒，而且毒气气味至数周后犹存。"

沁源县城关镇北石渠村化学武器杀人案 据本案的亲历者任明水回忆：听说日本人要来，村里的人都出去躲了，我家也逃到村南一里

---

① 《解放日报》1942年2月28日。

十 令人发指的化学战

地木炭沟一个较隐蔽的天然山洞里,洞口距地面一丈高,只容一人进出。阴历九月十三日,日本人来住下就没走,住在城关、交口,城关离这儿20里。日本人来"扫荡"住了4个晚上。头年腊月我叔叔在日军"扫荡"时被抓了再也没回来。听说日本人只待两三天,我父亲带着爷爷、婶子,还有叔叔家的两个妹妹,想躲躲就回来。我们一共14个人,这天中午吃饭时下来5个,洞里剩下9个人。下午四五点,太阳快下山时,四五个日本人来了,拿着刺刀,来了就开枪。拴在洞下面的毛驴叫起来,洞口被日本鬼子发现了。洞口离地有一丈高,得架梯子上。打了两枪,驴子就不叫了。只听"扑"的一声,一股浓烟窜了上来,先是出不上气,眼辣、流泪、咳嗽,我们都呛得受不了。先是我爷爷,70多岁了,呛得不行,他先跳了下去,我娘、我婶子也跳下去,我和姑姑下来了,8岁的堂妹和14岁的堂姐让父亲用腰带送下来了。我们下来后有一两个小时只能躺着,起不来,爷爷就一直趴在地上,那时日本鬼子不在跟前,当我父亲和表叔放下梯子准备下来时,日本人返回来了,父亲又把梯子抽了上去。日军叫他们下来,他们害怕,不下来。我娘叫他们下来,他们把梯子一摆,砸到了日本人身上。日军就往洞里放了两个白色的小筒筒,用毒烟熏。开始(第一次)静悄悄的,第二次放毒,能听见我父亲和表叔的出气声,后来就没声了。那时我们在下面,日本人也在下面,他们拿刀比画说:八路,八路。我们说:良民,良民。他们没杀我们。晚上9点多了日本人才走。他们走后,我娘爬上洞口喊:他们走了,你们下来吧!没人应,知道已经死了。爷爷被毒烟熏得当天也死了。父亲叫任新胜,37岁;表叔叫崔长关,35岁。那个山洞里的气味一个月还进不去人,第二年清明我们去收尸,尸体已经腐烂了。[①]

[①] 高晓燕:《日军在山西的毒气战》,《文史月刊》2002年第5期。

尾声阶段（1943年至1945年）

这一阶段由于日本国内政治、经济走向崩溃，各战场节节失利，中国敌后战场已发起反攻，日本侵华战争已处于垂死挣扎状态，无力发动大的攻势作战。其化学武器使用也进入尾声，仅在固守据点、外出抢粮、报复"扫荡"时零星使用化学武器。但为挽救其命运，1944年1月29日，日军参谋总长杉山元以大陆指1822号命令，下达了"化学战准备要纲"。因此，日军使用化学武器虽转入低潮，但表现出更依赖化学武器以负隅顽抗的特点。

据《解放日报》报道："敌军于3月14日由柳林、穆村、高村、李家垣等据点向我进扰，并在离石二区施放大量毒气，对广大老弱妇孺，进行了残酷的毒杀……。"[1]同年3月26日，日军陵川分遣队等在壶关县县城附近之常行村西南高地上，向被其发现的藏有八路军武器、弹药和粮食的窑洞，投放喷嚏性瓦斯弹两枚，造成窑洞内的村民5人死亡、约20人受伤。

日军战俘村山隼人笔供：1944年5月30日，山西"剿共军在常行村西南端高地上，发现了藏着八路军武器、弹药、粮食的窑洞，试图进去的时候，里面有枪弹射出来。我和佐藤中尉商议后，投入了喷嚏性瓦斯两个。根据情报，窑洞内有居民和民兵约20人受了伤害"[2]。

1944年9月30日，日军窜至兴县八区蔡家庄宿营时，用毒气将该村未能及时转移而躲藏在地窖内的村民26人悉数杀死。《解放日报》报道："此次'扫荡'之敌，于9月30日晚窜至（山西省兴县）八区蔡家庄宿营，将该村未及转移而藏匿地窖中之老幼群众26人（内有60岁以上之老太太和两三岁之幼孩各11名，青年妇女4名）用毒气全部窒息杀死。"[3]

---

[1] 《解放日报》1944年4月27日。
[2] 村山隼人1954年5月14日的笔供，原件存中央档案馆，卷宗119-2-412-1-5。
[3] 《解放日报》1944年11月2日。

十 令人发指的化学战

1945年8月15日，日本帝国主义在这一天宣布无条件投降。但盘踞在华北的部分日军不甘心失败，继续进行侵略活动，在山西省汾阳县又制造了一起放毒事件，犯下了又一残暴罪行。

在日本帝国主义侵华档案中，有一份山西省汾阳县县长史平在1955年10月20日写的揭露日军这次放毒罪行的控诉材料。文中写道：

> 查前侵略我国的日本陆军某大队，于1945年"八一五"以后，不但不立即缴械投降，反而继续盘踞我汾阳县城，百般顽抗，阻挠解放，残杀我抗日武装。当时由贺龙元帅指挥的部队，为迅速解放汾阳城，与城内汾阳中学地下工作者赵俊同志联系，秘密组织该校学生，在城内西北角向城外挖地道，以便我军由地道进攻城内。8月23日晚，我军向西北城角发起攻击，第17团第3连连长薛春云同志率领66个武装人员，趁势从城外地道口进入地道内，待机里应外合，一举取胜。不幸，25日被日军哨兵发觉，日本大队当即采取灭绝人性的残杀手段，将地道两口堵塞，并向洞内放射毒瓦斯弹，结果将我军埋伏在洞内的67位同志全部毒杀。[①]

日军在山西的化学战造成了大量的人员伤亡，同时也严重污染了山西的环境，破坏了山西的生态平衡。化学战施放的有毒气体残留在空气中，使得大气受到了污染。有些化学毒剂，如芥子气还会渗入到地下水和土壤中，污染地下水和土壤资源，影响微生物、水生生物的繁殖和农作物的生长，破坏了该地区的生态平衡。

[①] 步平、高晓燕：《阳光下的罪恶——侵华日军毒气战实录》，黑龙江人民出版社1999年版，第162页。

参考文献：

一、著作

(1) 日本防卫厅战史室编：《华北治安战》，天津人民出版社1982年版。

(2) 宁武县志编办主编：《宁武县志》，山西人民出版社1985年版。

(3) 中共山西省委党史研究室主编：《侵华日军在山西的暴行》，山西人民出版社1986年版。

(4) 日本防卫厅战史室编纂，天津市政协编译委员会译：《大本营陆军部〈大陆令〉〈大陆指〉总集成》（第2卷），四川人民出版社1987年版。

(5) 中国第二历史档案馆编：《抗日战争正面战场》，江苏古籍出版社1987年版。

(6) 中央档案馆等单位合编：《细菌战与毒气战》，中华书局1989年版。

(7) 中共山西省委党史研究室编：《晋察冀革命根据地晋东北大事纪（1937.7—1949.9）》，山西人民出版社1991年版。

(8) 徐文月主编：《山西经济开发史》，山西经济出版社1992年版。

(9) 张国祥：《山西抗日战争史》，山西人民出版社1992年版。

(10) 军事科学院军事历史研究部编著：《中国抗日战争史》（下），解放军出版社1994年版。

(11) 山西省地方志编纂委员会编：《山西通志·农业志》，中华书局1994年版。

(12) 中国抗日战争史学会、中国人民抗日战争纪念馆：《侵华日军的毒气战》，北京出版社1995年版。

(13) 中央档案馆等编：《日本帝国主义侵华档案资料选编——华北历次大协案》，中华书局1995年版。

(14) 郭成周、廖应昌：《侵华日军细菌战纪实》，燕山出版社1997年版。

(15) 居之芬、张利民主编：《日本在华北经济统制掠夺史》，天津古籍出版社1997年版。

（16）〔日〕七三一研究会编：《细菌战部队》，晚声社1997年版。

（17）章伯峰、庄建平主编：《抗日战争·日军暴行》，四川大学出版社1997年版。

（18）步平、高晓燕：《阳光下的罪恶——侵华日军毒气战实录》，黑龙江人民出版社1999年版。

（19）李恩涵：《战时日本贩毒与"三光作战"研究》，江苏人民出版社1999年版。

（20）山西文史资料编辑部编：《山西文史资料全编》（第1—10卷），内部图书，2001年。

（21）张成德、孙丽萍主编：《山西抗战口述史》（第1—3部），山西人民出版社2005年版。

（22）纪学仁编著：《侵华日军毒气战事例集》，社会科学文献出版社2008年版。

（23）陈长捷、韩伯琴等：《晋绥抗战》，中国文史出版社2010年版。

二、论文

（1）《华北棉产改进会章程》，《华北棉产汇报》1939年第1卷第1期。

（2）王钧：《华北棉产问题之今后与前瞻》，《中国公论》1940年第2卷第5期。

（3）马仲起：《近年来华北棉产之概况》，《中联银行月刊》1943年第5卷第3期。

（4）李恩涵：《本世纪30年代前后日本对华北的毒化政策》，《近代史研究》1997年第4期。

（5）曾业英：《日伪统治下的华北农村经济》，《近代史研究》1998年第3期。

（6）高晓燕：《日军在山西的毒气战》，《文史月刊》2002年第5期。

（7）谢忠厚：《华北（甲）1855细菌部队之研究》，《抗日战争研究》2002年第1期。

(8) 徐勇：《侵华日军驻北平及华北各地细菌部队研究概论》，《抗日战争研究》2002年第1期。

(9) 胡华：《日伪在沦陷区的棉花增产与棉花统制》，《贵州师范大学学报》2003年第1期。

(10) 《敌迫种烟棉》，《新华日报》1940年4月15日。

(11) 《在敌寇毒化下已成人间炼狱》，《太岳日报》1940年9月23日。

(12) 《敌寇"治安强化"下的五台三区》，《晋察冀日报》1941年10月22日。

(13) 《密造封锁沟，暗设陷人井》，《太岳日报》1941年12月15日。

(14) 《华北敌筑万里沟》，《新华日报》1942年11月20日。

(15) 《晋东敌寇修路，强占民田九千余亩》，《新华日报》1942年2月10日。

(16) 《同是繁峙县生活绝不同》，《晋察冀日报》1942年9月17日。

(17) 《闻喜粮荒》，《太岳日报》1942年4月21日。

(18) 《阳曲敌疯狂抓壮丁，敌占区成恐怖局面》，《抗战日报》1943年12月21日。

(19) 《朔东平川的灾难》，《抗战日报》1944年11月29日。

三、档案

(1) 《八年来敌伪在太行区修筑碉堡、炮楼耗费民力及土地荒芜统计》，山西革命历史档案馆A128-2-8，山西省档案馆藏。

(2) 《上党区八年抗日战争资财损失调查表（1946年）》，山西革命历史档案馆A128-4-7，山西省档案馆藏。

(3) 《八年来晋东南人民被敌蹂躏的一瞥》，山西革命历史档案馆A128-4-8，山西省档案馆藏。

(4) 《昔阳县关于安丰村典型受灾户的材料》，山西革命历史档案A128-4-8，山西省档案馆藏。

(5) 《武乡八年来战争损失调查（1946年）》，山西革命历史档案馆A128-

4-26,山西省档案馆藏。

（6）《山西省各县六月份棉田面积调查表》，山西伪政权档案B54-1-15-3,山西省档案馆藏。

（7）《华北政务委员会施政纪要·实业总署》，华北政务委员会1942年。

后 记

为纪念中国人民抗日战争暨世界反法西斯战争胜利70周年，我们在已有学术成果基础上，以《山西抗战在全国抗战中的历史地位》为题，申请了山西经济社会发展重大研究课题，旨在突破传统编史方法，打破学科界限，以一个新角度和从一个新高度来研究和反映山西抗战问题。目前，该课题已结项。为使这一研究成果发挥作用，我们终以《山西抗战纪事》为名，编著出版。

本书以全国抗战为背景，着重挖掘和探讨在山西这块土地上，日本侵略者给中国人民带来的深重灾难，以及中国人民英勇顽强抗击外来侵略的重要史实，揭示在山西所进行的全面抗战、全民抗战的历史过程和重大贡献。为此，本课题尽可能用宽镜头涵盖山西抗战的各个方面，用长镜头探寻山西抗战的基本过程，力求深入研究山西抗战的政治和军事问题，开拓研究山西抗战时期的经济、社会、教育、文化和生态等领域，全方位、多角度对山西抗战进行评述，并以纪事形式将抗战的宏大主题用叙事的笔触娓娓道来，用潜移默化的渗透方式叙述抗战时在山西发生的影响山西乃至中华民族历史进程的重大历史事件，阐明山西抗战在全国抗战中的重要地位和作用。

课题组以历史所、语言所、文学所、思维所、晋商中心科研人员为主，共同努力完成此书。《山西抗战纪事》共八篇，分别从政治、军事、社会、经济、文艺、文学、教育、生态八个方面，对山西抗战进行梳理和思考。杨茂林研究员统一安排研究和部署撰写工作，并完成"编撰说明""序""绪论""后记"以及每篇概述部分。参与编撰者共27人，其中研究员6人，副研究员8人，其余均为助理研究员，每

后 记

人承担部分与自身研究方向基本一致。具体分工为：第一篇：一、八至十一、十三至十八王华梅，二至七董永刚，十二韩雪娇，十九李淑珍；第二篇：一、十一、二十、二十三、二十五常瑞，四、七、八、十、十二、十六、十八至十九、二十一至二十二、二十四、二十七至二十八刘碧田，二至三、五、六、九、十三至十五、十七、二十六雒春普；第三篇：一至三、十至十二冯素梅，四至七冯素梅、李冰，八至九、十六至十八李冰，十三、十五常瑞，十四刘碧田；第四篇：一至十二王劼，十三至十五宋丽莉，十六至二十五王勇红；第五篇：一至三、二十一李淑珍，四、七至十安志伟，五乔林晓，六赵树婷，十一巫建英、赵树婷，十二至十七马启红，十八至二十巫建英；第六篇：一至二朱伊文，三至十乔林晓，十一至十七赵树婷；第七篇：一至五张雪莲，六至十马敏，十一至十六马君；第八篇：一至四、九、十张文广，五至八韩雪娇。历史所高春平副所长、文学所陈平所长、语言所吴建生所长、思维所张玉明所长对本研究给予了大力支持。全书由王国棉校对，由杨茂林统编统改和审定全稿。八路军太行纪念馆研究部主任郝雪廷研究馆员为本书提供了珍贵照片。

该课题在研究和写作中，得到了山西省社科院党组书记、院长李中元研究员的大力支持，以及商务印书馆李智初总编辑和薛亚娟、冯淑华、史慧敏、陈娟娟几位编辑的倾力帮助，在此一并衷心感谢！

本课题是打破学科界限的一次尝试。由于参与人员较多，学科方向不一，故难以穷尽问题，难免存在遗漏或不妥之处，恳请学者、读者给予指正。

《山西抗战纪事》课题组
2015 年 5 月 15 日

图书在版编目(CIP)数据

山西抗战纪事/杨茂林主编.—北京:商务印书馆,2016
ISBN 978-7-100-12604-5

Ⅰ.①山… Ⅱ.①杨… Ⅲ.①抗日战争—史料—山西 Ⅳ.①K265.06

中国版本图书馆 CIP 数据核字(2016)第 233407 号

所有权利保留。
未经许可,不得以任何方式使用。

山西抗战纪事

杨茂林 主编

商 务 印 书 馆 出 版
(北京王府井大街36号 邮政编码100710)
商 务 印 书 馆 发 行
山西人民印刷有限责任公司印刷
ISBN 978-7-100-12604-5

2017年1月第1版　　开本 787×1092　1/16
2017年1月山西第1次印刷　印张 63
定价:168.00 元